LA FRANCE
TELLE QU'ELLE EST.

DE L'IMPRIMERIE DE COSSON, SUCCESSEUR DE M. BOSSANGE,
Rue Garencière, N° 5.

LA FRANCE
TELLE QU'ELLE EST,

ET NON LA FRANCE

DE

LADY MORGAN;

PAR WILLIAM PLAYFAIR;

OUVRAGE TRADUIT DE L'ANGLOIS PAR L'AUTEUR DES OBSERVATIONS SUR LA FRANCE DE LADY MORGAN.

> Ego verum amo, verum volo dici mihi :
> Mendacem odi.   PLAUTE.

PARIS,
H. NICOLLE, LIBRAIRE, RUE DE SEINE, N° 12.

M DCCC XX.

AVERTISSEMENT

DU TRADUCTEUR.

S'IL est des occasions où il puisse être permis à un humble traducteur d'adresser quelques mots à ses lecteurs, ce doit être assurément, lorsqu'il entreprend de faire connoître un ouvrage qui traite de la situation actuelle de la France, et dans lequel l'opinion de l'auteur peut n'être pas toujours la sienne. Aussi les prions-nous de se rappeler que, dans cette circonstance, nous ne sommes que les interprètes fidèles des sentimens d'autrui. Nous aimons à reconnoître que, dans le cours de son ouvrage, M. Playfair fait preuve de beaucoup d'impartialité et de justice, qu'il y règne une sorte de candeur et d'ingénuité; en un mot (et ce n'est pas un petit mérite aujourd'hui), que l'auteur pense ce qu'il écrit; mais enfin, comme dit très-bien le proverbe : *suum cuique ;* et sans nous constituer juges des opinions qu'émet M. Playfair, nous ne prétendons pas non plus en être responsables.

AVERTISSEMENT.

Quelle que soit la manière dont M. Playfair ait traité son sujet, tout le monde approuvera du moins le motif qui le lui a fait choisir. En attaquant lady Morgan, c'est la révolution qu'il attaque, ce sont ces doctrines qui menacent de saper les fondemens de tous les trônes, dont il s'efforce de démontrer les conséquences funestes. Le lecteur décidera maintenant s'il a réussi, *sub judice lis est*.

Mars 1820.

TABLE DES CHAPITRES

CONTENUS DANS CET OUVRAGE.

Pages.

CHAPITRE Ier. 5

    Réflexions générales sur la révolution françoise. — Aura-t-elle des résultats heureux ou funestes ? — Examen de cette question. — Parallèle entre Charles II et Louis XVIII. — Lettre d'un libraire de Londres à lady Morgan à Paris. — Plan et division de l'ouvrage.

CHAPITRE II. 56

    Observations sur *la France* de lady Morgan. — Dans quelle intention elle composa cet ouvrage. — Son peu d'exactitude et de fidélité. — Réfutation des erreurs que contient le chapitre des paysans. — Un sol fertile, un climat superbe n'assurent pas toujours la prospérité d'un pays. — Subdivision des terres. — Conséquences funestes qui peuvent en résulter. — Observations de M. le comte de la Borde sur l'état de l'agriculture en France. — Comparaison de cet état avec celui de l'agriculture en Angleterre. — Augmentation considérable de l'impôt foncier depuis la révolution. — Tableau comparatif des impôts en 1789 et en 1816.

CHAPITRE III. Paris. 98

Les Tuileries. — Pompes et cérémonies inutiles. — Contraste entre les cours de France et d'Angleterre. — La garde royale et la garde nationale. — Jalousie qui règne entre elles. — Partis qui divisent la France. — Manque de vigueur dans le gouvernement. — Expédition de Russie. — Projets de Buonaparte en l'entreprenant. — Caractère d'Alexandre. — Observations sur les mœurs parisiennes. — Si la révolution les a changées. — Suicides. — Maisons de jeu. —Police.—Mendians.—Charité des François.— Amusemens publics. — Portrait des Parisiennes. —Leur conduite héroïque dans la révolution.

CHAPITRE IV. Finances. 135

Etat des finances depuis Charles VII, en 1428. —Premières rentes créées à l'hôtel-de-ville par François Ier, en 1520. — Henri IV et Sully. — Etat des finances au commencement du règne de Louis XVI. — M. Necker.—M. de Calonne. —M. Necker est rappelé.—Assemblée des Etats-généraux. — Création des assignats.—Accumulation de la dette pendant les quatorze années du règne de Louis XVI.—État des finances au retour du Roi en 1814. — M. Corvetto.—Situation déplorable du trésor en 1817. — Emprunt Baring. — Violation de l'article 18 de la charte. — Budget réel beaucoup plus considérable. — Réflexions générales.

CHAPITRE V. Gouvernement. 165

Du gouvernement représentatif. — Distinc-

DES CHAPITRES.

Pages.

tion absurde entre des délégués et des représentans. — De l'assemblée constituante. — De la chambre des pairs et de celle des députés. — Nature et importance du gouvernement représentatif. — Du parlement d'Angleterre. — Son inutilité avant la mort d'Elisabeth. — Ses querelles avec les Stuarts. — Soutien qu'il accorde à la couronne depuis la révolution d'Angleterre. — Parallèle entre Edouard Ier et Buonaparte relativement aux invasions d'Ecosse et d'Espagne. — Débats ennuyeux, incomplets et illusoires des deux chambres françoises. — Grand pouvoir d'un gouvernement représentatif, en matière d'impositions. — Partis existans dans les deux chambres. — Nécessité et difficulté de changer la charte.

CHAPITRE VI. DE LA CHARTE. 220

Conduite de Louis XVIII lors de son retour en France. — Préambule de la Charte. — Mécontentement qu'il occasionne. — Différence entre une charte octroyée et celle qui est le résultat d'un arrangement. — Les François n'avoient point d'alternative. — Absurdités et contradictions de la charte. — Les émigrés. — Leur conduite en rentrant en France. — L'initiative des lois égale à un *veto* permanent déguisé. — Les évêques de France. — Leur opinion sur la charte. — Le code Napoléon reste en vigueur, quoique non d'accord avec la charte. — Jugement par jury. — Absurdité de la loi sur la calomnie — Affaire du général Canuel. — Discours supposé adressé par Louis XVIII à quelques prétendus libéraux. — Défaut de politique des gouvernemens relativement à la liberté de la presse. — Les juges sollicités par les parties avant le jugement. — Eloge du tribunal de commerce.

CHAPITRE VII. Esprit public ; opinion générale. 245
Ouvrage du général Gourgaud. — Examen de la bataille de Waterloo. — Etrange omission dans toutes les relations qui en ont été faites. — Impudence de Gourgaud. — Son absurdité. — Les François disent toujours qu'ils furent trahis et non battus. — Aveuglement des François sur leur situation. — Colonne triomphale ; calcul du sang qu'elle a coûté. — Prétendu complot des ultra-royalistes. — Ultra-libéraux. — Jalousie de la France contre la Russie. — Différence de sa jalousie contre l'Angleterre. — Plans de Pierre-le-Grand. — Ce qui reste à faire pour les exécuter. — Opinion des François sur l'accession de Louis XVIII à l'alliance conclue à Aix-la-Chapelle. — Les alliés justifiés d'avoir rétabli Louis XVIII sur le trône après la bataille de Waterloo. — Conduite des émigrés en 1814. — Les François ne sentent pas tout ce qu'ils doivent au roi pour l'influence qu'il a exercée sur les alliés.

CHAPITRE VIII. Littérature. 524
Etablissemens littéraires et hommes de lettres. — Estime qu'on a en France pour les talens litté-

raires.—Facilité avec laquelle les étrangers sont admis dans la société à Paris. — Manière inconcevable dont les littérateurs ont attaqué la religion chrétienne.— Réfutation de M. Volney. — La religion chrétienne, fondatrice de la liberté. — Bibliothèque. — Etendue du commerce de librairie à Paris.

CHAPITRE IX. ÉTABLISSEMENS PUBLICS. . . 348

Supériorité des établissemens de Louis XIV et de Louis XV sur ceux de Buonaparte. — Hôpitaux. — Bureau central d'admission. — Bureaux de bienfaisance. — Supériorité des établissemens charitables de France sur ceux d'Angleterre. — Hôtel des Invalides. — Jardin du roi. — Conservatoire des arts et métiers. — Si l'usage des machines est préférable au travail manuel. — Ecoles gratuites. — L'instruction plus aisément obtenue à Paris qu'à Londres. — Causes de la perfection des beaux-arts en France. — Ponts et chaussées. — Ecole normale. — Caractère françois toujours le même. — Edifices et monumens publics. — Cimetières. — Abattoirs. — Architecture. — Spectacles. — Construction des maisons.

CHAPITRE X. 405

Le crédit considéré sous divers points de vue. — Necker. — Madame de Staël. — Dons patriotiques et assignats. — Scène curieuse à la trésorerie en 1793. — Retour aux paiemens en numéraire.— Or et argent frappés depuis 1804 jusqu'en 1817.— Sur la circulation de l'argent en France. — Funestes effets des longs crédits. — Exemples tirés de l'Angleterre. — La bêche et la charrue. — Projet des libéraux. — Abus de l'administration.—Centralisation des affaires. — Exemples des conséquences qu'elle entraîne. — M. Decazes. — Nécessité d'une réforme.

CHAPITRE XI. 431

Considérations sur la traite des nègres.—Conduite intéressée de l'Angleterre.—Ses subterfuges et sa mauvaise foi.—Evasion de Buonaparte de l'île d'Elbe. — Attribuée à l'Angleterre. — Par quels motifs. — Parallèle entre l'Angleterre telle qu'elle est aujourd'hui, et la France telle qu'elle étoit immédiatement avant la révolution. — Efforts de l'Amérique méridionale pour recouvrer son indépendance. — Il est de l'intérêt de l'Angleterre de la seconder. — Désintéressement des fonctionnaires publics en France.—M. Dufresne de Saint-Léon.—Insuffisance de la dotation du clergé. — Trop grand nombre d'employés.

CHAPITRE XII. 450

Etat des manufactures. — Leur peu d'activité. —Système anti-commercial suivi par le gouvernement.—Mines à charbon. — Conséquences de la perte de Saint-Domingue.—Influence de Paris sur la France.—Quelle en est la cause.—Population des villes.—Leur décadence.—Frais de perception des revenus par un nombre immense d'employés. — Quantité de petites fortunes. — Accroissement de population. — Résultat de la révolution en gain et en perte.

FIN DE LA TABLE.

LA FRANCE
TELLE QU'ELLE EST.

CHAPITRE PREMIER.

Réflexions générales sur la révolution françoise. — Aura-t-elle des résultats heureux ou funestes ? — Examen de cette question. — Parallèle entre Charles II et Louis XVIII. — Lettre d'un libraire de Londres à lady Morgan à Paris. — Plan et division de l'ouvrage.

La révolution de France est un événement si important et si extraordinaire, qu'il doit avoir une grande influence sur la conduite future du genre humain. Il est donc très-essentiel de démontrer si elle a ou non opéré un changement de mal en bien dans le pays où elle a eu lieu, et d'examiner quelles paroissent devoir en être les conséquences.

Que la révolution a été terrible en elle-même, c'est un fait bien connu : qu'elle a causé la mort prématurée ou la vie misérable de presque toute une génération, c'est une chose certaine : mais la question, et c'en est sans contredit une grande, est de savoir si le résultat définitif en sera avantageux ou défavorable.

L'histoire rapporte bien des événemens qui occasionnèrent des malheurs dans le temps où ils arrivèrent; qui étoient fondés sur l'injustice, mais qui finirent par devenir heureux pour le même peuple qui en avoit souffert et qui avoit droit de s'en plaindre.

Qu'on se rappelle, par exemple, l'invasion de la Grande-Bretagne sous Jules-César. Rien ne pouvoit être plus injuste; jamais attaque ne fut plus arbitraire et moins provoquée : cependant elle améliora la situation des habitans et accéléra leur civilisation; entre autres avantages qu'elle leur procura, elle ouvrit le chemin pour introduire parmi eux la religion chrétienne.

Cette invasion fut accompagnée d'une grande effusion de sang; il est pourtant assez probable qu'elle en épargna plus qu'elle n'en fit couler, car la situation des habitans de la Grande-Bretagne devint pire quand les Romains se furent retirés, qu'elle ne l'avoit été pendant qu'ils avoient été leurs maîtres.

Les croisades qui eurent lieu dans les onzième et douzième siècles, sont un autre événement très-désastreux en lui-même, mais dont les suites furent fort avantageuses. La tentative ridicule d'arracher la Terre-Sainte aux infidèles qui en étoient en posession, coûta la vie à des millions d'hommes; mais quoiqu'elle se soit terminée par des désastres de toute espèce pour ceux qui en avoient conçu le projet ; quoiqu'elle ait été presque aussi funeste à ceux contre qui elle étoit dirigée, elle n'en fut pas moins la première cause d'une amélioration dans l'état de l'Europe, alors couverte de ténèbres, et gémissant sous l'influence combinée de l'ignorance et du système féodal.

Les croisades, si malheureuses dans leurs conséquences immédiates, introduisirent un certain degré de civilisation parmi les barons grossiers qui les avoient entreprises, en même temps qu'elles en obligèrent un grand nombre à engager ou à vendre une partie de leurs biens, ce qui les rendit moins hautains, moins oppresseurs, et moins indépendans.

S'il existe une règle sans exception, c'est celle-ci: que dans ce monde il n'y a pas de bien sans mélange de mal, ni de mal qui ne soit accompagné de quelque bien. On n'a encore trouvé aucun exemple qui fût en opposition avec ce principe, et il semble contraire à la nature des choses qu'il puisse exister rien de parfaitement bon, ou de tellement mauvais qu'il n'en puisse résulter que du mal.

Le grand objet est donc de savoir lequel du bien ou du mal emporte la balance; car, que l'un et l'autre entrent dans la composition de toutes les choses humaines, c'est ce dont on ne peut disconvenir.

Chacun sait que la révolution, pendant qu'elle exista, produisit un grand nombre de crimes et d'infortunes; presque personne ne peut douter qu'elle n'ait été conduite par les hommes les plus insensés ou les plus corrompus, et la plus grande partie du monde en est convaincue; mais a-t-elle amélioré la situation du peuple? voila la question.

Lorsque Brutus et d'autres conspirateurs, donnant une faussse direction à leur esprit vertueux et patriotique, assassinèrent Jules César, ils ouvrirent le chemin à beaucoup de maux qui fondirent sur leur malheureuse patrie. Rome n'étoit pas en état de rétablir et de maintenir une république : il n'en étoit pas de même quand les Tarquins furent bannis. Le bien et le mal résultant de pareils actes, dépendent moins des actes eux-mêmes, que de la situation du peuple pour l'avantage duquel on les commet.

Lorsque Charles Ier, roi d'Angleterre, fut mis à mort par ses sujets, ceux qui commirent cet attentat, et leurs contemporains, n'étoient pas dans une position à en pouvoir profiter. Leur but étoit de devenir libres, mais ils subirent, sous un usurpateur, un esclavage plus pénible que celui qu'ils avoient souffert sous le plus arbitraire des monarques légitimes. Ce crime dont les auteurs ne retirèrent aucun avantage, fut cependant l'avant-coureur de l'heureuse révolution qui eut lieu trente-neuf ans plus tard, quand Guillaume et Marie succédèrent au malheureux fils du roi assassiné.

De même, ceux qui se rendirent coupables du forfait de conduire à l'échafaud Louis XVI, un des meilleurs rois, et le plus bienveillant comme le plus vertueux des hommes, ne firent qu'attirer sur leur tête une double destruction. Leurs crimes et leurs forfaits furent si grands que la postérité refusera de les croire dans toute leur étendue, et que ceux mêmes qui ont été témoins oculaires de ces scènes terribles, commencent déjà à douter de la fidélité de leur mémoire (1).

Les François d'aujourd'hui sont-ils préparés, comme les Anglois qui vivoient lorsque Guillaume et Marie montèrent sur le trône d'Angleterre, à tirer profit des événemens qui se sont passés ? voilà la grande question. Il y a des raisons pour et contre : nous tâcherons de les établir dans le cours de cet ouvrage, et de tirer un parallèle, autant que la chose sera possible.

---

(1) Pour preuve de l'état de désorganisation de la France, et de la folle conduite de ceux qui la gouvernoient, lorsque les premières horreurs furent passées, nous rapporterons les faits suivans, faits constatés, et qui, par conséquent, n'admettent aucun doute.

Le nombre des personnes qui perdirent la vie ou qui furent tuées par suite de la révolution, est évalué à huit millions cinq cent vingt-six mille, ce qui forme, à peu de chose près, le tiers de la population de la France. Sur ce nombre, cinq millions et demi périrent sous le consulat ou sous le gouvernement impérial de Buonaparte.

Huit constitutions furent décrétées ; vingt-cinq mille quatre cent vingt-huit lois furent rendues, dont cinq mille soixante-deux décrets ou sénatus-consultes furent promulgués sous le règne de Buonaparte.

Les dépenses de la famille impériale montoient à 61,420,000 francs par an.

Les assemblées, les préfets des départemens et autres agens, coûtoient, année commune, 94,476,000 francs.

A quelques égards, l'état actuel des choses en France ressemble plus à la restauration de Charles II, qu'à l'inauguration de Guillaume. Mais sous d'autres points de vue, il a plus d'analogie avec cette dernière révolution. Il dépendra principalement du roi de France et de son auguste frère, de rendre cet ordre de choses heureux ou malheureux, durable ou passager.

Charles II, comme Louis XVIII, rentra dans son royaume avec un grand nombre d'émigrés, d'hommes qui avoient suivi sa fortune et partagé son adversité. Il n'avoit pas les moyens de satisfaire leurs prétentions, et cette circonstance fit naître du mécontentement parmi ces infortunés, et de la jalousie dans l'esprit du reste de la nation. La situation du roi étoit singu-

---

Les biens du clergé, supposés produire un revenu annuel de 200,000,000 de francs, furent vendus, et le produit en fut dilapidé. Il en fut de même de ceux des émigrés, qui pouvoient valoir le double. Et, malgré tout cela, malgré des emprunts forcés, malgré une banqueroute qui avoit réduit au tiers la dette publique, l'état devoit encore 63,000,000 de francs de rentes en 1814, lors de la chute du gouvernement révolutionnaire. Le retour de Buonaparte de l'île d'Elbe, et son règne de cent jours, doublèrent la dette! Tels sont, autant qu'on peut les connoître, les résultats de la révolution en France, tandis que l'Angleterre, pour y résister et pour y mettre un terme, a dépensé, depuis 1793, plus de 1,100,000,000 de francs, en y comprenant les taxes de guerre, les emprunts et les taxes permanentes. Je ne parle pas des dépenses faites par les autres pays pour arriver au même but.

lièrement affligeante. Il ne pouvoit ni contenter ses amis, ni même leur rendre justice, et ceux qui avoient été ennemis de sa famille se méfioient de lui, parce qu'ils savoient qu'il auroit voulu faire ce qui lui étoit impossible.

Jusque là la situation de Louis XVIII est assez semblable.

Les promesses que fit Charles II quand il fut rétabli sur le trône, ne furent pas le fruit de la prudence et de la délibération qui étoient nécessaires, et il ne put les tenir. Une charte, une constitution, contenant les règles qui doivent servir au gouvernement d'un Etat, doivent être praticables. Celle de l'Angleterre ne l'étoit pas dans toutes ses parties, et nous démontrerons dans l'ouvrage qui va suivre qu'il en est de même de la charte constitutionnelle de la France.

Autre point de conformité entre la situation de Louis XVIII et celle où se trouva Charles II.

La nation sentoit qu'elle avoit été coupable envers le père, et elle ne put jamais croire que le fils lui eût pardonné. Ceux qui ont été offensés peuvent pardonner, mais jamais ceux qui ont commis l'offense ne peuvent se persuader qu'ils ont reçu leur pardon (1).

---

(1) Le peuple de Paris, malgré les preuves qu'il reçoit tous les jours de la bienfaisance sans bornes de la famille royale, ne peut se persuader qu'elle lui a pardonné. La duchesse d'Angoulême en particulier est soupçonnée de nourrir un secret désir de vengeance. Où s'arrêtera donc l'injustice?

De même nous croyons qu'en France Louis XVIII a sincèrement pardonné à ceux qui ont été les ennemis de sa famille ; mais nous sommes persuadés que beaucoup d'entre eux ne croient pas qu'ils ont reçu leur pardon. Rien n'est moins étonnant, car ceux mêmes qui sont entièrement étrangers à ces événemens, ne peuvent se défendre d'un mouvement de courroux, quand ils en lisent les horribles détails. La manière dont Louis XVI a été traité est d'autant plus atroce, que son caractère personnel étoit infiniment plus estimable que celui de Charles Ier. Les François doivent

---

Cette princesse, si cruellement persécutée dans sa jeunesse, emprisonnée avec sa famille, dont tous les membres lui furent arrachés l'un après l'autre, pour souffrir les insultes les plus barbares et la mort ; cette princesse qui, pendant tant d'années, languit dans un cachot solitaire, livrée aux plus tristes réflexions sur le passé, sans espérances pour l'avenir, a contracté une sorte de mélancolie pleine de dignité qui l'accompagnera jusqu'au tombeau. Quiconque sait sentir en trouvera aisément la raison dans le souvenir des scènes que rien ne peut effacer de la mémoire. Le peuple de Paris l'attribue au dédain ; il sait qu'il a offensé cette princesse à un point qui ne permettoit pas d'espérer de pardon, et sa bonté, sa charité sans affectation, ne peuvent le convaincre qu'elle le lui a accordé. Lady Morgan a eu soin de donner à la dignité mélancolique de cette auguste princesse la même explication populaire, peu charitable et injuste, quand elle l'a vue passer sur les boulevards, le jour du mariage du duc de Berry.

donc sentir leur injustice plus vivement que les Anglois ne sentirent la leur à cette époque, et il doit ne leur en être que plus difficile de croire à un si généreux pardon.

Louis XVI n'avoit violé aucune charte, car il n'en avoit aucune à violer avant la constitution de 1789; et après l'avoir acceptée, il s'étoit scrupuleusement conformé à tous les articles qu'elle contenoit (1). Sa conduite fut constamment un modèle de bonté dans la puissance, et de résignation dans l'adversité, et il avoit en même temps un degré de fermeté qui fait

---

(1) Le roi portoit toujours dans sa poche la charte constitutionnelle, et ne se permettoit pas une seule démarche, dans une affaire qui admettoit du doute, sans l'avoir consultée préalablement. Son procès devant la convention, qui fut un outrage à toute décence et à toute justice, montra combien il fut calomnié, quand on dit qu'il avoit violé la constitution. Quant au roi Charles Ier, ses plus zélés avocats reconnurent qu'il avoit violé le serment de son couronnement; mais la violence et l'injustice de ses ennemis firent qu'on oublia ses fautes. L'étoile la plus brillante disparoît devant les rayons du soleil, et il en fut ainsi des fautes du malheureux Charles : il en commit de grandes; mais les rebelles qui l'assassinèrent devinrent si coupables, et attirèrent sur eux tant de haines, que la masse du peuple désiroit en silence que sa mort fût vengée. La nation désavoua ce forfait et en fut toujours honteuse, quoiqu'il eut été commis par une faction, soutenue par une armée de rebelles, qui frappoit de terreur les bons citoyens.

paroître surprenant qu'il ait pu se trouver des hommes capables de le persécuter, de l'insulter, et surtout de le faire périr avec sa famille innocente. Charles Ier avoit violé la charte, et ce n'étoit qu'en s'y conformant qu'il pouvoit légalement conserver sa couronne. Il étoit si loin de savoir céder, comme le bon Louis XVI, qu'il fit la guerre à son parlement, et cependant le peuple et le parlement sentirent qu'ils avoient été trop loin. Ils ne se pardonnèrent pas ce qu'ils avoient fait, et par conséquent ils ne purent croire que le fils de leur souverain pût leur pardonner.

Voilà encore un point de parallèle.

Charles II avoit fait des promesses en remontant sur le trône, mais il avoit la tête remplie de légitimité et de droits divins : il avoit encore la soif du pouvoir, comme les Juifs dans le désert regrettoient la bonne chère d'Egypte. Il n'avoit pas d'enfans ; la couronne devoit passer à son frère après sa mort, et ce frère, qui fut depuis Jacques II, passoit pour être encore plus attaché que le roi lui-même à l'ancienne forme de gouvernement et aux prérogatives royales. Dans le langage du jour actuel, c'étoit un ultra-royaliste (1).

---

(1) Charles II se promenant un matin, accompagné seulement de deux seigneurs, rencontra le duc d'Yorck à Hounslow, revenant de la chasse et suivi d'une compagnie de dragons-légers. Le duc descendit de voiture, et, ayant joint son frère, lui reprocha de sortir ainsi sans

Il ne nous reste à parler que d'une circonstance qui est encore la même dans les deux cas. A proprement parler, les Anglois, du temps de Charles II, n'avoient point une déclaration des droits; ils avoient négligé, lors de la restauration, de rendre complet leur arrangement avec le monarque. Les François ont une charte, mais elle est incomplète, et, en quelques

---

gardes. — « Oh! Jacques, répondit le monarque spirituel, je n'en ai pas besoin, personne dans le royaume ne me tuera pour vous placer sur le trône. »

Le duc d'Yorck lui reprochant un jour de ne pas être assez sévère, assez péremptoire, le roi lui répondit gravement : — « Je suis trop vieux, Jacques, pour recommencer mes voyages ; quand vous arriverez au trône, vous pourrez être sévère et péremptoire si vous le jugez convenable. » Ces paroles furent à demi prophétiques, Jacques fut sévère et péremptoire quand il monta sur le trône, et il se remit bientôt en voyage, pour n'en jamais revenir.

L'opinion en France est que le frère du roi a quelque chose de la façon de penser du duc d'York, et que le Roi pense comme Charles II. Peut-être n'en est-il rien. M. Decazes dit un jour, à un Anglois qui étoit allé le trouver pour quelque affaire, que le Roi et toute sa famille étoient, autant qu'il est possible, animés du même esprit. — « Puisque vous le dites, Monseigneur, je le crois, répondit l'Anglois; mais c'est bien dommage qu'on ne prenne pas quelques moyens pour faire connoître au public la vérité. » Cette conversation eut lieu en septembre dernier, à une époque où la révolte ouverte contre le Roi étoit le sujet public et général des conversations.

points, contradictoire (1). Elle exige donc un changement; mais comment sera-t-il amené, c'est ce qu'il est difficile de dire. Ici, sous un rapport, on trouve encore un parallèle, mais sous un autre, il n'en existe point. La nature d'une charte ou d'une déclaration de droits la rend permanente; une fois qu'on l'a accordée, on n'a plus le pouvoir de la changer. L'Angleterre obtint, par une révolution, le changement dont elle avoit besoin; mais si Jacques II eût été sage, ou ami de la liberté, on seroit arrivé au même but sans révolution. Les deux nations sont dans la même situation quant à la nécessité d'un changement, mais non pas quant aux moyens de l'obtenir.

En Angleterre, la grande charte, la base de la déclaration des droits fut une convention entre le roi et le peuple. Elle fut, dans son principe et dans son but, tant dans sa forme que dans son essence, un

---

(1) Nous montrerons en quoi la charte se contredit, et en quoi elle est inexécutable, mais indiquer tout ce qu'il y manque seroit une tâche difficile. Après avoir fait huit constitutions et vingt-cinq mille lois, on pouvoit naturellement croire qu'il était fort aisé de faire une charte copiée partie des droits de l'homme de Thomas Payne, partie de la constitution de 1789 de M. le marquis de la Fayette, et partie puisée dans les trous à pigeons de l'abbé Syeyes. On fit ainsi, en trois jours, une espèce de pavé en mosaïque, une sorte de courte-pointe de pièces rapportées, et on l'envoya au Roi, avant son départ d'Angleterre. Sa Majesté reçut cette charte, et y fit à la

marché dans lequel il existoit deux parties. En France, la charte constitutionnelle est un octroi et non un marché. Cette circonstance diminuera peut-être la difficulté d'y faire quelque changement, peut-être au contraire ne fera-t-elle que l'augmenter, parce qu'elle est peu satisfaisante par cela même qu'elle est un octroi.

Il faut plus de profondeur de raisonnement que n'en possède la grande masse de quelque nation que ce soit, pour voir qu'un don, fait en certaines circonstances, est réellement un marché. Chacun conçoit que pour changer quelque chose à un marché, il faut le consentement des deux parties; mais la volonté du donateur paroît suffire pour modifier un don, pourvu que la modification soit en faveur de celui qui reçoit, et non de celui qui donne (1). De

---

hâte quelques changemens; mais ces changemens la rendirent encore plus défectueuse. Il est aisé de voir qu'ils furent faits dans un autre esprit que celui qui avait dicté le surplus, et l'ensemble en est tel qu'il faut le changer, car il est impossible de l'exécuter. Tous les partis le savent fort bien, et tandis qu'ils se réunissent pour crier : « La charte, toute la charte, rien que la charte, » ils pensent aux jacobins qui crioient : *Vive la mort!* On a beaucoup de confiance dans les bonnes intentions de Sa Majesté, mais très-peu dans la charte.

(1) Le proverbe qui dit que rien n'est plus libre qu'un don, paroît être en faveur du préambule de la charte; car quand on le considère de bonne foi, on voit qu'il ex-

cette circonstance, relativement à laquelle les deux contrées ne se trouvent pas dans la même situation, dépend une grande question. Si Louis XVIII est disposé à octroyer une modification, et que la nation soit également portée à en être satisfaite, il n'y a plus de difficulté. Mais si la nation pense qu'un octroi n'est pas un mode suffisamment sûr, ou si le roi n'est

---

prime que le don est fait à celui qui le reçoit, de telle manière que le donateur ne peut le rétracter ni le changer. Mais il est encore une chose qui peut seule rendre un don sacré. Il faut que ce qui est donné appartienne positivement au donateur. Or, c'est précisément le point sur lequel on diffère. Le roi, disent les révolutionnaires, n'avoit pas le droit de donner au peuple, ce qui appartenoit au peuple depuis l'origine de la monarchie, ce dont il étoit en possession depuis vingt-cinq ans, quoiqu'il en eût été long-temps privé. Mais ce n'est pas encore tout. L'acceptation de la charte est une reconnoissance de la part de la nation que tous ses droits émanoient du roi, et n'étaient pas inhérens au peuple. Or, avec toute la déférence que nous devons à Sa Majesté, comme roi légitime de France, nous ne pouvons céder ce point, la nation ne le céda point, et il se trouva dans le temps des gens qui dirent, non bien haut, mais en accens profondément sentis, que ceux qui recevoient devoient être aussi libres que celui qui donnoit. Mais avec des Russes, des Prussiens, des pandours qui fourmilloient partout, il n'y avoit rien à dire ni à faire. Il falloit prendre ou laisser et attendre les conséquences : on n'étoit pas disposé à ce dernier parti, et l'on prit le premier par nécessité.

pas disposé à modifier son octroi, la nécessité d'un changement pourra, comme en Angleterre, amener une révolution. Mais c'est une question que des circonstances particulières doivent décider. Une conduite sage peut prévenir cet événement, et une manière d'agir opposée peut le déterminer (1).

Nous savons que la restauration fut complète et parfaite tant que vécut Charles II; mais son frère, *ultra*, ne tarda pas à amener une crise. Ici nous espérons qu'il ne se trouvera pas de parallèle à établir, et que l'exemple de ce qui s'est passé en Angleterre empêchera qu'il n'en arrive autant en France.

Il seroit inutile, peut-être même nuisible, de déguiser la vérité : nous dirons donc que la partie pensante de la nation françoise n'est pas très-satisfaite que la charte ait la forme d'un octroi, et non celle d'un marché. Quoique Louis XVIII ait dit dans le préambule de la charte qu'un octroi valoit mieux qu'une concession arrachée à la foiblesse d'un gouverne-

---

(1) Si Jacques II avoit agi avec prudence et modération, il est probable qu'il seroit mort sur le trône d'Angleterre. Ce ne fut point par inimitié contre lui que la nation invita son gendre et sa fille à s'y asseoir, mais elle étoit lasse de toujours lutter, et convaincue qu'il n'existoit que ce seul moyen d'arriver à une fin. En offrant la couronne à la reine Anne, son autre fille, après la mort du roi Guillaume, on donna une preuve qu'on n'avoit conçu aucune animosité contre sa famille.

ment (1), c'est une espèce de sophisme auquel il n'est pas impossible de répondre.

Il est vrai que, dans la vie ordinaire, on regarde la possession de ce qui a été donné librement, comme plus sûre que celle de ce qu'on a obtenu par la force; mais on se trompe en argumentant de cette manière, dans l'affaire dont il s'agit, ou du moins en voulant résoudre ainsi la question. Quoique les grands barons d'Angleterre aient forcé le roi Jean à signer la grande charte, cela est tout différent d'un droit ou d'une propriété obtenue de cette manière dans le cours ordinaire des choses.

Jean et les barons étoient roi et sujets; le premier et les derniers avoient chacun des droits à réclamer et des devoirs à remplir, avant la grande charte; car on ne prétendra pas que la puissance du roi Jean ne connût aucune borne. Or, pour peu qu'elle en eût, et quelque étendue qu'elle pût être, les barons

---

(1) On a supposé que le roi voulut, en employant ces termes, faire allusion à la constitution de 1789, que l'assemblée constituante força Louis XVI d'accepter purement et simplement, sans aucun changement; et à la grande charte que le roi Jean signa, après bien des difficultés, et lorsqu'il se seroit trouvé dans un grand danger s'il s'y fut refusé. Louis perdit là une belle occasion. S'il avoit abandonné le point de droit, il auroit pu marchander tous les changemens qui étoient justes et convenables. On n'auroit pu les lui refuser, et ils n'en auroient pas moins été obligatoires.

avoient des droits, et quiconque a des droits, a celui de les discuter. Ce fut en conséquence d'une telle discussion que Jean signa la grande charte. Qu'elle fut obtenue par la force et la violence, c'est la vérité ; mais il n'existe aucune analogie entre l'homme avec lequel on a eu des relations préalables, et qu'on force à consentir à ce qui est juste, et celui avec lequel on n'en a jamais eu aucune, et qu'on force à céder ce qui lui appartient, ce qu'il a le droit de conserver.

La déclaration de Louis XVIII cependant est évidemment destinée à établir une analogie de nature entre la concession libre, et celle qui est obtenue par la force et la violence.

Sans doute, si la partie qui use de violence passe de raisonnables bornes, et exige ce que l'avantage des deux parties n'exige pas qu'elle possède, ou ce qui est évidemment contre le droit naturel et la justice (1), il en est alors comme de la cession forcée de puis-

---

(1) Quand un voyageur donne sa bourse à un voleur de grand chemin, c'est un don forcé et contraire à toute justice. Si les circonstances le permettoient, le donateur, en ce cas, auroit incontestablement le droit de reprendre ce qu'il a donné. Mais quoique ces deux circonstances soient semblables en apparence, elles différent pourtant beaucoup. Dans tous les marchés, il entre plus ou moins de coercition, c'est-à-dire qu'il existe une alternative dans un marché, et cependant chaque partie choisit ce qui lui convient. C'est un mélange de compulsion et de

sance à laquelle Louis XVIII fit certainement allusion quand il dit qu'une concession volontaire est préférable à ce que la violence des sujets arrache à la foiblesse des rois.

Si, par exemple, les grands barons, les armes à la main, avoient forcé le roi Jean à abandonner ses domaines, les apanages de la couronne, ou quelque autre chose lui appartenant personnellement et n'ayant pas rapport à la liberté de ses sujets, alors, et seulement alors, l'analogie auroit été juste. Mais comme les barons ne demandoient que ce qui tendoit à assurer des droits qu'ils étoient intéressés à maintenir, et qui existoient pour l'avantage général, l'analogie, quoique apparente, n'étoit pas véritable.

Bien des circonstances pourtant rendent la situation de la France, au moment actuel, bien différente de celle où se trouvoit l'Angleterre, sous le règne de Charles II.

---

volonté. Si vous ne me donnez tel prix, dit le vendeur, je garderai ma marchandise. L'acquéreur voudroit bien n'en pas donner ce prix, mais le désir d'avoir la marchandise est encore plus fort. Le grand avantage qu'un marché a sur un don, c'est qu'il suppose des droits de chaque côté, et personne n'aime à devoir à la générosité ce que la justice lui donne le droit d'obtenir.

La révolution fut, dès l'origine, une guerre de principes et d'opinions. On ne nia pas le droit héréditaire, mais on refusa de reconnoître le droit divin. Or, la manière d'octroyer la charte implique le droit divin, question qu'il étoit inutile et peu sage d'agiter.

La révolution d'Angleterre n'avoit rien de commun avec des conquêtes étrangères. Elle n'avoit pas engendré une armée immense qui regardoit la gloire ou le bonheur de son pays comme tenant aux exploits militaires, ou à un gouvernement militaire. Le peuple ne voyoit pas, dans la restauration de Charles II, un sujet d'humiliation. Il le rappela volontairement, librement, et sans l'intervention d'aucune puissance étrangère.

Louis, au contraire, prit possession du trône de France, quand la capitale, pour ne pas dire tout le royaume, étoit entre les mains et au pouvoir d'une formidable coalition de peuples. La nation, il est vrai, lui avoit envoyé une députation pour l'appeler au trône, mais quoique cette démarche eût l'apparence d'être volontaire, elle portoit avec elle ce qui faisoit sentir qu'elle ne l'étoit pas complètement.

Si cela est vrai de son premier retour à Paris, cela l'est encore davantage du second; et quoique ce soit réellement du premier que sa possession actuelle prend naissance, cependant elle paroît au peuple ne dater que du second.

La génération actuelle des François a été élevée et entretenue dans des sentimens hostiles à toutes les autres nations et à la famille aujourd'hui régnante. Il n'en étoit pas de même en Angleterre. La plus grande partie des Anglois déploroient le destin de leur roi assassiné, et une portion encore plus grande du peuple conservoit pour sa famille exilée de l'affection et de la vénération (1).

Il faut ajouter à ces circonstances qui sont fort différentes, et qui sont toutes défavorables à Louis, que le chef qui conduisoit les François à la victoire est encore vivant, qu'il est prisonnier, et entre les mains de cette même nation à laquelle ils attribuent justement la destruction de leurs projets splendides, quoique visionnaires, de conquêtes, de puissance et de domination.

Entre autres choses, le manque total de religion, et l'aliénation de tous les biens qui servoient à l'entretien de ses ministres, doivent être considérés comme les plus grandes difficultés que Louis XVIII ait à surmonter. Le rétablissement du trône entraînoit nécessairement avec lui celui de l'église nationale, mais les moyens de la soutenir n'existoient plus (2). Le

---

(1) Où l'auteur a-t-il donc vu que les mêmes sentimens n'animoient pas la grande majorité des François?

(*Note du Traducteur.*)

(2) Une des erreurs commises par les alliés, lorsqu'ils entrèrent à Paris en 1814, fut de ne faire aucune stipulation en faveur du clergé et des émigrés qui avoient perdu leurs biens. C'étoit un acte non-seulement de justice, mais de politique. On ne pouvoit supposer que le roi auroit les moyens de pourvoir à leurs besoins, et l'on devoit à peine espérer que le trône pourroit se soutenir, que la nation jouiroit d'une entière tranquillité, avec un clergé dépouillé

clergé et la masse de la société étoient devenus en quelque sorte ennemis. Leurs intérêts, qui auroient dû être intimement unis, étoient grandement séparés, et l'on ne trouvoit, ni d'un côté ni de l'autre, ces sentimens qui auroient pu promettre un rapprochement amical.

Les propriétés de l'église avoient été les premières sacrifiées devant l'autel sacrilége de l'impiété révolutionnaire. Peu contens de s'être emparés des biens du clergé, le peuple et ses meneurs avoient commis ou excité des violences contre la personne de ses membres. Un grand nombre furent mis à mort, et un plus grand nombre encore furent obligés de fuir et de chercher leur sûreté dans des pays étrangers. Ceux qui survécurent à ces malheurs, se trouvèrent, à leur

---

de ses biens, et une noblesse à qui l'on avoit volé la plus grande partie des siens. C'est en grande partie à cette omission qu'il faut attribuer la facilité avec laquelle Buonaparte, en arrivant de l'île d'Elbe, s'empara du trône de Louis. Les soutiens naturels du trône étoient réduits à l'indigence, poussés au désespoir, et, semblables à Caïn (excepté en crime), ils voyoient la main de chacun levée contre eux. Les acquéreurs des domaines, qui les reconnoissoient autrefois pour leurs maîtres, les regardoient comme une bande de maraudeurs venus pour les priver de leurs propriétés. La nation, au premier moment de sa chute, auroit consenti à des arrangemens raisonnables; mais cet instant passé, attendre d'elle quelques concessions, étoit une absurdité.

retour, comme des étrangers dans leur propre patrie. La piété charitable de quelques personnes fut une compensation, mais bien foible, de l'inimitié ouverte du plus grand nombre, et le roi n'avoit que le désir, mais non le pouvoir, d'adoucir leurs souffrances ou de récompenser leur fidélité, en leur accordant le soutien qu'exigeoient leurs besoins et l'intérêt de la société (1).

Comment cette affaire s'arrangera-t-elle? com-

---

(1) Une grande difficulté dont on ne peut, à défaut de matériaux, apprécier toute l'étendue, est l'attachement que l'on conserve pour une forme républicaine de gouvernement. Dans toute la France, le parti composé de ce qu'on appelle *les ultrà-libéraux* penche fortement vers une république. Ils pensent encore que les circonstances, et surtout la guerre, les ont empêchés de donner de la consistance à leur système favori de gouvernement et d'en assurer la durée.

Leur vanité est vivement blessée d'avoir vu échouer leur projet, et ils désirent secrètement de le voir revivre sous de meilleurs auspices et dans des circonstances plus favorables. Essayer de convaincre les partisans du républicanisme que ce système ne pourroit réussir en France, seroit parfaitement inutile. On ne peut espérer de convertir par le raisonnement des gens qui conviennent à peine qu'ils ont commis une erreur, quand l'expérience l'a démontré. Rome étoit gouvernée en république, quand elle arriva à son plus haut degré de puissance. Sa plus grande splendeur fut sous le régime impérial. Mais quand la splendeur succéda à la puissance, sa décadence s'ensuivit bientôt.

ment peut-elle s'arranger ? ce seroit être bien téméraire que de vouloir le dire ; mais une chose certaine, c'est que la difficulté est grande : il est même impossible de prévoir si l'on pourra rétablir pendant la paix ce qu'on a détruit pendant les hostilités.

Les conséquences immédiates de l'aliénation des biens de l'Église et de ceux des propriétaires qui ont été obligés de chercher leur salut dans la fuite, sont cependant bien loin d'être aussi formidables que d'autres dangers qui sont plus éloignés.

Son exemple n'offre rien qui puisse décider si la France peut ou ne peut pas être gouvernée en république, mais le plus grand motif pour en douter, vient des intrigues des autres cours qui travailleroient probablement non-seulement à influencer les élections, mais à corrompre les élus. Rome, Carthage et la Hollande sont les seules républiques d'après lesquelles nous puissions asseoir un jugement. Mais les deux premières étoient isolées ; elles n'avoient pas de voisins qui pussent intervenir dans leurs affaires ; et quant à la Hollande, si son amitié ou son inimitié avait été de grande importance, on l'auroit achetée, ou ce pays auroit été déchiré par des intrigues, comme le fut la Pologne, parce que son roi étoit électif, comme le chef d'une république. On parle de différentes manières de la force des républicains en France ; et comme il est impossible de s'imaginer qu'ils voulussent se montrer à découvert, sous un gouvernement monarchique, on croit qu'ils sont beaucoup plus nombreux en réalité qu'ils ne le paroissent, ou qu'on ne le présume. Quelques personnes pensent qu'ils se leveront tout d'un coup à une époque future et non éloignée.

Lorsque les biens confisqués par la nation, comme on le disoit, ces biens, qu'on appelle aujourd'hui domaines nationaux, furent mis en vente, la quantité en étoit si immense, qu'on accorda un long terme pour le paiement de leur prix ; et comme l'égalité étoit le but de ceux qui étoient alors à la tête des affaires, on en vendit une grande partie, en petits lots, à des gens qui avoient à peine de quoi payer le premier terme.

Douze ans ayant été donnés pour le paiement, et ces paiemens se faisant en assignats dont la dépréciation suivoit une progression sans exemple, le prix total, presque dans tous les cas, ne monta guères qu'à ce que le loyer annuel auroit produit dans des temps ordinaires. Environ la dixième partie des terres de la France se partagèrent ainsi entre une classe de propriétaires qui n'avoient ni les capitaux ni les connoissances nécessaires pour les cultiver. Et comme la loi de primogéniture, qui faisoit descendre les propriétés foncières au fils aîné, avoit été abolie, les maigres possessions de ces petits propriétaires se divisèrent encore entre leurs enfans, de sorte qu'il est difficile de dire à quel point de subdivision s'arrêtera ce système agraire d'égalité ; mais il n'est pas difficile de prévoir qu'il ne faudra pas un espace de temps bien considérable, pour détruire toute l'ancienne splendeur de la France.

Toutes les fois que, par suite des vicissitudes de la fortune, on met en vente un grand domaine, le propriétaire en obtient toujours un prix beaucoup plus avantageux en le vendant par petites portions, qu'en l'aliénant en un seul lot et à une seule personne, et c'est encore une autre cause de la destruction qu'on voit s'étendre dans toute la France sur tant d'anciens châteaux et domaines.

Tant de causes concourant et agissant simultanément et universellement en France pour produire un grand effet, il ne peut y avoir de doute qu'avant un grand nombre d'années, presque la totalité des terres labourables et des pâturages de ce royaume aura passé entre les mains de petits propriétaires qui les cultiveront principalement pour la consommation de leurs familles, et alors les grandes cités doivent déchoir. Alors l'Etat sera forcé de lever principalement les impositions sur la terre, et l'impôt foncier, qui étoit si peu de chose avant la révolution, et qui est aujourd'hui si énorme, sera encore augmenté, et tombera avec un double poids sur les nombreux propriétaires du sol (1).

---

(1) Le rêve ingénieux de l'homme aux quarante écus de Voltaire, se réalisera avec le temps. Chacun aura assez de terre pour se nourrir ainsi que sa famille, avec un peu d'excédant qu'il vendra pour payer les taxes et acheter le petit nombre de choses formant tous les besoins d'une famille vivant dans cet état. Ce changement devra en opérer un matériel dans les relations extérieures de la nation françoise. La population deviendra immense, mais elle sera dans cet état d'industrie indigente qui touche au

Un tel changement dans une si grande nation que la France, tandis que dans d'autres les propriétés tendent à s'accumuler, doit produire un effet aussi nouveau qu'étrange. Il n'est pas facile de déterminer ce qu'il sera, mais, à notre avis, on ne peut espérer qu'il soit avantageux. La population sera nombreuse, mais pauvre et misérable; car malheureusement on ne peut obtenir en ce cas le même remède que lorsque trop de propriétés sont concentrées dans les mains de peu de personnes. Les propriétaires ne voudront pas vendre les biens dont ils sont si fiers, pour devenir fermiers ou se vouer à la domesticité; et quand même ils voudroient vendre, ils ne trouveroient pas d'acquéreurs.

Ce sujet étant, dans notre opinion, le plus important de tous, nous nous sommes donné beaucoup de peine pour recueillir les informations les plus authentiques relativement aux faits, et les meilleures au-

---

dénûment et à la mendicité. Comme les productions de la France, quoique précieuses, sont souvent éventuelles, attendu les mauvaises années, il n'est pas à désirer que presque toute sa population dépende presque entièrement de l'agriculture. La cause qui rendoit les famines si fréquentes et si terribles dans les anciens temps, étoit probablement que l'agriculture étoit la seule ressource; et le peuple n'ayant autre chose à faire que de forcer la terre à produire et d'en consommer les produits, quand il arrivoit une disette, elle se montroit sous la forme de la famine, ce qu'on ne voit plus dans les temps modernes.

torités relativement à l'opinion, et le résultat est bien loin d'offrir des consolations.

Les finances de la France sont un autre objet important, et pour apprécier leur situation actuelle, nous avons tracé un aperçu rapide du passé. Nous ne pouvons pas même conjecturer comment elles pourroient être différemment conduites, dans l'ordre actuel des choses ; mais nous devons remarquer que, dans les temps passés, les dépenses se sont accrues uniformément, d'une manière tout-à-fait inconcevable.

Il paroît qu'il s'est toujours trouvé quelques causes imprévues de dépenses, qui rendoient totalement faux les calculs préalables, et dont on n'apportoit pas de raisons satisfaisantes, lorsqu'on mettoit de nouveaux comptes sous les yeux du roi.

Quand Louis XVI monta sur le trône en 1774, la recette et la dépense étoient à peu près de niveau. Il n'y eut pas de grandes dépenses pendant les quatorze années de son règne, et cependant, quoique les revenus publics se fussent considérablement augmentés, un déficit annuel de près de 60,000,000 de francs, amena la révolution (1).

---

(1) Ce qu'on peut appeler le budget de l'année, pris n'importe à quelle époque, offroit un résultat assez favorable ; mais ensuite le cours des événemens présentoit toujours quelques étranges additions aux dépenses, qui n'avoient jamais été prévues, et qu'on n'a pas bien dis-

Le grand accroissement de l'armée, la loi sur le recrutement par une sorte de conscription déguisée, et l'esprit révolutionnaire que montrent les nouvelles recrues, non-seulement augmenteront les dépenses de l'Etat, mais causeront beaucoup d'embarras tant au gouvernement de la France qu'aux autres nations; car on aura à craindre qu'elle ne se trouve encore dans la gêne, ou qu'elle ne soit de nouveau soumise au pouvoir militaire.

Quant au commerce et aux manufactures, il règne évidemment dans le peuple un grand désir d'y exceller, et une grande jalousie des autres nations, en même temps que la législation françoise continue à suivre un système anti-commercial qui doit mettre obstacle aux succès de la France, et l'éloigner du but qu'elle prétend atteindre. Elle craint l'exportation des matières premières, de peur d'en manquer pour ses propres manufactures, et elle craint également de permettre l'entrée des marchandises de fabrique étrangère, de peur de nuire aux siennes. Par ce moyen son commerce d'exportation et d'importation n'a nulle valeur, et ses manufactures, presque de toute espèce, ne font que languir et déchoir (1).

---

tinctement mentionnées. La première partie du règne de Louis XV, sous le ministère du cardinal de Fleury, est presque la seule exception de quelque importance et de quelque durée.

(1) Un riche manufacturier demeurant à Paris, et faisant un commerce très-considérable, nous a décrit

Cet état de choses semble naître des principes anti-commerciaux adoptés au commencement de la révolution, combinés avec le plan formé par Buonaparte de ruiner les manufactures d'Angleterre, en fermant à leurs produits les ports de tout le continent.

Plus long-temps on suivra ce système en France, plus on y verra tomber les manufactures ; et les divisions agraires du sol tendant au même but, on ne peut douter que ce pays ne reste en arrière quant à la richesse qui résulte du commerce, et qui ne peut exister si le commerce ne jouit pas de la protection et des encouragemens nécessaires.

Il est certain que jamais aucune nation n'a produit

---

dans les termes les plus vifs l'effet du système prohibitif : « Nous craignons, dit-il, de fabriquer au-delà de ce qu'exigent les besoins de l'intérieur, car nous n'avons aucun débouché pour vendre hors du royaume, de sorte que les travaux de nos ouvriers sont toujours limités. De temps en temps il nous vient une demande subite, nous sommes hors d'état d'y satisfaire, et nous perdons ainsi l'occasion de vendre, faute de pouvoir remplir les commandes. Les prix varient continuellement, à cause de cette inégalité dans les demandes ; les maîtres ne savent ce qu'ils doivent faire, et les ouvriers ne sont jamais dans l'aisance. En un mot, tout est mal arrangé pour le fabricant, pour l'ouvrier et pour le consommateur. » Ce manufacturier est un homme très-sensé et très-intelligent, et il disoit qu'il émigreroit volontiers s'il savoit l'anglois, attendu qu'il avoit plus de capitaux qu'il n'en pouvoit employer.

TABLEAU

34   LA FRANCE

de meilleurs écrivains que la France, sur les véritables principes du commerce. Les instructions données à ce sujet dans Télémaque sont exprimées avec une simplicité et une élégance de style que rien n'égale, si ce n'est leur profonde sagesse. Les établissemens pour

Extrait des registres des exportations et importations de la douane d'Angleterre pour l'année 1816, année pendant laquelle les manufactures angloises furent à peu près dans la même proportion qu'en 1792, quoique depuis ce temps l'exportation des marchandises angloises ait considérablement augmenté.

PAYS.	IMPORTATIONS en Angleterre.	EXPORTATIONS.	
		Marchandises angloises.	Marchandises étrangères.
	l.	l.	
Danemarck..	193,000	173,030	551,000
Russie.....	1,999,000	518,000	465,000
Suède.....	275,000	29,000	49,000
Pologne....	370,000	17,000	30,000
Prusse.....	1,211,000	293,000	492,000
Allemagne..	2,182,000	3,858,000	8,152,000
Hollande...	802,000	19,000	3,149,000
Flandres....	54,000	40,000	768,000
France.....	110,000	131,000	1,194,000
Portugal....	862,000	899,000	103,000
Espagne.....	652,000	171,000	16,000
Italie......	355,000	473,000	127,000
Venise.....	54,000	10,000	8,000
Turquie....	199,000	111,000	55,000
TOTAL..	9,298,000	6,692,030	14,959,000

Il résulte de ce tableau qu'à l'égard du produit des manufactures la balance est contre l'Angleterre d'environ

propager les connoissances de toute espèce y sont admirables, et l'on ne peut rien citer qui en approche, comme il est facile de s'en convaincre en voyant à Paris la collection des arts et métiers : cependant on ne fait aucun progrès. Les outils les plus simples des métiers les plus communs sont dans un état de grande imperfection, les instrumens d'agriculture ne valent pas mieux, et tout en ce pays annonce le génie et les

---

2,500,000 livres sterling, ce qui fait près des deux cinquièmes des exportations. Quant aux productions coloniales et aux marchandises des Indes orientales, les peuples du continent les ont à aussi bon marché que les Anglois eux-mêmes, mais dans ous les cas le système exclusif actuel n'y est pas applicable.

Buonaparte étoit plus conséquent, et agissoit d'après un meilleur principe que les puissances ne le font aujourd'hui ; il disoit : « La balance est en faveur de l'Angleterre, j'exclurai tout objet quelconque. » Mais on n'élève de clameur aujourd'hui que contre les produits de nos manufactures, dont la balance est contre nous. La Russie, la Pologne, la Prusse et la Suède, qui sont particulièrement jalouses des manufactures angloises, y perdroient le plus ; l'Allemagne y gagneroit, mais ce seroit pour la France un objet peu important.

Il peut paroître étrange que la Prusse qui fait partie de l'Allemagne, et Venise qui est une portion de l'Italie, forment un article séparé. Nous ne pouvons en expliquer la raison. Cela se trouve ainsi dans les registres de la douane, aussi haut que nous avons pu remonter. Nous faisons cette remarque pour qu'on ne nous accuse point d'avoir commis une erreur.

connoissances, entravés malheureusement par de mauvais réglemens, ou par le manque d'encouragement convenable.

Un système est une excellente chose jusqu'à un certain point. On peut en dire autant des réglemens. Mais il n'existe ni système ni réglement qui convienne à toutes les situations. Or les François se laissent toujours guider par l'esprit de système. Avant la révolution, le système général étoit de faire des réglemens sur tout. On en suivit un tout contraire tant qu'elle dura, ce fut de n'en faire sur rien, de laisser chacun libre d'agir comme bon lui sembloit. Les malheurs et les désordres qui en résultèrent jetèrent du discrédit sur ce plan, et aujourd'hui le système des réglemens est redevenu en faveur. Il gêne le commerce, il enchaîne l'industrie ; cependant il est probable qu'il aura quelque durée, parce qu'il est favorable à l'exercice de l'autorité.

Il est singulier que quoique aucune des nations du continent ne réussisse dans le commerce, à moins qu'elle ne le fasse avec l'Angleterre, la haine et la jalousie contre ce pays soient pourtant aussi générales qu'invétérées. On croiroit que l'envie que leur inspire notre situation les a privées des moyens d'apercevoir la leur.

Le système exclusif, comme on l'appeloit, c'est-à-dire le plan de défendre l'importation des marchandises angloises ou des denrées coloniales amenées par des bâtimens Anglois, ou venant des îles angloises, système suivi par Buonaparte, fut secrètement approuvé par tous les États, quoiqu'ils en ressentissent sévèrement les effets pernicieux, et il leur sert encore aujourd'hui de règle de conduite.

Les richesses d'une nation s'augmentent très-rapidement, et son industrie s'emploie d'une manière très-avantageuse, quand elle offre et qu'elle vend aux autres nations les productions des arts ou du sol qui distinguent son pays, et qu'elle prend en retour les objets qu'elle trouve chez elle avec moins d'abondance.

Une nation qui craint d'acheter les objets qu'elle ne peut trouver chez elle à aussi bon marché ou de si bonne qualité, ne s'enrichira jamais ni par le commerce, ni par l'agriculture, ni par les manufactures, parce qu'il faut dans le commerce de la réciprocité jusqu'à un certain point, sans quoi il ne peut exister.

Les essais pour faire du sucre de betteraves ne servirent qu'à faire prendre une fausse marche à l'industrie, à mal employer les capitaux. Si la France au contraire avoit fait usage de ses vins, de ses huiles, de ses eaux-de-vie, et des autres denrées qui se trouvent dans son sein en plus grande perfection que partout ailleurs ; si elle les avoit exportées, et qu'elle eût pris en retour du sucre et du café, elle auroit gagné beaucoup davantage. Les Anglois et les Hollandois, qui entendoient le commerce mieux que les François, ne craignirent jamais d'acheter ce dont ils manquoient, aussi trouvèrent-ils toujours des débouchés pour exporter ce qu'ils avoient de trop (1).

Indépendamment du mauvais exemple qu'ont donné un grand nombre de nations du continent, relativement au système commercial, elles ont adopté une grande erreur, une erreur ruineuse. Elles s'imaginent que parce que la Grande-Bretagne aujourd'hui, et la Hollande autrefois, se sont enrichies en fournissant les produits de leurs manufactures aux autres peuples; toutes les contrées peuvent, si bon leur semble, arriver à l'opulence par le même chemin. Ce n'est pas seulement une grande erreur, c'en est une inexcusable. La somme totale de ce qui est acheté parmi tous les peuples doit être égale à celle de tout ce qui est vendu. Quelques-uns peuvent donc y gagner, mais il est im-

---

(1) C'est la même sorte de division de travaux parmi les nations que M. Smith considère comme la principale source de leur richesse. Il est certain que toute nation qui tâche de se fournir elle-même tout ce qui lui manque, et qui fait usage de son industrie pour épargner plutôt que pour acquérir, commet précisément la même erreur qu'un bon artiste qui emploieroit son temps à raccommoder ses bas et ses souliers au lieu de payer quelqu'un pour le faire. C'est mal appliquer l'industrie. Chaque nation manque de certains objets, et en cultive d'autres qui sont pour elle un avantage particulier, de même que chaque individu peut faire telle chose mieux que telle autre. On ne peut qu'être surpris qu'après avoir porté à un si haut

possible que tous y gagnent. Comme pays riche par son sol et son climat, la France gagne, mais elle perd comme pays manufacturier. L'Angleterre, d'un autre côté, perd comme pays d'agriculture et gagne comme pays de manufactures. La Russie, de même, gagne par la vente de ses productions, mais elle perd par l'achat des objets manufacturés; et quoique la balance entre ce pays et l'Angleterre soit plus défavorable à ce dernier royaume que celle du commerce qu'il fait avec toute autre contrée, l'Angleterre ne pense pas qu'il en résulte pour elle aucun désavantage. Comme les commerçans n'achètent jamais ce qui est sans valeur pour eux, ils ne trouvent aucune différence à recevoir le prix de leurs marchandises en argent ou en autres objets. Le commerce avec la Russie est au contraire très-avantageux à l'Angleterre, quoique ce dernier pays ait une balance considérable à payer en argent.

degré, depuis environ vingt ans, l'étude de l'économie politique, toutes les nations soient tombées à la fois dans une plus grande erreur en ce qui concerne la science du commerce, que même dans les siècles d'ignorance. Cependant c'est un fait certain. On suit le système d'exclusion de Buonaparte, quoiqu'on sache bien qu'il ne connoissoit pas les principes du commerce, et qu'il ne défendoit pas la vente des marchandises angloises pour favoriser le commerce de sa nation, mais uniquement pour nuire à un ennemi. L'envie et la haine contre l'Angleterre paroissent avoir été la cause secrète de cette conduite inconsidérée.

Un mauvais système en agriculture et un plus vicieux encore en commerce, doivent vraisemblablement être pernicieux pour la France à une époque peu éloignée. Ce sont des erreurs nouvelles qui prirent naissance avec la révolution. La division des propriétés en petits lots, et le désir de devenir propriétaire, rempliront la France de millions de personnes qui gagneront à peine de quoi vivre dans les bonnes années ; et comme les gelées et d'autres accidens fâcheux font souvent manquer la récolte des vignes, ce foible moyen d'existence n'a pas même l'avantage d'être certain.

Le système exclusif est surtout désavantageux pour la France, attendu qu'elle pourroit fournir plus de vins et d'eaux-de-vie à exporter si la vente en étoit plus considérable ; mais cette vente se trouvera toujours considérablement restreinte et diminuée par le refus de prendre en échange des marchandises étrangères.

Après une guerre si longue et si terrible, on doit s'attendre à trouver bien des maux à guérir, bien des difficultés à vaincre. Le temps amènera les lois à leur perfection, éteindra la fureur des partis, et réconciliera les ennemis. Mais ce sont les deux dernières causes dont nous venons de parler qui ont été la source du mal, en faisant naître des idées mal calculées, en inspirant de fausses vues d'intérêt (1), et elles tendent à s'accroître plutôt qu'à diminuer.

---

(1) Lady Morgan paroît avoir vu la France comme un

Ces points sont si importans, que nous avons jugé nécessaire de donner les faits qui y ont rapport avec toute l'authenticité possible, afin qu'il n'existe aucun doute sur les vérités que nous établissons ; et c'est pourquoi nous citerons en françois les pièces originales relatives à la charte et à la situation des propriétaires du sol.

Nous avons connu la France avant la révolution et pendant les premières années de cette catastrophe terrible ; ainsi donc le changement dont nous parlerons n'est pas une conjecture, mais le résultat d'observations réelles.

Il peut être nécessaire de faire observer ici que, sans avoir le moindre désir d'outrager lady Morgan qui écrivit évidemment d'après une connoissance très-

---

enfant voit la foire de Saint-Barthélemy. Tout étoit nouveau pour elle, et elle admira tout. Peut-être les Parisiens ont-ils appris l'art d'inventer des histoires et de dire ce qui n'est pas vrai, ou peut-être vouloient-ils se venger sur lady Morgan des remarques qu'elle faisoit librement sur eux. Mais nous avons ouï dire à Paris qu'elle flattoit sans miséricorde les personnes dans la compagnie desquelles elle se trouvoit, et qu'elle se faisoit passer pour très-riche, tandis que son pays étoit fort pauvre. Elle disoit que sir Charles Morgan avoit en Irlande trente terres qui n'étoient pas louées, attendu la détresse des temps. Trente terres ! Tout autant. Les soldats de carton de Falstaff (*) ne sont

* Allusion à une tragédie de Shakespeare.

(*Note du Traducteur.*)

superficielle du peuple françois, et d'après des observations très-partiales qu'elle fit pendant un court espace de temps, nous devons traiter son livre, non comme l'ouvrage d'une dame, mais comme une production infiniment dangereuse.

Elle y représente la situation des paysans comme digne d'envie au plus haut degré, quoiqu'elle n'y ait vu que quelques-unes de leurs habitations, dans cette saison de l'année pendant laquelle, dans un pays aussi beau que fertile, tout paroît avec le plus d'avantage. Si elle avoit vu les mêmes personnes, pendant l'hiver, tremblant au coin d'un feu dont les matériaux pourroient être contenus dans une tabatière de médiocre grandeur, ou portant, par de mauvaises routes,

---

rien devant le seigneur suzerain de tant de domaines, en supposant, comme nous le croyons, sans vouloir l'assurer, que Lady Morgan ait tenu ce propos. Nous pensons qu'il peut y avoir ici quelque méprise, et qu'elle a parlé de trente fermes non louées. Mais celui de qui nous tenons cette anecdote nous a dit *trente terres*. Nous supposons donc que ces terres sont divisées conformément au système françois qu'elle approuve tant, et que ce sont de petites propriétés d'un demi-acre et d'un quart d'acre. Une terre est une terre, ne fût-elle qu'assez grande pour y planter un chou. Robespierre fixa un *maximum*, mais non un *minimum*, et lady Morgan parle d'un homme qui partagea un pommier entre ses quatre fils : espèce de société que nous ne regardons pas comme beaucoup plus avantageuse que celle des cent hommes qui se mirent un jour à table pour partager un œuf.

leurs modiques provisions au marché, pour les vendre à bas prix, elle auroit pensé bien différemment. Quant aux expressions de contentement qu'elle a entendues, il faut les attribuer au caractère françois qu'elle ne connoît nullement. La vanité de posséder une propriété nouvellement acquise, la honte d'avouer des difficultés et des contre-temps auxquels on ne s'attendoit point, l'absurdité de faire des plaintes qui ne pouvoient être d'aucune utilité, tout se réunissoit pour engager le paysan à faire voir les choses du plus beau côté. Le François d'ailleurs est naturellement vain, de bonne humeur, et disposé à se contenter de tout. C'est un peuple qui aime à plaire, et auquel on plaît aisément. Il faut autre chose qu'une entrevue passagère, les observations de quelques mois, et une attention donnée aux simples apparences, pour pouvoir se faire une idée de la réalité (1).

---

(1) On vit une preuve frappante de cette vérité en 1792, un peu avant l'époque où le roi fut arraché de son palais des Tuileries.

M. Duval d'Epresmenil fut attaqué par un rassemblement de furieux; ses habits furent déchirés, et il étoit couvert de blessures et de sang, quand un Anglois qui le connoissoit personnellement, vint à son secours, comme il étoit haletant, privé de parole et presque de connoissance, dans le Palais-Royal. Il réussit avec peine, à l'aide d'un soldat de la garde nationale, à le transporter dans un lieu de sûreté. La fureur de la populace se tourna alors contre l'Anglois, et il en fut préservé par les soins du

Rien n'est plus humiliant que d'avouer qu'on a été induit en erreur par un faux orgueil. La moitié des petits propriétaires de France sentent qu'ils ont eu tort, mais pas un ne voudra en convenir. Ils ajouteroient la bassesse à l'erreur, s'ils l'avouoient, s'ils

---

même soldat. Quand le danger fut passé, il invita son protecteur à dîner avec lui le dimanche suivant, et celui-ci n'accepta qu'à condition que l'Anglois viendroit à son tour dîner chez lui le jeudi d'après. Lorsqu'il remplit cette promesse, il trouva que son défenseur occupoit dans une maison du faubourg Saint-Germain un appartement qui avoit été évidemment mieux meublé autrefois. Ce François avoit deux filles, d'une figure agréable, bien faites, modestes dans leur mise et dans leurs manières, mais aucun domestique. Ils firent tous ensemble un repas fort gai où rien ne manquoit. Après le dîner, les deux filles se levèrent et se retirèrent ; mais le François engagea son hôte à rester à table, à la mode angloise. Il s'établit entre eux une sorte de familiarité, et l'Anglois soupçonnant que son brave ami avoit vu des jours plus heureux, le pressa de lui dire s'il pouvoit lui être de quelque utilité. Il ne parvint à le faire parler qu'avec difficulté et avec l'aide du vin, et cet homme qui avoit véritablement une tournure noble et militaire, lui confia alors sa véritable situation. Il étoit veuf ; il avoit été marchand de chevaux et avoit joui d'une certaine aisance ; mais la révolution l'avoit ruiné, et cependant il auroit sacrifié sa vie pour soutenir la révolution. Il étoit membre du club des jacobins, et il se trouvoit dans une telle gêne, qu'il avoit été obligé de mettre son uniforme en gage dans la matinée, pour pouvoir lui donner à dîner. Son âme étoit au-dessus de sa

paroissoient le sentir, devant un étranger que le hasard amène, qui leur fait quelques questions presque impertinentes, qui supposent une supériorité, et qui ne sont probablement pas prises en aussi bonne part que lady Morgan se l'imagine.

C'est pour empêcher qu'une grande erreur sur

---

situation; il ne fit cet aveu que dans un moment d'abandon, et il y mit même une sorte de dignité. L'Anglois fut très-fâché d'avoir, sans le vouloir, réduit ce brave homme à une telle nécessité. Dans ces temps de danger, tous ceux qui le pouvoient portoient de l'or sur eux, ne sachant pas ce qui pouvoit arriver. Après beaucoup de circonlocutions, il lui demanda, comme une grâce, de lui permettre de lui offrir quelques louis. Le François les refusa d'une manière positive, et l'Anglois prit le parti de les glisser sous la nappe, sans être aperçu. Ils se promirent de se revoir; mais les brigands marseillois jetèrent le désordre dans Paris le lendemain, et ils ne se revirent plus.

Ce François avait agi en tout d'une manière parfaitement conforme au caractère de sa nation. Quoiqu'il fût jacobin, il avoit aidé à sauver M. d'Epresmenil qui en étoit l'ennemi déclaré. Il lui répugnoit de laisser voir qu'il n'étoit pas en état de rendre, sans de grandes difficultés, une politesse qu'il recevoit: il fut gai, enjoué, et cacha sa situation jusqu'à ce qu'échauffé par le vin, et sollicité par un homme qui avoit gagné son amitié, il ne put retenir l'aveu de la vérité, aveu qui lui échappa peut-être sans qu'il le voulût. Sa fierté ne se démentit pourtant pas, et il refusa d'accepter ce qu'on lui offroit avec des instances pressantes. Telle est la fierté naturelle du François, et cette fierté est louable.

un sujet important ne se répande davantage, que nous avons pris tant de peines pour arriver à la vérité.

Si le lecteur désire savoir ce que les François eux-mêmes pensent de cette historienne en poste, de cette dame qui peint les mœurs d'un pays d'un trait de plume, de même que certains peintres en miniature, courant le monde, dessinent avec un morceau de craie, et en un instant, un profil qui ressemble tant bien que mal, ils peuvent consulter le journal de Paris, du 8 août 1817. Ils y liront un article dont l'auteur semble avoir lu cet ouvrage d'un bout à l'autre, et dévoile l'ignorance, la légèreté et le mauvais goût de cette dame.

La première fois que les plaisanteries de Joe Miller furent publiées à Paris, elles parurent dans un livre de voyages. Le voyageur donnoit, bien entendu, tous ces rébus surannés, comme prononcés en sa présence par des personnes de haut rang, et les François le crurent sur parole. Le cas est ici à peu près le même, si ce n'est que les plaisanteries ne sont pas tout à fait aussi bonnes que celles de notre Joe Miller, quoiqu'elles soient aussi usées.

Tout cela ne mériteroit pas qu'on s'en occupât, si un concours de circonstances n'avoit donné de l'importance à cet ouvrage, et n'avoit fait prendre au peuple de fausses idées sur les effets de la révolution, et sur la prospérité de la France.

Que ses lecteurs pensent ce que bon leur semblera

de la grande activité de l'auteur, de sa pénétration, de son *ubiquité*; mais qu'ils ne se laissent pas tromper par les remarques qu'elle fait sur le changement que la révolution a opéré dans la situation de la France, relativement soit à la prospérité du pays, soit au bonheur de ses habitans (1).

---

(1) Le public de Paris a un tel mépris pour l'ouvrage dont il s'agit, que voici une lettre qu'on a fait circuler dans cette ville, et qui est supposée écrite à cette dame par son libraire, après qu'elle avoit fait un marché avec lui pour écrire un livre, et qu'elle étoit partie pour en recueillir les matériaux.

« Madame,

» Votre départ précipité m'a empêché d'avoir une réponse définitive des personnes qui ont acheté les principes de ****. Je leur ai offert de leur vendre *les vôtres* mille guinées, mais ils m'ont répondu qu'ils n'achetoient pas ce dont on ne pouvoit prouver l'existence : voulant dire, en propres termes, que vous n'avez pas de principes; car ce n'étoit pas moi qu'ils pouvoient avoir en vue, puisque j'ai un principe, un principe qui contient en soi l'essence de tous les autres, celui de gagner de l'argent, ce qui fait que je suis comme un bas à côtes qui va à toutes les jambes. Je suis fâché que mes maîtres ne veuillent point avoir affaire à vous; mais, puisque la chose est ainsi, il faut avoir recours à d'autres moyens : ainsi, au lieu de faire l'éloge de l'Angleterre et du gouvernement paternel de Louis XVIII, tombez, à bras raccourcis, sur l'un et sur l'autre. Vous ne risquez rien ; la peine du pilori est

Les auteurs de romans et d'ouvrages de fiction ne devroient jamais leur donner les couleurs de la vérité, car c'est tromper les personnes qui ne sont pas en état de découvrir le mensonge.

Quiconque pense pouvoir reconnoître et décrire la situation d'un pays, pour l'avoir visité en courant,

---

abolie, le procureur général est une bonne âme, enfin les calomnies et les obscénités n'exposent plus à une peine infamante. Je vous ai envoyé toutes les lettres de recommandation que j'ai pu me procurer : quelques-unes sont adressées à des personnes que ceux qui les ont écrites ne connoissent pas, de sorte qu'en les présentant il pourra en résulter plus d'une méprise; mais vous y remédierez aisément. Ayez seulement soin de les présenter toujours vous-mêmes; les François ont tant d'urbanité que, neuf fois sur dix, ils seront disposés à avoir pitié de votre confusion. Je vous envoie la liste des ouvrages de différentes personnes, et toutes les anecdotes qui les concernent que j'ai pu attraper. Faites-en mention à propos, et, sans leur donner le temps de répondre et peut-être de vous dire que vous êtes mal informée, invitez-les à dîner : alors vous parlerez des gens dont les noms se trouvent dans la liste que je vous envoie, et si quelqu'un paroît les connoître, dites que vous désirez par-dessus tout au monde faire leur connoissance, et ne souffrez pas qu'on vous refuse. Faites-lui promettre de vous présenter, priez-le de venir vous voir, et conduisez-le dans votre voiture : par ce moyen, vous vous introduirez dans la société, et vous aurez soin d'écrire tout ce que vous entendrez. S'il ne s'y trouve ni esprit ni vérité, peu importe, cela remplira toujours des feuilles; surtout n'oubliez pas de donner les noms de ceux

et d'après quelques conversations qu'il a eues avec ses habitans, doit être bien vain ou bien ignorant, à moins qu'il n'arrive qu'il soit l'un et l'autre. On trouve très-peu de gens qui se hasardent à afficher autant de

---

qui vous parleront, car cela tiendra souvent lieu de vérité et d'esprit. Parlez peu des gens qui ne sont ni comtes ni marquis, et ne songez pas à dire dans votre ouvrage comment vous aurez fait la connoissance des personnes dont vous parlerez, si ce n'est point par des moyens honorables et qu'on puisse avouer : vous êtes femme, et la galanterie françoise pardonne tout au beau sexe. Je vous recommande de parler contre le gouvernement françois autant que vous le pourrez ; louez les régicides et tous les mécontens. Si vous pouvez accrocher quelque buonapartiste bien prononcé, la fortune de votre ouvrage est faite ; il est si intéressant, aujourd'hui qu'il est prisonnier sur un rocher stérile. Gay connoissoit bien le monde, quand il disoit d'un voleur qu'on alloit pendre :

« La corde autour de son cou est une ceinture si char-
» mante ! c'est un Adonis qui expire ! »

» Tenez ferme à ces principes, et soyez-y fidèle, car j'ai dessein d'envoyer après vous un autre voyageur pour recueillir des matériaux dans le sens opposé, afin de pouvoir plaire à tout le monde. Je ne sais comment vous vous tirerez d'affaire relativement au françois, vous le parlez si mal ! Mais tâchez d'avoir un valet françois intelligent, et en lui donnant une pièce de vingt sous de temps en temps, il corrigera vos fautes et écrira vos lettres. Quant à l'anglois, je vous envoie le dictionnaire d'Entick, comme vous le désirez. S'il me vient quelque autre idée à l'esprit, je vous écrirai à Paris. »

prétentions que lady Morgan, avec si peu de titres pour en avoir, même en ne parlant que de ce qu'elle a vu de la France. Mais peu contente de trancher positivement sur tout ce qu'elle a vu, elle prend sur elle de décider de l'amélioration produite par la révolution, comme si elle avoit connu la France avant cette époque. Un écrivain qui a fait beaucoup de recherches et d'observations, qui a voyagé dans beaucoup de pays, et qui a rempli dans le sien des places importantes, s'exprime en ces termes :

« La France marchoit à la richesse avant la révolution. Elle est rétrogradée au bien-être par la perte de ses capitaux et la division des propriétés (suite de la loi du 17 nivôse, sur la faculté de tester). Elle tendroit aujourd'hui à l'appauvrissement par ses derniers malheurs, et par l'imperfection de son mode d'administration, si la passion du travail ne la soutenoit, et ne lui donnoit de nouvelles forces. L'Angleterre au contraire s'est lancée témérairement dans la richesse. Elle a séduit la moitié de la terre par ses produits, et soumis l'autre par ses armes. Guerrière, conquérante par son industrie, industrieuse par le guerre même, elle offre un phénomène de civilisation qui déconcerte les calculs, et met en défaut les probabilités (1). »

---

(1) M. le comte de la Borde, *de l'Esprit d'association*, etc. Le même auteur dit que la France perdit une balance annuelle en sa faveur de 80,000,000 de francs par la révolte de Saint-Domingue, et que la loi du 17 nivôse

Le même écrivain dit ailleurs : « Il y a des pays en Europe soumis à des monarques en apparence absolus, dans lesquels, en effet, on ne connoît point d'assemblée, de représentans, mais qui jouissent cependant de beaucoup plus de liberté et de pouvoir qu'en France, parce que les institutions municipales y sont en vigueur depuis un temps immémorial, et que jamais elles n'ont cessé d'être respectées. C'est une chose bizarre qu'une révolution populaire ait abouti principalement à étendre et à perfectionner la fiscalité. »

Du sein du désordre et de l'anarchie s'élevèrent des nuées de petits administrateurs despotes, couverts d'encre, ayant la plume derrière l'oreille, et ne sachant prononcer que le mot « Réglement. » Cette armée couvrit de ses tentes toute la surface de la France, remplit toutes les places, etc.

La France est couverte d'administrations qui se mêlent de tout, et qui arrêtent d'une manière terrible les progrès de l'industrie. Le premier des paysans avec lesquels lady Morgan a conversé, auroit pu le lui dire, et elle auroit alors compris pourquoi l'on parloit des maires avec si peu de respect.

La division même de la propriété, et toutes les

---

sur la faculté de tester, fera avec le temps substituer en France la bêche à la charrue. *.

* La proposition de cette substitution vient d'être faite sérieusement dans le sein du parlement d'Angleterre.
(*Note du Traducteur.*)

choses que lady Morgan admire tant, sont précisément les plus grandes plaies de la France. En un mot, tous ses tableaux sont tracés avec des couleurs opposées à celles de la vérité; mais tout cela est évidemment la suite d'un système, et de cette inimitié contre tous les gouvernemens établis, qui remplace chez elle ce prétendu amour pour la liberté qui a produit la révolution françoise.

Les admirateurs du gouvernement de Buonaparte, ne pouvoient l'être par amour pour la liberté; et cependant ces mêmes adorateurs de la liberté se font encore gloire de leur attachement pour Buonaparte. Ils aiment en même temps la liberté, et le plus grand desposte qui ait peut-être jamais gouverné un pays civilisé; et le livre dont nous parlons a pour but principal de donner une grande idée des bienfaits qu'a répandus sur la France le triple pouvoir de la liberté, de l'anarchie et du despotisme. C'est par la destruction d'une autorité régulière que la France s'est élevée à la grandeur et à la félicité ; c'est avec sa restauration qu'elle a commencé à décheoir : telles sont les leçons que lady Morgan s'efforce d'inculquer ; nous verrons bientôt si c'est avec raison et avec vérité.

Les ennemis des gouvernemens réguliers ne sont pas encore à la fin de leurs travaux, et il en est peu qui se soient déclarés plus ouvertement que lady Morgan, pour qui les gouvernemens établis et la religion soient l'objet d'une haine plus particulière, et à qui le bavardage des blanchisseuses, la civilité des paysans et la philosophie des laquais paroissent des objets plus intéressans. Nous sommes portés à croire que les classes inférieures qu'elle admire tant l'ont traitée avec cette sorte de familiarité qu'elle décrit; qu'elles l'ont prise pour une imbécile d'un bon caractère qui désiroit s'instruire; ou que, s'apercevant de sa condescendance affectée, elles ont eu dessein de l'humilier; car les François ont un instinct tout particulier pour lire dans les pensées de leurs supérieurs, et ils discernent à l'instant ce qu'ils appellent l'homme conséquent et l'inconséquent. Jamais ils ne s'aviseront de donner des leçons au premier sans qu'il les lui demande, et rien ne passe à Paris pour une plus grande marque de manque de respect que de montrer sans ménagement à un supérieur qu'il est dans l'erreur. Si le second se tient convenablement à sa place, il est encore rare que l'inférieur lui manque de respect; mais si le supérieur ne tient pas celui-ci à une juste distance, il en sera traité à l'instant avec une sorte d'impudence respectueuse, et c'est ce qui paroît être arrivé à lady Morgan en différentes occasions.

Notre intention est de prouver que l'agriculture en France suit une marche qui menace d'un résultat désastreux, et que son commerce et ses manufactures n'ont reçu en général aucune amélioration, quoique différentes branches se soient perfectionnées;

Que, relativement au changement opéré dans l'esprit du peuple, il est décidément en pire sous tous les rapports, et que, si les choses restent comme elles sont, la France ne reprendra jamais parmi les nations le rang élevé qu'elle occupoit avant la révolution. On remarque dans le peuple un mécontentement enraciné; jamais sa vanité n'avoit été si mortifiée, et il ne sera probablement content que lorsqu'il aura une autre occasion pour essayer d'établir une république, ou de reculer les limites de l'empire.

Il faudroit qu'on apprît qu'abandonner les principes moraux, tourner la religion en ridicule et résister à l'autorité légitime, est ce qu'il y a de plus funeste à la paix et au bonheur : il faudroit que ceux qui gouvernent les nations ne se laissassent pas tromper, et ne regardassent pas la révolution françoise comme tout-à-fait terminée, tandis que les principes auxquels elle a dû sa naissance subsistent encore, et tandis que tant de gens s'occupent à tâcher de prouver que la carrière de la révolution a été glorieuse, et que le résultat en a été heureux. Nous prouverons dans cet ouvrage que la France se trouve aujourd'hui dans une position toute contraire. Il se peut que définitivement elle y gagne quelque chose, mais cela est fort douteux, attendu que le système d'agriculture qu'on y suit, la division du sol, l'esprit de jalousie qui y règne relativement au commerce et aux manufactures, tendent à en faire un pays pauvre, quoique populeux.

M. Dupin, un des premiers avocats de Paris, a attaqué lady Morgan relativement à ses critiques sur le drame françois. On remarque dans son ouvrage une attention soutenue à adoucir la sévérité des observations qu'il contient; mais ce qui est assez singulier, c'est que le manque d'égards pour la vérité, même dans les remarques de lady Morgan sur le théâtre, y est plus blâmé que son mauvais goût; et ce n'est pas pour un seul faux énoncé, c'est pour une habitude continuelle de tout présenter sous un faux jour. L'auteur lui dit fort intelligiblement qu'elle ne doit pas trouver mauvais qu'on critique son ouvrage, ni même qu'on en fasse des citations inexactes, attendu que son habitude, son usage général, est, d'abord, de mal rapporter les choses, et de critiquer ensuite ce qu'elle-même a créé. C'est ainsi que le grand Corneille a été traité par la *grande* lady Morgan, ce qui est un péché impardonnable, et comme elle s'est donné beaucoup de peine dans son ouvrage pour plaire aux François, c'est une preuve qu'elle ne connoissoit nullement leur caractère; car, en parlant de la France moderne, quel besoin avoit-elle de critiquer des ouvrages écrits il y a plus de cent ans, et qui ont obtenu l'approbation des hommes de goût de tous les pays? C'étoit une insulte gratuite et inutile faite aux François, et il faut en accuser son ignorance plutôt que son intention, car son plan paroît avoir été en général de flatter cette nation et de chercher à lui plaire.

CHAPITRE II.

Observations sur LA FRANCE, de lady Morgan. — Dans quelle intention elle composa cet ouvrage. — Son peu d'exactitude et de fidélité. — Réfutation des erreurs que contient le chapitre sur les paysans. — Un sol fertile, un climat superbe n'assurent pas toujours la prospérité d'un pays. — Subdivision des terres. — Conséquences funestes qui peuvent en résulter. — Observations de M. le comte de la Borde, sur l'état de l'agriculture en France. — Comparaison de cet état avec celui de l'agriculture en Angleterre. — Augmentation considérable de l'impôt foncier depuis la révolution.— Tableau comparatif des impôts en 1789 et en 1816.

IL n'y avoit pas long-temps que l'administration de M. Pitt étoit solidement établie, lorsqu'il parut un pamphlet, dans lequel l'auteur faisoit le portrait des membres les plus distingués de l'opposition. Le public l'appela *le Pamphlet de la cour* (1); il étoit écrit d'un style élégant et facile, et il fut distribué dans toutes les parties du royaume.

Les ministres triomphoient du succès d'un ouvrage qui jetoit de l'odieux sur Fox, North, Burke, She-

---

(1) Le *Pamphlet de la cour* parut en novembre 1786, et la réponse à la fin de 1787.

vidan, et leurs partisans ; et pendant quelque temps la tristesse et la consternation régnèrent dans le quartier-général de l'opposition. On ne pouvoit nier qu'il n'y eût, dans chaque portrait, quelque trait de ressemblance, mais c'étoit une simple esquisse, et en la retouchant, en lui donnant le dernier fini, il étoit facile de changer entièrement l'expression de la figure, c'étoit en quelque sorte un cadre qu'on pouvoit remplir à sa fantaisie.

Au bout de deux mois, un écrivain, se cachant sous le voile de l'anonyme, publia une sorte de réponse en prenant exactement le même style. C'étoit pour ainsi dire le contre-pied du pamphlet. Il commençoit par dépeindre les membres de l'administration, puis il faisoit le portrait de ceux de l'opposition d'une manière toute différente ; et cela en conservant néanmoins la ressemblance : aussi les membres des deux partis furent-ils tout étonnés de n'avoir pas découvert de suite le tour qu'on leur jouoit.

En moins de douze jours, le second pamphlet eut onze éditions ; mais, le treizième jour, on ne parloit déjà plus ni de l'original ni de la réponse. Les lecteurs rougirent de n'avoir pas su découvrir l'imperfection de ces portraits à peine ébauchés, qui pouvoient convenir à toutes les figures, avant d'en avoir vu d'autres également imparfaits, mais qui découvroient la fourberie. C'étoit en quelque sorte démonter les pièces de la lanterne magique, et montrer la manière dont étoient peintes les ombres qui avoient excité tant d'admiration avant qu'on en connût la nature. Et nous aussi nous allons démonter une nouvelle lanterne magique.

Les personnes qui ont lu *la France* de lady Morgan, paroissent croire que son livre contient une sorte de description de ce pays, ou du moins quelque chose d'approchant, et qu'elles peuvent y puiser quelques renseignemens sur les heureux résultats de la révolution, sur le glorieux règne de Buonaparte, et sur la misère et la cruauté du gouvernement actuel.

Avant que *nous* (1) parlions de la France, il pourra ne pas être inutile de faire quelques observations sur le genre descriptif. La plupart de nos lecteurs ont sans doute entendu parler du pittoresque, et des beautés du pittoresque. Autrement, qu'ils commencent par étudier le voyage de M. Gilpin, écrit il y a quelque trente années.

Trois vaches dans un champ, voilà quelque chose de vraiment pittoresque! — Et pourquoi pas des

---

(1) Nous avons adopté le pluriel au lieu du singulier, par la même raison que l'auteur de *Junius* ne mit pas à ses lettres son nom véritable. « J'allois le mettre, dit-il, lorsque je vis quelle triste figure William Draper faisoit à la fin de sa lettre : » — « Je dis au duc, — le prince me dit, — je » dis tout bas à la comtesse, » et autres phrases semblables reparoissent si souvent dans *la France* de lady Morgan, que *je* et *moi* sont tout-à-fait tombés en disgrâce, et qu'ils ne jouissent plus de quelque faveur qu'auprès des lecteurs de romans.

chevaux ? — Des chevaux, ami lecteur ? Le cheval est sans doute un superbe animal, mais qu'y a-t-il de pittoresque dans un beau cheval de trait ou de selle ? Ah ! qu'un cheval soit vieux et aveugle, que ses os percent au travers de sa peau, qu'il soit posé dans une attitude convenable; alors c'est autre chose, et ce sera ce qu'on pourra appeler un tableau pittoresque. Rien de plus pittoresque, par exemple, qu'une masure abandonnée, qu'une chaumière presque en ruine; mais rien ne l'est moins qu'une jolie basse-cour où tout est propre, tout est à sa place.

Il n'y a rien de pittoresque dans une chaise de poste angloise attelée de quatre chevaux, et conduite par deux postillons qui, précédés de deux coureurs, font voler la poussière le long d'une route magnifique; mais il n'en est pas de même d'une diligence françoise. Les bagages dont elle est chargée, sa masse pesante, sa construction grossière, qui la feroient prendre pour une voiture de roulage, ses chevaux maigres et à demi-morts de faim, les voyageurs qui l'occupent, la tête tout enveloppée, comme s'ils revenoient blessés de la bataille de Waterloo, tout a un caractère bizarre et particulier. Est-il quelque chose de plus pittoresque que de la voir arrêtée à la porte d'une auberge ? Oui, c'est d'assister au départ d'une chaise de poste irlandaise toute couverte en paille, lorsque la servante, nu-pieds, et une pelle rouge à la main, cherche à exciter l'ardeur des pauvres animaux qui y sont attelés.

En un mot le pittoresque est tout-à-fait en opposition avec l'ordre, la propreté et l'arrangement. Sous le rapport pittoresque, les maisonnettes régulières des villages de l'Angleterre et de la Hollande ne peuvent se comparer à celles de France, qui sont toutes différentes, dont les unes tombent en ruines (1), tandis que d'autres ne sont pas terminées; et les paysans anglois, vêtus d'une manière convenable, mais uniforme, ne peuvent rivaliser sous ce rapport avec ceux de France, dont le costume offre souvent toutes les couleurs de l'arc-en-ciel.

Il n'y pas en France la moindre trace de cette uniformité qui est si remarquable en Angleterre : il n'est donc pas étonnant qu'un auteur de romans, passionné pour le pittoresque, et qui ne se pique pas de beaucoup de fidélité, ni d'une exactitude très-rigoureuse, ne se fasse aucun scrupule de représenter la France comme un pays très-intéressant.

Le voyageur qui part pour la France, l'ouvrage de lady Morgan à la main, doit s'attendre à la voir trans-

---

(1) Tout est incomplet en France, soit que le temps ait manqué pour achever, soit quil ait détruit. C'est pire qu'en Ecosse, c'est un peu mieux qu'en Irlande, et il n'y a pas le moindre point de ressemblance avec l'Angleterre. L'ordre et la régularité ne produisent pas sur l'imagination le même effet que la variété et le désordre, de même que la paix et le bonheur fournissent moins de matériaux à l'histoire que la guerre et ses désastres.

formée en nouvelle Arcadie, où les paysans vivent en patriarches comme au temps de l'âge d'or : mais combien n'est-il pas trompé dans son attente, lorsqu'il voit un pays mal cultivé, ne produisant que des récoltes peu abondantes, des champs sans enclos, et la plupart des paysans dans la plus profonde misère; lorsqu'enfin il n'aperçoit nulle part de maisons de campagne. Les paysans ont assez de gaîté, mais ils ont en général un air d'épuisement et de fatigue, qui provient de la chétive nourriture qui les soutient et des travaux pénibles auxquels ils se livrent.

Raconter des anecdotes relatives à des individus, ou se rapportant à des circonstances particulières et sans intérêt, dont l'écrivain s'est trouvé être le témoin, ce n'est pas décrire la situation d'un pays; et c'est faire injure au genre humain que de présenter comme un portrait fidèle des mœurs d'un peuple des faits accidentels, qu'on ne cite précisément qu'à cause de leur singularité, et qui, par cela même, ne remplissent pas le but qu'on devroit se proposer.

C'est une entreprise d'une grande importance, et qui exige des recherches sérieuses et approfondies, que d'examiner la situation d'un état tel que la France à la suite d'une révolution si longue dans sa durée, et si terrible dans ses conséquences, tant pour la France elle-même que pour le reste de l'Europe.

Dans cette recherche, il est trois objets que l'on doit avoir en vue; d'abord, l'état actuel des choses; ensuite la comparaison de cet état de choses avec la situation des affaires avant la révolution ; et enfin la position politique de la France, considérée dans ses rapports avec celle des autres nations.

Il pourroit paroître inutile, dans cette entreprise, de faire mention d'une sorte de rapsodie, écrite sans ordre, sans méthode, par lady Morgan, et qui prouve même qu'elle ne connoissoit pas le sujet qu'elle vouloit traiter; cependant, comme, bon ou mauvais, cet ouvrage a été dans toutes les mains, qu'on en a beaucoup parlé, et qu'il a pour but d'induire fortement le peuple en erreur, il est important de détruire les fausses impressions qu'elle a si bien réussi à propager et à répandre.

Quoique lady Morgan nous dise, et sans paroître rougir de cet aveu, qu'elle s'étoit engagée à composer son ouvrage dans un très-court espace de temps, et avant même d'avoir recueilli les matériaux nécessaires, et qu'elle ajoute que ce n'étoit qu'une simple spéculation pour gagner de l'argent, il est évident néanmoins qu'elle avoit un autre objet en vue. La manière étudiée dont elle peint l'existence heureuse des paysans de la France, et l'amélioration du sort des basses classes, par suite de la révolution, prouve que le but de l'ouvrage est de faire naître parmi nous le désir d'employer les mêmes moyens pour obtenir les mêmes résultats, et d'exciter des troubles dans la Grande-Bretagne, où le peuple se regardoit autrefois comme plus libre et plus heureux que celui de France.

Ce dessein est d'autant plus évident que l'ouvrage

n'est rempli que des principes les plus démocratiques, et que la vérité y est sacrifiée à des vues perfides et insidieuses. Car la corruption et la turpitude n'en sont pas encore venues à ce point de préférer le mensonge à la vérité, lorsqu'il n'y a point de motif pour le faire.

On pourroit attribuer à l'ignorance beaucoup des inexactitudes dont je parle, si malheureusement elles n'étoient pas toutes dans le même sens; elles sont toutes en faveur de la démocratie. Lorsqu'on n'en commet que par ignorance, elles sont naturellement favorables ou contraires, tantôt à un parti, tantôt à un autre. Mais il n'en est pas ainsi de l'auteur en question; et nous ne pouvons nous empêcher de les attribuer de sa part, sinon à une intention bien prononcée d'induire en erreur, du moins à une indifférence totale qui ne se donnoit pas la peine de vérifier si ce qu'elle avançoit étoit vrai ou faux; et alors la personne indifférente suit sans hésiter la pente de son esprit.

Nous ne sommes animés par aucun sentiment d'animosité contre lady Morgan; mais, sans l'offenser, nous voulons fournir en quelque sorte un antidote nécessaire contre les funestes effets que doit produire son écrit, qui n'est qu'une pauvre imitation d'ouvrages composés par madame de Staël et par madame de Genlis; la première, généralement célèbre pour la profondeur de son jugement et la finesse de ses observations; la seconde, pour son esprit et la fertilité de son imagination.

Nous ne prétendons pas suivre lady Morgan dans

les détails décousus et bizarres qu'elle donne sur ses aventures à Paris, détails qui n'offrent aucune espèce d'intérêt; mais ce qu'elle dit sur les paysans est d'une grande importance; et il ne l'est pas moins de démasquer lady Morgan et de la montrer à ses lecteurs telle qu'elle est, afin qu'elle ne puisse plus jamais abuser personne.

Lady Morgan nous explique comment elle fit plusieurs méprises, de sorte que le lecteur pourroit les attribuer soit à un défaut de soin de la part de l'auteur, soit à l'ignorance. Mais il en est cependant qui ont nécessairement une autre source, et qui indiquent un penchant à dire ce qu'elle savoit n'être pas vrai, puisque c'étoient des intentions gratuites de son imagination. — « Un soir que j'étois au bal chez madame de Villette », nous dit-elle, « et je donnois le bras à la charmante madame Jérôme Buonaparte (mistress Patterson), le prince Paul de Wurtemberg entra en conversation avec moi. Quelques remarques faites par mistress Patterson le portèrent à lui demander si elle étoit *Américaine?* Il ne savoit pas qu'il faisoit cette question à l'épouse de l'homme qui épousa *depuis sa propre sœur*; en effet l'ex-roi de Westphalie est aujourd'hui l'époux de la princesse de Wurtemberg. »

Ce conte, ainsi que les autres histoires qu'elle fabrique, produit assez bien son effet auprès des lecteurs qui ne réfléchissent jamais, ou qui ignorent que le mariage de l'ex-roi avec cette princesse, eut lieu plusieurs années *avant*, et non pas *après* la prétendue conversation qu'elle rapporte. Il ne sauroit y avoir qu'un moyen d'expliquer cette *méprise*. C'étoit simplement une invention grossière et maladroite qui avoit sans doute pour but d'entretenir l'idée que, partout où elle alloit, son intéressante personne attiroit l'attention particulière des personnages les plus distingués de la compagnie. D'après cette imposture évidente, apprenons à apprécier les autres anecdotes racontées dans l'ouvrage important intitulé *la France*, par *lady Morgan*.

L'empressement avec lequel elle saisit toutes les occasions de tourner la religion en ridicule, peut s'expliquer en songeant que c'est contre la religion catholique qu'elle dirige ses sarcasmes. Cette excuse est très-mauvaise sans doute ; mais nous l'admettrions encore, s'il existoit une religion pour laquelle lady Morgan eût jamais montré quelque respect, ce qui n'est rien moins qu'évident.

L'histoire indécente qu'elle raconte, sur ce qu'on ne put trouver à Dieppe une fille encore vierge, pour représenter la vierge Marie, est très-déplacée dans un livre qui peut tomber entre les mains de personnes qui ont de la religion et des principes ; elle l'est encore plus sous la plume d'une femme qui se pique d'être tendre mère et bonne épouse. Mais tout cela n'est rien auprès de la note qu'elle a osé mettre sur le marquis de ****, dont tout le monde n'a que trop connu la conduite et les mœurs........

Il n'est pas nécessaire d'en dire davantage sur ce

sujet, et nous regrettons même d'avoir dû en dire autant sur une dame qui est reçue dans le monde, et qui est native d'une des îles britanniques. Nous n'aurions pas relevé l'extrême inconvenance du passage dont nous avons parlé, si nous n'avions cru nécessaire de montrer à quelles extrémités peuvent se porter ces personnes qui sont dans l'habitude de chercher toutes les occasions de jeter du mépris sur la religion, et de tourner en ridicule tout gouvernement légitime.

Le degré de confiance que mérite lady Morgan comme auteur, paroît être beaucoup mieux apprécié en France qu'en Angleterre. L'ouvrage qu'elle a nommé si fièrement *la France*, est souverainement méprisé à Paris. Il y a été l'objet de critiques sévères (1), dans lesquelles un style piquant et enjoué fait ressortir à merveille l'absurdité de ses remarques. C'étoit mal payer de retour lady Morgan, qui avoit fait tant d'efforts pour flatter la vanité nationale, et pour s'assurer le suffrage de tous ceux qui régentent le Parnasse.

Nous ne parlerons plus à présent de Milady, et nous attaquerons seulement ces parties de son ouvrage qui ont pour but d'exciter des troubles en Angleterre, et qui sont contraires à la vérité, par rapport à la

---

(1) Voyez les journaux, et particulièrement l'ouvrage intitulé *Observations sur l'ouvrage intitulé* LA FRANCE, par lady Morgan ; par l'auteur des *Quinze jours* et des *Six mois à Londres*, 1 vol. in-8°, chez H. Nicolle.

situation de la France. Nous avons dit notre opinion sur sa bonne foi et sa véracité; nous avons montré sur quelles bases elle étoit fondée. Nous ne nous amuserons pas à contester le mérite de ses favoris, de M. de la Fayette par exemple. Ce seroit un sujet de trop peu d'importance; mais les effets produits par la révolution doivent être représentés sous leur véritable jour.

Qu'un grand changement se soit opéré, c'est ce que personne ne conteste; que sous quelques rapports il en soit résulté beaucoup de bien, c'est encore ce que nous admettons; mais que tout en soit pour le mieux, c'est ce qui n'est rien moins que vrai; et nous espérons prouver que la plupart des avantages qui semblent en avoir été le résultat, sont très-problématiques; et que, tandis que les principes de morale qui distinguoient le peuple, se sont relâchés, et ont fait place à des principes pernicieux, sa position physique n'est pas améliorée autant qu'on le croit généralement.

Les principes honorables qui gouvernoient les François avant la révolution, leur valurent l'estime et la confiance de l'univers. Les classes inférieures se faisoient remarquer par leur sobriété et par leur probité. Pendant le long séjour que nous fîmes en France, nous fumes témoins de ces vertus, et nous sûmes les apprécier.

La situation cruelle dans laquelle les François se sont vus placés, a produit une sorte d'inquiétude vague et turbulente qui les agite sans cesse. C'est un peuple naturellement brave et généreux; mais les circonstances influent sur la conduite, et changent le caractère; et le naturel le plus heureux, l'esprit le plus fort se voit même obligé de céder à leur influence. La France, lorsqu'elle étoit dans un état de délire, aspiroit à dominer sur toute l'Europe; elle se crut long-temps à la veille d'y réussir; mais tout-à-coup elle succomba; la persévérance et la bravoure de l'Angleterre furent les principales causes de sa chute, et la France adresse intérieurement à sa rivale cette apostrophe de Satan, lorsque du *limbe de vanité* il aperçut le soleil :

« Toi qui charmes le monde et n'affliges que moi ,
Soleil, que je te hais! et combien ta lumière
Réveille les regrets de ma splendeur première ! »

La France est *éminemment* (pour me servir de leur terme favori) un pays agricole. La qualité de son sol, la manière dont il est cultivé, sont donc les premiers points qui doivent fixer notre attention, lorsque nous voulons examiner la situation de cette contrée. Il se trouve (car il paroît que c'est un effet du hasard) que lady Morgan a suivi cette marche; et elle parle des paysans, parce qu'elle a été dans deux ou trois chaumières, et qu'elle a causé avec quelques bonnes gens qui lui ont mis dans l'idée qu'ils étoient généreux, riches, honnêtes, heureux et indépendans, et que leurs ancêtres étoient de pauvres esclaves plongés dans la misère.

Non-seulement la nature, en donnant à la France le sol et le climat qui la distinguent, a voulu qu'elle tirât de l'agriculture sa principale richesse; mais les mêmes circonstances s'opposent à ce qu'elle s'enrichisse jamais par le moyen des manufactures et du commerce.

La plus grande partie des provinces de France sont trop éloignées de la mer pour être commerçantes, et la difficulté d'introduire des manufactures dans un pays où il est si facile aux habitans de s'enrichir en cultivant un sol riche et fertile, empêchera toujours qu'elles n'y parviennent à un haut degré de perfection. Quel est le pays possédant de pareilles ressources dans son territoire, où les manufactures aient jamais prospéré?

Ce n'est pas cependant que même le sol et le climat, quelque bons qu'ils soient, assurent la prospérité des habitans d'un pays. La prospérité d'un peuple dépend de son gouvernement, de ses institutions et de ses dispositions intérieures.

L'Égypte, la Grèce et l'Italie étoient autrefois des pays grands, riches et fertiles. Le soleil brille encore sur ces contrées, la pluie du ciel les arrose comme autrefois; cependant aujourd'hui leurs habitans sont pauvres et misérables; ils sont nuls sur la terre, on n'en parle pas.

Il est à craindre que la subdivision des terres n'attire sur la France des maux incalculables et sans remède. L'ambition de la classe la plus nombreuse des cultivateurs est aujourd'hui de posséder des biens-fonds par petites parties, et cette manie en est venue au point que les grandes propriétés des riches se fondent et se subdivisent à l'infini avec une rapidité à laquelle il est urgent, mais en même temps bien difficile de mettre des bornes. L'acquéreur veut avoir de petites portions de terre, et le propriétaire trouve de l'avantage à vendre ses biens par petits lots, de sorte que ce système de répartir les domaines d'un seul sur un grand nombre d'individus se poursuit avec une activité sans égale. Nous recueillerons ce que disent les auteurs les plus dignes de foi, tant sur le fait en lui-même que sur les conséquences probables qui en résulteront.

Nous ne prétendons pas attribuer à la révolution des maux que, selon nous, elle n'a pas produits; mais il s'en faut que nous approuvions toutes les innovations qu'elle a amenées. Croire que faire l'énumération des folies et des fautes résultant de l'ancien ordre des choses, c'est prouver que celui qui l'a remplacé est meilleur, c'est être tout aussi insensé que de se mettre à la piste de tous les abus qui ont pu se glisser dans la nouvelle administration, et de les proclamer partout afin de rehausser le prix de ce qui n'existe plus (1).

---

(1) Ce qu'il y a de plus absurde dans le tableau que lady Morgan nous trace des mœurs françoises, c'est qu'elle affecte continuellement de tourner en ridicule ce qui étoit à la mode il y a quarante ou cinquante ans, ainsi que la noblesse françoise de ce qu'on appeloit la vieille école. Chaque âge et

Tout état de choses a ses avantages et ses inconvéniens; il s'agit donc seulement de voir de quel côté penche la balance, non pas pour qu'on reprenne la route qu'on a cessé de suivre, ou qu'on revienne au système qui a été abandonné, mais pour chercher à mettre un terme à toutes les animosités de partis et à prévenir les maux qui sont près d'éclater. Nous ne le cacherons pas, l'un des plus imminens, c'est la rage de diviser par petits lots les grandes propriétés. C'est une des conséquences du système de nivellement par lequel commença la révolution (1), et nous craignons que de grands malheurs ne découlent bientôt de cette source.

---

chaque pays n'a-t-il donc pas aussi sa *vieille école*? Le costume et les manières gothiques de ceux qui sont rangés sous cette dénomination, peuvent donner lieu aux plaisanteries de quelques jeunes étourdis, mais rien de plus; et les François seroient eux-mêmes les derniers à montrer une pareille inconséquence. Dans un simple ouvrage d'esprit ou d'imagination on pourroit excuser ces saillies; mais dans un écrit qui a la prétention de contenir un exposé fidèle de la situation de la France, elles sont entièrement déplacées. C'est montrer la même ignorance que ces personnes sans éducation qui, venant du fond de leur province, témoignent, par leur étonnement stupide, lorsqu'elles entrent dans une grande ville, qu'elles sont entièrement étrangères à tout ce qui s'y passe.

(1) Dans l'été, les petits propriétaires des environs de Paris paroissent heureux à l'observateur superficiel. La beauté de la saison, l'aspect riant d'un pays fertile et la gaîté du peuple, font croire alors au bonheur. Mais qu'est-ce qu'une saison dans toute l'année? Lorsque l'hiver arrive,

Quand bien même l'acquéreur d'un acre ou deux de terre, ou peut-être d'un demi-acre seulement, sentiroit qu'il est loin d'être heureux, et qu'il pourroit mieux employer ses soins et son industrie, l'orgueil lui feroit néanmoins cacher ses sentimens intérieurs, et étoufferoit dans son cœur le désir de rentrer dans un état de vasselage, ou d'assujétissement immédiat. Son épouse et ses enfans sont fiers, comme lui, de son titre de propriétaire; mille petites circonstances contribuent à lui faire braver toutes les peines pour rester dans cette position; et d'autres insensés,

le villageois transi, n'ayant presque jamais de feu, obligé d'aller à la ville par le mauvais temps et par des routes détestables, pour porter au marché le modique superflu du produit de son champ, pour lequel il n'obtient qu'un prix encore plus modique, ou forcé de bêcher le champ qu'il n'a pas les moyens de labourer : ce villageois est-il un objet d'envie? Non certainement, et cependant une foule de ces paysans encombrent les rues de Paris pendant l'hiver. Le laboureur doit être exempt de soucis et d'inquiétude, de même que l'homme à qui ses affaires en donnent sans cesse, doit être exempt de travailler à la terre. Mais le petit propriétaire en France souffre doublement, puisque, aux inquiétudes qu'il éprouve, se joint la nécessité d'un travail pénible et constant. Lady Morgan ne vit que quelques maisons de paysans, et c'étoit dans la plus belle saison de l'année. Ces circonstances auroient pu induire un enfant en erreur, mais elles n'auroient pas dû faire porter un faux jugement à celle qui se prétend l'imitatrice de madame de Staël et de madame de Genlis.

ne sachant point quel est le véritable sort du petit propriétaire, s'efforcent de l'imiter, et trouvent bientôt, au milieu d'une indépendance chimérique, une misère trop réelle.

En effet, comment ces propriétaires pourroient-ils se dire indépendans? L'impôt territorial, qui monte à deux cinquièmes du revenu présumé, forme en réalité une somme égale à celle qui eût été payée pour la rente entière avant la révolution. Il est vrai que du moment qu'ils payent l'impôt, personne ne peut les faire déguerpir; et il n'en est pas de même du locataire qu'on peut renvoyer, soit qu'il paye ou non; mais à cela près, la faculté de pouvoir dire : « Je possède *des biens*, je suis *propriétaire*; » voilà le seul avantage dont ils jouissent réellement.

Lorsqu'il s'agit d'une petite propriété, de celle d'un acre ou deux par exemple, il est de peu d'importance pour le cultivateur de payer douze francs à titre de loyer, ou deux cinquièmes à titre d'impôt. Sur une ferme considérable, la différence seroit sensible; sur une terre de peu de valeur, elle est presque imperceptible.

Le danger qui résulte de cette sorte d'ambition est plus grand en France qu'il ne le seroit dans tout autre pays; car personne ne sait mieux que le François s'imposer les privations les plus pénibles, sous le rapport des sens, lorsqu'il s'agit de satisfaire sa vanité et son amour propre.

Avant la révolution, on voyoit des hommes qui

avoient à peine de quoi vivre même de la manière la plus chétive, porter des habits richement brodés. Ils sentoient l'absurdité de cette conduite, et ils se soumettoient même de bonne grâce à entendre répéter partout ce proverbe : « Gilet doré et ventre de son ; » proverbe inventé pour dire qu'ils contentoient leur vanité aux dépens de la nature.

Les Anglois et les Irlandois ne se verront jamais appliquer ce proverbe ; ils vendroient infailliblement l'habit brodé pour remplir le ventre. Nous ne disons pas qu'ils feroient bien ; ce n'est point là la question ; mais très-certainement ils n'agiroient point comme les François.

En voyant combien est vif, combien est général en France, le désir de devenir propriétaire, nous ne pouvons espérer que la détresse dans laquelle se trouvent ceux qui n'ont qu'un petit coin de terre, les porte jamais à le vendre, ou détourne les autres de suivre leur exemple.

Il seroit très-difficile de dire jusqu'à quel point cet esprit de subdivision sera porté, s'il règne encore pendant vingt ou trente ans ; et c'est sans contredit la circonstance la plus importante que présente la situation actuelle de la France.

Nous commencerons donc par démontrer, en nous appuyant des autorités les plus respectables, que les cultivateurs sont dans un état de dénuement excessif ; et nous verrons alors ce que lady Morgan dit sur le même sujet.

Les propriétaires de biens-fonds en France sont-ils dans l'opulence ou dans la misère? Si nous interrogeons lady Morgan, au milieu de ses contradictions continuelles, nous découvrirons qu'il n'existe pas de classe d'hommes plus heureux. Mais consultons d'autres autorités au moins aussi respectables, et nous verrons qu'elles sont loin de confirmer ces brillantes assertions.

Ouvrons, par exemple, le prospectus publié par le chevalier Deleuze, directeur général de la caisse hypothécaire, qui se fonde en ce moment sous l'approbation du gouvernement. Il nous apprendra que le territoire de la France, qui forme sa principale richesse, est grevé d'énormes hypothèques : que les propriétaires paient des intérêts annuels tellement élevés, que, pour eux, la propriété est nulle en quelque sorte, et n'a d'utilité que pour le créancier hypothécaire. Aussi sont-ils presque toujours obligés d'abandonner leurs terres à leur créancier, pour un tiers de leur valeur, sous « la décevante faveur d'un réméré. » Trois ans s'écoulent, ils sont expropriés, car le terme accordé est court et fatal. S'ils prévoyent cette extrémité, ils négligent la culture du champ qu'ils ne pourront conserver. Ils perdent tout, et cette perte est commune à l'Etat. Ainsi peut-être le cinquième du sol de la France est amoindri dans ses produits. »

Nous ne suivrons pas M. Deleuze dans tous les développemens où il entre, pour montrer à quelle détresse les petits propriétaires sont réduits. Nous nous bornerons à faire remarquer que tel est le désir général d'acquérir, qu'on va même quelquefois jusqu'à emprunter pour faire une acquisition ; et ce qui est beaucoup plus commun encore, c'est de voir un fermier employer le peu d'argent qu'il possède à acheter un quartier de terre, et être ensuite obligé d'emprunter pour le cultiver.

Il est évident que l'homme qui veut être tout à la fois propriétaire et cultivateur, sans avoir pour cela les capitaux nécessaires, doit bientôt se trouver dans la position la plus pénible.

Telle est pourtant la manie qui tourmente aujourd'hui les François; et ce qui contribua beaucoup à la propager, ce fut la manière dont les biens de l'église et ceux des émigrés se vendirent pendant la révolution. Il devint si facile d'être propriétaire, que tout le monde voulut l'être. La cause a cessé, mais les effets se font sentir plus cruellement que jamais.

Voyons à présent ce que nous dit lady Morgan : elle commence par nous tracer sous de sombres couleurs le sort du paysan françois avant la révolution. — « Alors, nous dit-elle, cultivant pour d'autres un sol fertile dont il ne pouvoit jamais espérer d'appliquer la récolte à ses besoins, il se courboit de génération en génération, avec une soumission dégradante, sous le joug d'airain de sa destinée. Il allégeoit le fardeau d'une existence misérable par la gaîté qui lui est naturelle ; il dansoit couvert de haillons et chargé de chaînes ;

mais sa maigreur et ses membres exténués n'en prouvoient pas moins ses souffrances; il les sentoit vivement, et n'en donna que trop la preuve quand les circonstances placèrent entre ses mains le glaive de la vengeance, et la vengeance surpassa ses horreurs accoutumées, par les crimes et les forfaits des Carmagnoles et des Marseillois. »

Voilà le portrait du paysan d'autrefois; mais admirons les effets de la révolution, et voyons quel est aujourd'hui son sort.

« Dans les grandes fermes, la condition des fermiers ressemble beaucoup à celle des nôtres; et dans les pays de petite culture, on trouve une race, disparue de l'Angleterre depuis bien long-temps, de propriétaires pauvres, mais indépendans, qui élèvent leurs familles dans un état aussi voisin de l'aisance qu'il est éloigné du luxe. On trouve dans une ferme françoise la même scène d'activité, d'empressement et d'industrie que dans celles d'Angleterre : les femmes y paroissent vivre toujours occupées, et elles partagent avec leurs maris, leurs pères et leurs frères, les différens travaux de leur état....

» L'imagination goûte un plaisir exquis en contemplant cet état de choses, ce véritable siècle d'or d'un pays où chaque verge de terre fait vivre un homme; et les petites propriétés dont jouit en France la classe très-nombreuse des cultivateurs, fermiers ou vignerons qui les ont achetées, soit du fruit de leurs épargnes, soit lors des ventes des biens nationaux dans le commencement de la révolution, présentent une situation d'indépendance rurale, but de tous les désirs de la philanthropie, et dont la vue est pour elle la plus douce jouissance. »

Voilà sans doute de bien belles maximes, et après les avoir développées, lady Morgan nous trace le portrait de « ces seigneurs indépendans » d'un arpent de terre ou environ.

« Il en est, nous dit-elle, qui sont assez peu favorisés par la fortune pour n'avoir d'autres ressources que de traîner dans leur petit champ, à l'aide d'un âne, le souffre-douleur de la ferme, une espèce de machine à labourer ressemblant assez à une herse. Mais, après tout, cet homme est propriétaire, il est indépendant; le petit champ qu'il laboure est à lui, c'est pour lui qu'il l'ensemence, et il en recueillera le produit. Ses enfans mangeront les fruits de l'arbre que ses mains ont planté; et tandis que ce coin de terre le maintient dans l'indépendance ainsi que sa famille, tandis que chaque glèbe du sol est mise à profit et rapporte trois fois ce qu'en retiroient jadis des mains moins intéressées à le faire valoir, les modiques épargnes de son industrie ne servent pas à assouvir la rapacité d'un collecteur de dîmes ou de rentes, ou à payer le jour qui l'éclaire, et jusqu'à l'air qu'il respire.... Son temps et son travail lui appartiennent, et le champ auquel il donne ses soins est véritablement pour lui la terre promise. »

Nous voyons avec quelle adresse lady Morgan ramène tout à son objet favori, l'éloge de la révolution et des changemens qui en ont résulté. Souvent elle se contredit, ce qui n'est pas extraordinaire. Entasser pêle-mêle et sans ordre tous les matériaux qu'elle pouvoit trouver, ne faire aucun choix, prendre tout indistinctement, et ne s'être pas même donné le temps, comme elle nous l'avoue elle-même, de revoir son manuscrit, ce n'étoit pas le moyen de composer un ouvrage qui offrît un tableau fidèle et sans prévention de l'état actuel de la société.

Voulez-vous savoir comment a fait lady Morgan ? lisez la conversation de mistress Delville et de lady Charlotte dans le joli roman de *Cecilia* : « De grâce, lady Charlotte, dit la grave matrone à sa jeune hôtesse, où avez-vous donc appris toutes ces histoires ? — En vérité, Madame, je n'en sais trop rien ; mais je vois beaucoup de monde, chacun me dit quelque chose, et je couds tout cela ensemble de mon mieux. »

Mais examinons sérieusement la question que nous voulons résoudre.

Si nous interrogions les annales des siècles passés, nous verrions qu'en Angleterre ainsi que dans toute l'Europe en général, le sort des classes inférieures fut de tout temps misérable. Elles ne jouissoient autrefois ni de la liberté, ni de presque aucun de ces avantages sans lesquels il n'y a point, selon nous, de bonheur. Mais il n'est pas juste d'en conclure que la révolution françoise soit la cause de l'amélioration qui s'est opérée en France dans leur sort. Cette amélioration existoit déjà dès l'époque où les sciences commencèrent à se répandre et où des mœurs plus policées succédèrent à un état de société presque barbare.

C'est une vérité incontestable, que les traces qui restoient du système féodal ne s'effaçoient que lentement, et que la révolution françoise les fit disparoître toutes en un moment; mais elle amena d'autres maux à la place de ceux qu'elle écartoit. Jusque dans les temps les plus horribles, si le système féodal opprimoit le peuple, il le protégeoit en même temps. La protection étoit toujours réelle, et la plus grande partie de l'oppression n'existoit que de nom; mais quand même il en eût été autrement, est-il juste, est-il équitable de la part de lady Morgan, de passer sous silence tous les maux qui succédèrent à ceux qu'on vouloit faire cesser?

La plupart des réflexions de lady Morgan sur les bienfaits de la révolution, s'appliquent évidemment au temps du règne de Buonaparte; car elle dit expressément, et à plusieurs reprises, que beaucoup de ces abus reparurent avec les Bourbons, surtout en ce qui concernoit les matières religieuses. Mais elle ne dit jamais un mot de cette conscription qui, sous toutes les formes, arrachoit les enfans à leurs pères dès l'âge de seize à dix-sept ans, de la manière la plus impitoyable et la plus barbare. Un gouvernement militaire vigoureux ne sauroit jamais être favorable à la liberté individuelle; et lorsque le bourgeois et le soldat se trouvent continuellement en contact l'un avec l'autre, il est évident que le bourgeois doit en être la victime.

Buonaparte et tous ceux qui l'entouroient favorisoient le militaire en toute circonstance. Les militaires appartenoient à un corps, et ils avoient des compagnons pour les soutenir, et des chefs pour les protéger; tandis que les bourgeois, les paysans, tous ceux enfin qui n'étoient pas dans l'armée, n'avoient personne qui les secourût, personne qui les défendît.

Il n'y avoit pas jusqu'au gouvernement civil, composé de préfets, de maires et de juges de paix, qui ne prît fait et cause pour le militaire, et l'oppression étoit à l'ordre du jour. Si elle n'étoit pas sanctionnée par la loi, elle étoit du moins générale, et jouissoit de l'impunité; il étoit inutile de chercher à résister à des réquisitions, quelque arbitraires qu'elles fussent.

L'augmentation considérable des impôts pendant le règne de Buonaparte, est une preuve positive de la rigueur et de la tyrannie de son gouvernement (1). Les personnes et les biens étoient également à sa dis-

---

(1) Les revenus de la France avant la révolution montoient à quatre cent quatre-vingts millions; Buonaparte les tripla, et maintenant ils sont de nouveau réduits à environ sept cents millions. L'époux de lady Morgan ne les porte même qu'à cinq cent soixante-dix millions; mais comme c'est une méprise, nous ne chercherons pas à profiter de son erreur, quoiqu'elle eût dû empêcher du moins lady Morgan de prononcer de son ton doctoral que les affaires empiroient sous les Bourbons.

position, et il est juste de dire qu'il disposoit des unes comme des autres avec la plus grande prodigalité.

Il est vrai que lady Morgan apprit de sa blanchisseuse (1), dont elle avoit coutume d'épier l'arrivée de sa fenêtre, que le gouvernement actuel empêche de laver et de repasser les jours de fêtes, ce qui n'étoit pas du temps de Buonaparte. Cela peut arriver, lorsque les maires se trouvent être de véritables dévots; mais il s'en faut que cette prohibition soit générale, et elle n'est nullement dans l'esprit de la charte ni de la loi du pays. Mais c'est une occasion pour Mylady de critiquer les Bourbons et de se moquer de la religion, en faut-il davantage? Et nous voyons en même temps, par cet exemple, avec quelle facilité elle lioit conversation avec des gens de la dernière classe de la société, du moment que ceux-ci se montroient les ennemis du gouvernement actuel.

Supposons un moment que tout ce que disoit la blanchisseuse soit vrai : qu'en résultera-t-il? Que Buonaparte étoit d'une grande indifférence sur ce qui regardoit la religion, ce que personne sans doute n'est

---

(1) Les admirateurs de lady Morgan feront bien de lire avec attention l'anecdote de la blanchisseuse; ils y verront que « ce chef d'une entreprise de blanchissage » traitoit la noble lady comme une espèce de sauvage ignorante, importée d'Angleterre, dont elle vouloit bien laver le linge pourvu qu'on la payât, mais qu'elle méprisoit intérieurement, et qu'elle traitoit du haut de sa grandeur.

tenté de contester. L'homme qui en Egypte se faisoit un mérite d'avoir renversé l'église catholique, et d'avoir embrassé le mahométisme, ne sauroit être soupçonné d'avoir montré un grand zèle à faire observer les jours de fêtes de l'église qu'il persécutoit. Mais nous avons des preuves plus certaines que Buonaparte n'aimoit la France que parce qu'elle lui fournissoit des hommes pour ses armées, et de l'argent pour l'exécution de ses vues ambitieuses ; non-seulement il n'avoit aucune espèce d'attachement pour les François, mais même il les haïssoit à cause de leur esprit inquiet et remuant, et il éprouvoit un plaisir secret à les persécuter et à les asservir. C'étoit un vrai despote tant par son caractère que par sa conduite, et il aimoit à voir le peuple se soumettre à son pouvoir, sans oser se plaindre de sa sévérité.

Nous avons vu, d'après les meilleures autorités, quel est le sort véritable des cultivateurs, sous le rapport de la fortune ; nous allons voir à présent ce que l'un des hommes les mieux versés dans cette matière, dit sur le sujet important de l'agriculture, considérée sous un autre rapport.

M. le comte de la Borde, dans son estimable ouvrage, que nous avons déjà cité, intitulé *de l'Esprit d'Association*, jette un coup d'œil sur l'état de l'agriculture en France, et la compare à ce qu'elle étoit avant la révolution, et à ce qu'elle est aujourd'hui en Angleterre et en Flandre. Le comte a beaucoup voyagé, il a examiné avec attention la partie qu'il vouloit décrire, et a mûri ses observations avant de les livrer au public. Au lieu de jeter un coup d'œil sur quelques chaumières, d'écouter la conversation décousue de quelques vieillards que le hasard eût pu lui faire rencontrer, et d'écrire tout cela au hasard pour grossir son livre, il a pris des renseignemens authentiques auprès des hommes les plus instruits dans les différens pays qu'il a parcourus. On voit qu'il aime son pays; cet amour se peint dans les désirs, dans les sentimens qu'il exprime; mais jamais il ne lui fait violer la vérité, ni altérer un seul fait.

A l'exception, dit-il, de quelques grands desséchemens qui demandent des capitaux considérables et des associations, tout est fait, en ce qui concerne l'étendue, la généralité de la culture; mais il n'en est pas de même de sa perfection. La France est arriérée non-seulement de la Flandre et de l'Angleterre, mais de beaucoup de pays qui lui sont inférieurs en civilisation, tels que la Bavière, la Bohême, l'Autriche, le Palatinat, l'Italie. Il n'y a pas en France le quart des terres cultivées comme elles devroient l'être, c'est-à-dire en permanence de production par les assolemens...... Enfin l'usage si important des machines y est à peu près inconnu.

L'acre en Angleterre, qui équivaut à l'arpent françois, rapporte net, terme moyen, 37 francs 50 centimes, tandis que l'arpent françois n'en rapporte que 15; et cependant le climat en France est plus favorable, le territoire rapporte des productions plus précieuses, telles que les vins, les huiles, les fruits, etc. Il faut donc qu'il y ait généralement un vice de culture, et il n'y a rien d'exagéré quand on estime que la France pourroit rapporter aisément le double, le triple de ce qu'elle produit, seulement par l'introduction de meilleures méthodes......

Voici un état approximatif de l'étendue, de la population, et des différens produits de la France et de l'Angleterre.

		FRANCE.	ANGLETERRE.
Étendue du territoire.		108,000,000 arpens.	55,000,000 arpens.
Population	Agricole.....	17,500,000 individus.	6,120,000 individus.
	Manufacturière.	6,200.000	7.070,000
	Indigente....	800.000	1,548,000
	Diverse.....	4,000,000	2,358.000
	Total..	28,500,000 individus.	17,096,000 individus.
Produits annuels	Agricoles....	3,334,000.000 francs.	5,419,622,976 francs.
	Manufacturés..	906,666,666	2,741,520,000
Revenus publics permanens........		763,199,550	1,541,763,000

Ces calculs que nous rapporte M. de la Borde, ne sauroient être tout-à-fait exacts; cependant ils ont été faits d'après des pièces officielles, et ils servent du moins à montrer la différence extraordinaire des produits entre les deux pays.

Nous voyons que l'agriculture emploie en France

près de trois fois autant de bras que les manufactures, tandis qu'en Angleterre il y a plus de manufacturiers que de cultivateurs; qu'en France un cultivateur rapporte, terme moyen, 192 francs, et en Angleterre 854 francs, c'est-à-dire quatre fois et demie davantage; qu'un manufacturier rapporte en France 80 francs environ, et en Angleterre plus de 320 francs. Or, quoique tout soit généralement plus cher en Angleterre qu'en France, il n'y a cependant pas une différence aussi sensible, et il en résulte que le sort du cultivateur et du manufacturier doit être plus doux en Angleterre que chez nos voisins.

M. de la Borde entre ensuite dans de grands détails sur les différens genres de culture et sur le perfectionnement des bestiaux. Mais comme ce ne sont que les résultats généraux qui nous occupent, nous passerons de suite à l'endroit où il parle de l'emploi des machines, et où il exprime son opinion sur ce sujet important.

C'est, dit-il, une grande erreur que la prévention où l'on est encore partout contre les machines, non-seulement dans le peuple, mais parmi les trois quarts des gens instruits; on croit toujours qu'elles diminuent la main d'œuvre et font mourir de faim les classes ouvrières, tandis qu'en définitif c'est un bien-être qui tend à se répartir principalement parmi elles. L'invention de la charrue, qui est la première de toutes les machines, n'a pas retranché un individu du travail, mais elle a permis de cultiver le double de terrain..... Celle du laminoir dans les forges n'a pas fait renvoyer un seul homme..... et celle des machines à filer, loin de diminuer l'emploi des bras industrieux, tripla le nombre des ouvriers nécessaires aux fabriques, etc...... (1).

Plus loin M. de la Borde dit : « Les fermiers en France sont, comme les cultivateurs, des paysans grossiers, ne sachant ni écrire ni compter, mangeant toute l'année du pain noir et ne surmontant que par leur courage leur triste destinée.

» Cette division du territoire, trop étendue dans un point, et trop partagée dans l'autre, cette absence de lumières et de capitaux, qui arrêtent toute amélioration, existeront jusqu'au moment où les hommes riches et éclairés se livreront à la culture en grand, comme en Angleterre, où la terre est une grande matière première que le riche exploite, où il applique son génie, ses machines, et ses capitaux.

» En France, au contraire, les propriétés sont de petits compartimens où chaque famille fait paître une vache, récolte quelques grains, ramasse un peu de

---

(1) Lorsque le duc de Clarence visita la Monnoie à Paris, il demanda à l'un des principaux employés s'il ne se servoit point de la pompe à feu pour faire mouvoir les balanciers. « Dieu merci, monseigneur, lui répondit celui-ci, nous avons en France assez de bras pour nous passer de machines »; le duc auroit pu lui répondre : « Dieu merci, Monsieur, nous avons en Angleterre assez de machines pour éviter d'employer des bras partout où cela n'est pas nécessaire. »

bois, sème du chanvre pour faire ses vêtemens, et a été, au bout de l'an, mal nourri, mal vêtu, mal chauffé. En France on est grand ou petit propriétaire, deux états stationnaires ; en Angleterre on est entrepreneur ou ouvrier, deux professions ascendantes. »

Qu'opposera lady Morgan à ce tableau ? sera-ce sa blanchisseuse de Paris qui lui fournira des argumens pour prouver le contraire ?

Mais écoutons ce que nous dit plus loin M. le comte de la Borde sur les petits propriétaires : « Une passion irréfléchie de la propriété, une ambition prématurée d'indépendance ont précipité les cultivateurs dans une fausse direction pour satisfaire un moment leur orgueil. D'ouvriers dominateurs de la terre, ils sont devenus ses propriétaires esclaves » !

En France, cette rage d'acheter des petites parties de terre est cause que des arpens séparés se vendent plus d'un tiers en sus de leur valeur, tandis qu'un grand domaine se vend un tiers environ de moins que cette même valeur (1). De là cette manie de dépècement qui fait des progrès si rapides et si dangereux dans toute la France. « La révolution, avec son grand rabot de nivellement, et la loi du 17 nivôse, ont en-

---

(1) M. de la Borde cite pour preuve une correspondance fort curieuse entre M. Deleuze, dont nous avons déjà parlé, et les maires et juges de paix de plus de mille communes, dans les différens départemens de France.

core plus divisé les propriétés, et la bêche bientôt remplacera la charrue. Une agriculture démagogique, une égalité agraire, empêcheront tout développement d'industrie et toute création de richesses; car la paralysie de capitaux dans l'agriculture se fait sentir également au commerce et aux manufactures. »

Nous avons cru devoir nous appuyer de l'opinion de M. de la Borde pour prouver que cette subdivision de territoire menace de rendre la France le pays le plus pauvre et le plus populeux de la terre. Nous avons voulu montrer en même temps, par des témoignages irrécusables, que cette partie de l'ouvrage de lady Morgan, qui a pour but d'abuser le peuple anglois sur la condition des paysans en France, n'est qu'un tissu de faussetés et d'erreurs. Ce qu'il étoit d'autant plus important de démontrer, que le portrait brillant qu'elle nous fait de leur sort est de nature à exciter notre envie et à faire naître parmi nous des sujets de mécontentement. Nous ne l'accusons pas d'avoir dénaturé volontairement les faits et de nous avoir caché la vérité dans de mauvaises intentions; mais nous attribuons à la précipitation, au désir de faire un livre tant bien que mal, à la manière superficielle dont elle a tout observé, les erreurs, les contradictions qui se trouvent à chaque pas dans son ouvrage.

Il est vrai, et lady Morgan ne manque pas de nous le faire remarquer, qu'on trouve de bons lits et de beau linge dans la maison de beaucoup de paysans; mais il en étoit de même avant la révolution, l'antiquité même de l'ameublement en est une preuve. Les Ecossois de toutes les classes, de toutes les conditions, ont beaucoup plus de linge dans leur ménage que les Anglois du même rang ; en conclurons-nous qu'ils sont plus riches ou plus heureux ?

Avant de décider une question de cette nature, il faut examiner la différence des goûts et des mœurs, différence qui provient souvent de circonstances entièrement indépendantes de la richesse effective des habitans d'un pays. Par exemple, un bourgeois de Paris veut que sa maison soit ornée de belles glaces et de superbes pendules. Il lui faut deux montres d'or ; il en faut une qui soit garnie de perles à sa femme ; tous deux ont des diamans de prix, tandis qu'ils n'ont peut-être pas pour 300 livres sterling (7200 fr.) de marchandises dans le commerce. Un bourgeois de Londres, en faisant valoir des capitaux dix fois plus considérables, n'aura pas la moitié autant de bijoux ni d'ornemens dans sa maison.

Voir le propriétaire d'un arpent de terre manger avec une cuiller et une fourchette d'argent, et aller ensuite aider son âne à tracer dans son champ de profonds sillons, c'est tout aussi ridicule pour le moins que de voir un vieil émigré se promener aux Tuileries dans le costume qui étoit à la mode de son jeune temps, avant que les chapeaux ronds et les redingotes de cochers fussent devenus le costume favori des gens comme il faut.

C'en est assez sans doute pour prouver que le paysan

n'est pas plus heureux en France que dans tout autre pays, et pour nous faire douter que son sort se soit beaucoup amélioré depuis la révolution ; mais en supposant même qu'il y ait eu une amélioration quelconque, ce sort n'en est pas moins déplorable, et comme le nombre des petits propriétaires augmente de jour en jour, il empirera nécessairement encore. Il s'établira entre eux tous une sorte de rivalité pour la vente de celles des productions de leur sol qui ne leur seront pas nécessaires ; mais le nombre de leurs pratiques diminuera nécessairement, et nous verrons se réaliser le conte ingénieux que Voltaire intitula « l'Homme aux quarante écus », conte dont le but est de tourner en ridicule le projet d'égalité agraire qui se préparoit en silence long-temps avant la révolution françoise, et que Voltaire prévoyoit sans doute.

Il est évident que la vanité qu'inspire le titre de propriétaire, empêchera qu'on ne vende volontairement ces terrains morcelés qui cependant sont d'un si foible rapport. La nécessité pourra seule arrêter les effets de cette ambition qui s'est répandue parmi les paysans. Ils ne voyent pas qu'avec le temps ce seront les petits propriétaires qui paieront la presque totalité des impôts ; car à mesure que leur nombre augmentera, celui des personnes qui se livrent aujourd'hui à d'autres travaux, à d'autres occupations, diminuera en proportion, et les charges retomberont sur l'agriculture. Alors on reconnoîtra la fausseté du système actuel ; mais sera-t-il temps encore d'y remédier ? C'est une question difficile à résoudre, et qui nous entraîneroit trop loin du sujet qui nous occupe.

Nous ne prétendons pas ici parler en faveur de ces domaines ou de ces fermes par trop considérables qui ont des inconvéniens d'un autre genre ; mais comme ce sont des inconvéniens qu'on ne connoît pas en France, cette discussion n'est aucunement nécessaire.

Qu'un pays vaste et fertile, divisé en petites parties de terre qui produisent à peine de quoi nourrir celui qui la cultive, que ce pays puisse être heureux et très-heureux, nous le voulons bien; mais nous dirons seulement que c'est un sort auquel nos fermiers et nos paysans anglois seroient loin de porter envie.

Nous aimons, il est vrai, qu'un fermier donne à son garçon de ferme un petit coin de terre à défricher qu'il lui abandonne entièrement. C'est un usage que nous voudrions même voir établi en Angleterre ; mais être garçon de ferme ou petit propriétaire, ce sont deux choses bien différentes. Si l'un, grâce à son petit terrain, mène une existence plus douce, et trouve moyen d'occuper sa femme et ses enfans, ce terrain n'est pas pour cela leur seul moyen d'existence, et le mari gagne toujours assez dans la ferme de son maître pour faire vivre sa famille Le petit propriétaire au contraire n'a que son coin de terre et son orgueil pour tout avoir. En cas d'accident ou de mauvaise récolte, le laboureur anglois peut obtenir des secours de son maître. Mais à qui le propriétaire françois aura-t-il recours ? L'orage qui a dévasté son champ, a fait les mêmes ravages dans ceux de ses voisins, et personne n'est intéressé à le secourir.

En 1818 les journaux ne parloient que d'orages qui avoient dévasté des cantons tout entiers, et d'incendies qui s'étendoient de village en village. C'étoient les principales nouvelles du jour, lorsque les chambres n'étoient pas assemblées.

La relation de ces désastres, faite en peu de lignes, étoit déjà suffisamment horrible; mais lorsqu'on les examinoit de plus près, c'étoit alors qu'on ne pouvoit s'empêcher de frémir. Les jardins et les champs situés au nord et à l'est de Paris furent ravagés par la grêle au mois d'avril. Le faubourg Saint-Antoine, Charenton, Menilmontant, étoient remplis de malheureux réduits à la dernière misère, et de petits propriétaires qui portoient envie au mendiant qui va de porte en porte demander du pain. Le roi et les princes firent ce qu'ils purent pour les secourir; mais comme ces calamités se renouveloient tous les jours, et que tous les jours ils étoient obligés de faire quelque nouvel acte de bienfaisance, ils ne purent que montrer la bonté de leur cœur, et leur désir de soulager des maux auxquels il n'étoit pas en leur pouvoir de remédier efficacement.

Nous ne parlerons pas de l'Irlande, nous ne savons pas jusqu'à quel point l'imprévoyance et l'ivrognerie ont pu y réduire le paysan à la misère, ni jusqu'où les riches propriétaires, secondés par des agens impitoyables, ont pu y pousser l'oppression; mais nous savons que du moins, ni en Ecosse, ni en Angleterre, il n'y a de gens aussi pauvres, aussi misérables qu'en France.

Nous sommes entrés maintes fois dans les chaumières des paysans, et cela dans toutes les saisons de l'année, et nous n'y avons jamais vu régner l'abondance. Leurs repas se composoient généralement de soupe ou de lait bouilli, dans lequel ils trempoient de grandes tranches de pain. Des haricots et les légumes les plus communs; quelquefois, mais bien rarement, un peu de viande et de fromage, tel étoit le grand régal de ces « amphytrions champêtres, » pour me servir des expressions de lady Morgan, qui ne laisse jamais échapper l'occasion de faire des phrases, que ce soit ou non aux dépens de la vérité. Du fromage, des tranches de pain, et des amphytrions! quelle étrange combinaison d'idées! Nous appellerons bientôt « amphytrions » les Hottentots, qu'on voit se nourrir d'immondices au cap de Bonne-Espérance, ou les habitans de Kamtschatka, qui régalent leurs hôtes avec de l'huile de baleine au point de les étouffer.

Nous avons toujours beaucoup aimé les contes orientaux, qui peignent avec beaucoup de grâce des hommes et des choses qui n'ont jamais existé; l'auteur n'a cherché ni à insulter ni à tromper le lecteur, la fable y paroît sous les traits de la fable. Mais lady Morgan veut que ses fictions passent pour des vérités, et pour cela elle leur en a donné toute l'apparence. Dès lors elle cesse même d'inspirer l'intérêt qu'excite un conte qu'on nous donne comme tel, et qui n'a d'autre prétention que celle de nous amuser.

Nous finirons ce long chapitre, peu attrayant peut-être pour le lecteur superficiel, mais d'une grande importance, en prouvant par un tableau comparatif des budgets de 1789 et de 1816, que l'impôt foncier, est considérablement augmenté depuis la révolution.

RECETTES 1789.

Taille.	71,431,000
Capitation.	37,171,000
Impositions locales	385,000
Vingtièmes.	46,468,000
Pays d'états.	24,556,000
Capitation, vingtième, abonnés.	7,440,000
Ferme générale	150,107,000
Régie générale des aides.	50,220,000
Régie des domaines et bois.	50,000,000
Ferme des postes	12,000,000
Ferme des messageries.	1,100,000
Petites fermes.	1,620,000
Marc d'or.	1,500,000
Régie des poudres et salpêtres.	800,000
Loteries.	14,000,000
Bénéfice sur la fabrication des monnoies.	506,000
	469,304,000

Ci-contre....	469,304,000
Revenus casuels............	3,000,000
Revenus divers.............	2,796,000
Total....	475,100,000

RECETTES 1816.

Contribution foncière..........	220,160,000
Contribution personnelle........	44,640,000
Portes et fenêtres...........	14,181,000
Patentes.:...............	16,186,000
Enregistrement, domaines......	118,000,000
Bois...................	20,000,000
Douanes................	40,000,000
Sel...................	85,000,000
Droits généraux, partie ordinaire..	60,000,000
Tabacs..................	37,000,000
Loterie.................	6,000,000
Poste..................	14,000,000
Salines.................	2,000,000
Recettes accidentelles.........	5,313,000
Total........	682,480,000

La Taille, qui forme le premier article dans la table de l'année 1789, et le *vingtième*, sont les mêmes taxes que l'impôt foncier que nous voyons figurer en tête des recettes de 1816. Cet impôt est plus que doublé; et comme les propriétés se subdivisent de plus en plus, il augmentera sans cesse (1);

---

(1) Cela est si vrai que dans le dernier budget pour 1819

tandis que les autres taxes, à l'exception de l'impôt sur le sel et sur le tabac, finiront par ne rapporter presque rien.

A la longue, les terres devront payer la presque totalité des dépenses de l'état, charge que l'agriculture aura bien de la peine à supporter, puisqu'elle ne pourra payer cet impôt qu'avec le surplus des récoltes que les petits propriétaires auront à vendre, après avoir pourvu aux besoins de leurs familles.

---

l'impôt foncier s'élève à 40,000,000 de francs de plus qu'en 1816, et la totalité des taxes à 889,000,000 de francs, augmentation vraiment effrayante.

CHAPITRE III.

PARIS.

Les Tuileries. — Pompes et cérémonies inutiles. — Contraste entre les cours de France et d'Angleterre. — La garde royale et la garde nationale. — Jalousie qui règne entre elles. — Partis qui divisent la France. — Manque de vigueur dans le gouvernement. — Expédition de Russie. — Projets de Buonaparte en l'entreprenant. — Caractère d'Alexandre. — Observations sur les mœurs parisiennes. — Si la révolution les a changées. — Suicides. — Maisons de jeu. — Police. — Mendians. — Charité des François. — Amusemens publics. — Portrait des Parisiennes. — Leur conduite héroïque dans la révolution.

Le roi de France est encore soumis à toutes les lois fatigantes et monotones de l'étiquette observées par l'ancienne cour, quoique aujourd'hui elles aient perdu leur but et leur utilité.

D'après l'ordre établi sous l'ancien gouvernement, le roi étoit le centre d'où partoit toute chose. Depuis le matin jusqu'au soir, son palais étoit rempli d'une foule sans cesse renaissante. Mais même alors le souverain jouissoit de quelques instans de repos. Saint-Germain, Versailles, et les autres résidences royales, lui offroient un asile où, loin de la foule adulatrice des courtisans, il venoit se soustraire aux embarras de la grandeur, et goûter, dans l'intimité de la société choisie, les douceurs de la vie privée. Aujourd'hui le roi n'a pas un seul moment de loisir. Presque tous les jours, Sa Majesté reçoit les hommes le matin et les dames le soir. Tous les jours elle va régulièrement entendre la messe dans sa chapelle, et elle signe continuellement les contrats de mariage des personnes de distinction, quoique ce ne soit plus qu'une vaine forme, une cérémonie inutile, une sorte d'ombre de l'ancien pouvoir arbitraire.

Le château des Tuileries ressemble plus à une caserne qu'au palais d'un Roi. On voit des militaires aux balcons de la plupart des fenêtres, les antichambres en sont remplies, et cet appareil doit déplaire généralement. On aime qu'un roi n'ait d'autres gardes que l'amour de ses sujets.

C'est une suite de l'usage établi par Buonaparte qui aimoit à s'entourer de tous les attributs de la grandeur, et qui poussa la folie jusqu'à conserver dans la petite île d'Elbe tout l'appareil et toute la pompe de la souveraineté. Ce qui étoit très-bon du temps de Louis XIV qui faisoit des ducs et des pairs de France tandis que son valet de chambre ajustoit sa perruque, ne convient pas aujourd'hui. Notre bon roi Georges n'avoit que quelques sentinelles placées autour de son palais, et il ne craignoit pas de se promener seul et sans gardes au milieu de son peuple.

En Angleterre nous aimons à voir nos princes

sortir comme de simples particuliers, sans pompe, sans aucune marque distinctive de leur dignité. Pourquoi n'en est-il pas de même en France ? à quoi bon ces cuirassiers qui, l'épée nue, armés de pied en cap, courent au grand galop dans la ville pour protéger un roi qu'on aime, contre ses sujets fidèles ? Cette escorte inutile peut-elle produire un bon effet ? est-elle propre à inspirer l'amour, la crainte, ou le respect ? Nous connoissons le François ; il est généreux, il est sensible aux preuves de confiance qu'on lui donne ; il aimeroit à voir son roi seul au milieu de ses sujets, se confier à leur garde, et réserver les escortes et les gardes d'honneur pour les jours de fêtes et les cérémonies publiques.

Il paroît malheureusement que la garde nationale et la troupe de ligne sont jalouses de la garde royale, à laquelle elles portent envie. Sous Buonaparte la garde impériale étoit regardée comme l'élite de l'armée régulière ; elle formoit un corps distinct, mais non pas à part ; elle dépendoit de l'armée, et les soldats en étoient choisis parmi les troupes de ligne. Le même esprit animoit la garde et le reste de l'armée ; mais il n'en est pas de même à présent. Ils sont jaloux les uns des autres, et ils sont divisés par l'intérêt comme par l'opinion.

Il y a certainement deux partis en France. L'un, les partisans de la révolution, les enfans de la révolution, comme on a coutume de les appeler, et les trois quarts au moins sont de ce nombre, et l'armée régulière, ainsi que la grande masse de la garde nationale (1).

La garde royale ayant pour officiers des hommes qui pour la plupart sont de l'ancienne noblesse et dont plusieurs sont même des émigrés rentrés, est censée représenter les ennemis de la révolution. Cette division d'opinions est très-dangereuse et peut entraîner des conséquences funestes; c'est au gouvernement à les prévenir; mais le gouvernement actuel laisse saper insensiblement la base la plus solide de l'autorité, l'opinion, la confiance et l'estime publique. Il continue à suivre la même marche, à temporiser; tant qu'il ne changera pas de système, il ne pourra acquérir ni stabilité ni pouvoir.

Que les ministres suivent franchement les principes de la charte qui sont bons, qu'ils amendent ceux des articles qui sont contradictoires, et ils verront bientôt que personne dans le royaume n'osera entraver la marche du gouvernement. Nous espérons, pour le bonheur de la France et pour la paix de l'Europe, que ce plan sera adopté avec le temps; mais jusqu'alors le gouvernement sera foible, chancelant, et ne pourra se faire obéir.

---

(1) Que deviendrions-nous si l'auteur disoit vrai? Heureusement il est dans l'erreur, et cette erreur est facile à expliquer. Les membres de ce parti s'agitent et se remuent tellement, qu'ils se multiplient en quelque sorte; et il n'est donc pas étonnant qu'un étranger se laisse abuser sur leur nombre. (*Note du Traducteur.*)

Il n'étoit pas extraordinaire il y a quelque temps de voir s'établir une conversation sur les conséquences qu'entraîneroit un changement de dynastie. En Angleterre personne n'oseroit discuter publiquement un pareil point; mais à Paris, où la presse ne jouit pas de la moindre liberté (1), voilà où en est venue la liberté de la parole, liberté qui n'est pas permise, il est vrai, mais ce qui est bien pis, liberté que l'on prend sans permission, et qui est contraire à toute espèce d'ordre et de convenance.

Tels sont les résultats de la foiblesse du gouvernement; il devroit être ferme et inflexible lorsqu'il commence à punir, mais prendre garde de ne pas commencer inconsidérement. Buonaparte a donné l'exemple; mais il ne faut pas aller imiter notre Charles 1er et son fils Jacques, qui, toute vigueur et toute sévérité dans le principe, renonçoient généralement à leurs résolutions énergiques pour des demi-mesures, molles et sans efficacité, qui faisoient haïr et mépriser leur gouvernement.

Ce qui rend les François difficiles à contenir, ce sont les changemens continuels de gouvernement qu'ils ont vus s'opérer. Ils n'ont pas la conviction, ils ont plutôt une sorte de sentiment intérieur que rien n'est permanent; et c'est pour cela qu'ils croient toujours voir arriver une révolution. Quelques individus la dé-

---

(1) M. Playfair, sous ce rapport, ne doit plus avoir rien à désirer aujourd'hui. (*Note du Traducteur.*)

sirent sans doute, mais ce n'est pas la majorité; tout le monde paraît s'attendre cependant, comme par habitude, à quelque changement.

Avant la révolution, pendant la fin du règne de Louis XV, et pendant tout le cours de celui de son malheureux successeur, lorsque les rênes du gouvernement flottoient presque à l'abandon, le gouvernement ne se soutenoit que grâce à l'habitude que le peuple avoit contractée depuis long-temps de l'obéissance, et à sa conviction de l'immutabilité de toutes les institutions alors existantes. Rien en effet n'est plus funeste à la stabilité d'un pouvoir quelconque que le manque de confiance dans sa durée ; et il n'est que la fermeté et la vigueur qui puissent y suppléer.

On n'accusera pas Buonaparte d'avoir manqué de vigueur ; cependant il eut bien de la peine à prévenir les effets de cette tendance au changement qui provient de l'idée d'un changement probable. Il se forma plusieurs complots contre son gouvernement, et sa rigueur et sa vigilance purent seules le maintenir sur le trône. Il est même assez probable que, s'il faisoit continuellement la guerre, c'étoit moins par ambition que parce qu'il sentoit la nécessité de tenir les François occupés.

On a souvent dit que Buonaparte savoit qu'il ne pouvoit espérer la paix dans l'intérieur de son royaume, qu'en portant la guerre chez l'étranger, il n'hésita donc pas sur le choix, et sa vanité l'aveugla sur les conséquences. Il paroît n'avoir jamais pensé que l'Europe se lasseroit à la fin des efforts qu'il faisoit sans cesse pour porter partout le ravage et la dévastation. De quelle manière le vit-on traiter la Prusse, après l'avoir conquise ? Quel acharnement ne déploya-t-il pas contre l'Autriche, qu'il attaqua à plusieurs reprises, sans avoir même l'ombre d'un prétexte ? Quel fut le but enfin de la grande expédition contre Moscou, lorsque la Russie avoit fait au traité de Tilsitt des concessions qui auroient été plus que suffisantes pour satisfaire l'ambition de tout autre conquérant que Buonaparte ? Il auroit dû savoir qu'il n'étoit pas en son pouvoir de conquérir la Russie, ni même de lui nuire efficacement. Mais quels que fussent ses motifs et son intention, l'attaque étoit évidemment injuste, et l'on ne peut même trouver aucun prétexte raisonnable pour la justifier.

La longueur des préparatifs de cette guerre, les grandes dépenses, les efforts extraordinaires qu'elle occasionna, les dangers auxquels on s'exposoit en l'entreprenant, tout prouve que le but qu'on se proposoit n'étoit pas futile. Nous allons l'indiquer tel que nous l'avons appris d'une source qu'il ne nous est pas permis de nommer. C'est au lecteur à juger si ces détails lui paroissent dignes de foi ; quant à nous, il ne nous est guères possible de douter qu'ils ne soient authentiques.

Lorsque Buonaparte se trouva avec l'empereur de Russie à Tilsitt, il passa des journées entières avec lui. Jamais, depuis son élévation, il n'avoit étudié avec autant de soin le caractère d'aucun homme. Il trouva l'empereur bien différent de ce qu'il se l'étoit figuré d'après ce qui s'étoit passé à Austerlitz. Il vit qu'Alexandre, sans paroître grave ni sévère, raisonnoit profondément, et brûloit d'agrandir ses états, mais plus encore d'améliorer le sort de son peuple : enfin que c'étoit un prince digne de régner sur un vaste empire. Il fut question à Tilsitt d'interdire à l'Angleterre toutes relations commerciales avec le continent ; mais c'étoit un plan qu'Alexandre n'étoit pas encore préparé à adopter, à cause des débouchés que l'Angleterre offroit pour la vente des produits de la Russie.

La seconde entrevue qu'ils eurent en Allemagne convainquit Buonaparte qu'il ne pourroit jamais amener l'empereur de Russie à entrer dans ses vues, tant qu'il ne seroit pas secondé par la noblesse russe et par les grands propriétaires du pays ; et c'étoit un point auquel il ne pouvoit espérer de parvenir que par la force.

Dès ce moment, il commença à faire des préparatifs pour l'invasion de la Russie, convaincu que, lorsqu'il auroit pénétré dans le cœur de l'empire, il lui seroit facile d'obtenir une autre entrevue avec Alexandre; et il étoit déterminé à employer alors tour à tour les menaces et les moyens de persuasion pour le décider à se joindre à lui pour l'exécution de son projet favori.

Ce projet étoit d'offrir la Suède à Alexandre; plusieurs circonstances le portèrent à croire que celui-ci l'accepteroit avec joie; et ce qui pouvoit surtout le lui faire présumer, c'étoit de le voir prendre possession de la Finlande.

S'il eût accepté la Suède, l'Angleterre pouvoit être alors attaquée en même temps, au nord par la Russie, et au midi par la France.

Les deux empereurs se seroient ensuite partagé l'Europe. La Pologne entière, telle qu'elle étoit avant le premier démembrement en 1772, ainsi que la Prusse et le Danemarck, devoient être réunis à la Russie, qui ainsi eût été maîtresse de toutes les côtes de la mer Baltique. Tout le reste de l'Allemagne, l'Italie et l'Espagne, eussent appartenu à Buonaparte. L'un eût été empereur de France et du midi; l'autre, empereur de Russie et du nord. La seule difficulté étoit la Turquie; Buonaparte se proposoit d'avoir la Turquie d'Europe et de donner à Alexandre la Turquie d'Asie. Les deux empereurs pouvoient alors marcher ensemble contre l'Inde. La navigation dans le détroit des Dardanelles eût été également libre pour les flottes des deux puissances.

La noblesse russe, pensoit notre conquérant, consentiroit sans peine à toutes ces dispositions lorsqu'elle verroit les François maîtres de Moscou. La crainte des armées françoises, se disoit-il encore, lèveroit toutes les difficultés, lorsqu'elles seroient campées sous les murs de Moscou, l'ancienne capitale de la Russie; et l'espoir d'acquérir des propriétés situées plus au midi, exciteroit l'ardeur de la noblesse de ce pays.

L'incendie de Moscou, mais plus encore l'impossibilité d'obtenir une entrevue avec Alexandre, déconcerta tous ses projets et fit évanouir toutes ses espérances.

Il paroîtroit qu'Alexandre redoutoit une autre entrevue autant que Buonaparte la désiroit, et il y a tout lieu de croire que la noblesse russe ne la craignoit pas moins que son souverain. Elle aimoit son empereur; elle savoit l'ascendant que Buonaparte avoit sur lui, et elle en craignoit les effets.

Les empereurs du nord et du midi se seroient partagé les Indes orientales, et ils se seroient ligués avec l'Amérique pour enlever aux Anglois les îles des Indes occidentales, en promettant de lui en céder quelques-unes pour prix de ses services.

L'accumulation de la dette en Angleterre, l'extrémité où elle seroit réduite lorsqu'elle n'auroit plus de débouchés pour son commerce, tout concourroit à faire réussir ce plan dont l'exécution ne demanderoit au plus que huit ou dix années.

Si Buonaparte avoit pu parvenir à passer l'hiver à Moscou, nous ne savons trop jusqu'à quel point il eût pu accomplir le reste de ses projets; mais certainement il avoit calculé sous beaucoup de rapports d'après de fausses suppositions.

L'empereur de Russie avoit beaucoup plus de fermeté que Buonaparte ne se l'étoit imaginé. Quant à l'honneur et à la vertu, Buonaparte les regardoit comme des chimères lorsque l'ambition parloit; mais il n'en étoit pas de même d'Alexandre, qui, d'ailleurs, tout en admirant quelques qualités brillantes dans Buonaparte, redoutoit son ambition et son manque de principes. Quand même il n'eût pas eu d'autre motif pour ne pas se prêter à l'exécution de ce plan, qui paroissoit lui assurer de grands avantages, il auroit craint que, par la suite, l'empire puissant et gigantesque du midi n'eût soumis ou du moins inquiété l'empire du nord, plus vaste encore, mais pauvre en comparaison.

Aux soixante millions que la France et la Hollande avoient de revenu, se seroient joints ceux de l'Espagne, de l'Allemagne, de l'Italie et de la Turquie d'Europe, ce qui auroit formé un total de 130 millions; tandis que la Suède, la Pologne, la Prusse et la Turquie d'Asie, n'auroient pas augmenté de beaucoup les revenus de la Russie, qui, d'un autre côté n'auroit jamais retrouvé pour la vente de ses productions les avantages que l'alliance de l'Angleterre lui avoit procurés depuis trente ans.

Ces réflexions auroient empêché tout autre que Buonaparte de conduire à une perte presque certaine une armée aussi belle que celle qui fit cette campagne, pour tenter une expédition dont le succès dépendoit d'une foule de circonstances différentes. Il falloit d'abord qu'arrivé à Moscou, il se trouvât encore à la tête d'une armée formidable, car il savoit que, s'il ne répandoit pas la terreur, il n'avoit rien à espérer. Il falloit ensuite parvenir à attirer l'empereur de Russie à une entrevue, stratagème qui lui avoit réussi avec la famille royale d'Espagne, et employer la persuasion ou la force pour le faire entrer dans ses projets.

Buonaparte avoit toujours eu tant de bonheur dans toutes ses entreprises, il avoit une si haute idée de son génie et de son ascendant, qu'il croyoit que tout le monde devoit plier sous ses lois, et que les obstacles devoient s'évanouir devant lui. L'événement a démontré combien il étoit dans l'erreur, car toutes les circonstances qui pouvoient assurer le succès de son entreprise, lui furent défavorables. Il arriva à Moscou, sans avoir remporté de grands avantages, et avec une armée épuisée de fatigues et déjà considérablemeut diminuée. Il ne put obtenir une entrevue avec l'empereur, et par conséquent il ne put employer ni les forces ni la persuasion.

L'empereur de Russie avoit une autre énergie que le roi d'Espagne. Après avoir fait brûler l'ancienne capitale de son empire, il étoit décidé à évacuer la nouvelle plutôt que de se soumettre à l'homme qui avoit conquis presque tout le continent.

Il est vrai que c'étoit lui présenter un appât bien séduisant que de lui offrir la Suède, c'étoit ce que Pierre-le-Grand désiroit si vivement; mais les autres parties du plan de Buonaparte étoient mal combinées. Il n'y avoit eu jusqu'alors que l'Angleterre qui lui eût opposé une résistance opiniâtre, et qui parût défier sa puissance. Il étoit loin de penser que les armées Russes se battroient avec tant de courage, que les soldats montreroient tant de bravoure, et les officiers tant de zèle et d'expérience. Il pensoit aux campagnes de Pierre-le-Grand et de Charles XII. On n'auroit jamais cru qu'un siècle pût opérer un changement aussi complet. Aussi toute l'Europe s'étonna-t-elle des exploits des Russes, et Buonaparte fut frappé d'une sorte de stupeur. Jusque là il avoit été accoutumé à voir ses ennemis perdre courage dès qu'ils étoient menacés. Deux fois il avoit renvoyé l'empereur de Russie dans sa capitale d'une manière assez expéditive; mais alors l'affaire étoit plus sérieuse. La Russie n'avoit rien fait pour provoquer cette attaque, et elle ne pouvoit se soumettre lâchement à un pareil homme, après l'exemple de l'Autriche et de la Prusse, qui furent traitées de la manière la plus indigne par le vainqueur, contre la foi de traités solennels. En un mot, Alexandre vit et fit voir à son peuple qu'ils n'avoient à choisir qu'entre l'esclavage ou la victoire, et les Russes agirent comme un peuple brave agira toujours lorsqu'il se verra placé entre une pareille alternative.

Quand même Buonaparte eût réussi dans les deux premières parties de son plan, il auroit certainement échoué dans la troisième. Mais après avoir cité des faits, nous ne nous abandonnerons pas à des conjectures. Nous n'examinerons donc pas ce qui seroit arrivé s'il avoit eu une nouvelle entrevue avec l'empereur de Russie, nous abandonnerons ces suppositions à la sagacité de nos lecteurs ; mais nous pensons qu'Alexandre fit très-sagement de l'éviter.

L'expédition de Moscou changea en un moment la face des affaires ; et les mêmes flammes qui consumèrent cette ancienne capitale, fondirent les chaînes qui tenoient asservi le continent d'Europe. Quel spectacle bizarre n'offrit pas la retraite de Leipsick, lorsque le roi de Bavière, l'allié de Buonaparte, voulut s'opposer à son passage à Hanau et à Francfort, tandis que les Prussiens, les Autrichiens, les Saxons, les Suédois et tous les anciens amis de l'usurpateur, le poursuivoient sous les auspices de l'empereur de Russie contre lequel ils avoient servi peu de temps auparavant !

Abandonné de ceux mêmes qui lui devoient tout, Buonaparte ayant presque tous les souverains de l'Europe à ses trousses, montra en grand ce qui n'arrive que trop souvent dans la vie privée. Dans sa prospérité, tout plioit devant lui ; mais au premier revers, ses amis l'abandonnèrent.

L'Angleterre pourtant n'eut point de part à cette duplicité. Lorsqu'il étoit au comble de la puissance, l'Angleterre ne rampa point à ses pieds ; mais elle le défia, et fit tous ses efforts pour résister à son ambition. Sa puissance s'écroula, et l'Angleterre continua à suivre la même marche, toujours ferme et toujours conséquente. Elle ne fit pas de questions, elle n'exhala pas de reproches contre les anciens amis de Buonaparte, alors ses plus cruels ennemis. Amis de Buonaparte, elle les avoit repoussés; devenus ses ennemis, elle les secondoit alors de tout son pouvoir, restant seule constamment la même : seule elle avoit résisté à presque toute l'Europe sans changer d'opinion ni de conduite; toute la différence étoit qu'elle payoit alors comme alliés ceux qu'elle avoit combattus comme ennemis subalternes.

Mais voilà une digression assez longue, reprenons le sujet qui nous occupoit.

Tant que les armées d'occupation furent sur le territoire françois, la stabilité des institutions parut assurée pour un certain temps; non pas que ces troupes eussent été en état de contenir la France, mais toute révolution qui se seroit effectuée pendant qu'elles étoient sur le territoire, auroit nécessairement amené l'entremise des alliés, ce que les François vouloient précisément éviter. Ils veulent régler leurs affaires entre eux sans l'entremise des étrangers, et ils ont parfaitement raison. Tout homme qui aime son pays, qu'il soit François ou de toute autre nation, ne doit pas souffrir, lorsqu'il peut l'empêcher, que des étrangers se mêlent de ce qui se passe dans l'intérieur de sa patrie.

Ce fut ce sentiment qui provoqua un changement dans l'administration au commencement de l'année 1819; car ce changement ne provint pas, comme on l'a dit, de ce que les anciens ministres n'étoient pas d'accord avec la chambre des députés sur la loi des élections, et sur plusieurs autres points; mais on les soupçonnoit d'être sous l'influence de l'empereur de Russie, et ce fut assez pour entraîner la chute du ministère (1).

On est assez généralement convaincu à Paris que les alliés ne prendront aucune part aux affaires de la France, à moins qu'elle ne compromette encore une fois la tranquillité de l'Europe; et comme les François n'oublieront de long-temps la dernière entrée, la restitution des tableaux, etc., il est probable qu'ils réfléchiront mûrement avant de s'exposer à une nouvelle invasion.

---

(1) L'empire de Russie sera la première puissance continentale, tant que la France n'aura pas repris son équilibre politique. Mais si la France redevient ce qu'elle étoit il y a quarante ans, elle reprendra le premier rang. Sa position géographique, son degré supérieur de civilisation, ses richesses, et mille autres circonstances, lui assurent naturellement la prééminence. On soupçonne en France que l'empereur de Russie ne descendroit qu'avec répugnance au second rang, après avoir occupé le premier. Aussi se méfie-t-on de sa grande politesse, et le regarde-t-on comme le rival de la France sur le continent. La grande masse du peuple à Paris croit, il est vrai, qu'Alexandre est leur meilleur ami, et les Anglois leurs plus grands ennemis; mais il en est aussi qui pensent que le système de politique, ferme et soutenu, suivi par l'Angleterre, la rendra l'amie de la France, du moment que l'ambition de la Russie menacera l'indépendance du continent. Il est des François qui regardent l'Angleterre comme la sauvegarde de la liberté européenne.

Il est malheureux pour la France que Paris en soit l'âme, et absorbe tout l'argent. Le gouvernement militaire de Buonaparte, tout détestable et tout despotique qu'il étoit, enrichit rapidement la capitale. La plus grande partie du butin, la paie des troupes, tout se concentroit dans Paris, tandis que les frais de la guerre étoient répartis par des impôts sur toute la France, ainsi que sur les pays conquis. Aussi les Parisiens préfèrent-ils la guerre à la paix, pourvu néanmoins que la guerre ne ramène plus les Anglois, les Prussiens et les Cosaques parmi eux.

Il paroît, d'après un grand nombre de témoignages irrécusables, que, pendant les dix à douze années que dura le règne de Buonaparte, il entra dans Paris un argent immense qui s'y accumula. Lorsque l'empire prit de l'accroissement, les revenus augmentèrent en proportion, ainsi que les dépenses du gouvernement qui tournèrent encore à l'avantage de la ville de Paris. En outre, la famille de Buonaparte faisoit des dépenses prodigieuses, et il entreprenoit de grands ouvrages publics qui étoient encore une source de richesses pour la capitale. Enfin les étrangers qui s'y rendoient de différens pays, y portoient un numéraire considérable, et les officiers en congé alloient y dépenser le montant de leur solde.

Si l'on en excepte l'arrivée des étrangers, toutes ces sources extraordinaires de richesses sont taries ; mais les Parisiens n'ont pas encore éprouvé toutes les conséquences de ce changement. En 1814 et en 1815, les armées alliées, les souverains et leurs suites, dépensèrent beaucoup d'argent à Paris; il en fut de même ensuite des Anglois qui s'y rendirent en foule; leur empressement étoit extrême; il y avoit vingt-cinq ans que le continent leur étoit fermé; mais maintenant que leur curiosité est satisfaite, le nombre des voyageurs diminue, et Paris n'aura bientôt plus que ses ressources ordinaires (1).

Ce qui fera encore beaucoup de tort à la capitale, c'est que les productions de la campagne enchérissent beaucoup plus en proportion que les produits des villes; c'est-à-dire que les choses nécessaires à la vie augmentent plus de prix que les objets de luxe ou d'agrément, ce qui est toujours au détriment des villes; car ce sont les campagnes qui fournissent le nécessaire, et les villes le superflu.

Il y a environ deux ans, les dimanches n'étoient pas observés aussi bien qu'ils le sont aujourd'hui; et le peuple paroît sentir peu à peu que les mœurs et les usages de la révolution ne sont ni les meilleurs ni les plus agréables; aussi y renonce-t-il insensiblement.

Les manières et le costume militaire que tout le

---

(1) Il y a deux ans, à l'exception des officiers de l'armée ou de la marine, il y avoit très-peu d'Anglois, même de quarante-cinq ans, qui fussent jamais sortis d'Angleterre; mais telle fut alors la rage pour aller en France, qu'il y en a aujourd'hui bien peu, de quelque âge que ce soit, qui n'aient été y passer plus ou moins de temps.

monde affectoit d'abord, commencent à passer de mode (1).

Les gardes nationaux traversent encore les rues deux fois par jour, tambours battans, et précédés de sapeurs la hache sur l'épaule, le bonnet à poil sur la tête, et le menton couvert d'une fausse barbe qui leur tombe jusque sur la poitrine. Ils ont un air formidable, et ils paroissent aussi fiers qu'ils l'étoient il y a trente ans, lorsqu'ils prédisoient que Paris deviendroit la capitale du monde civilisé, et que toutes les nations y enverroient des représentans, comme les quatre-vingt-six départemens en envoyent aujourd'hui. Quoique le prestige soit dissipé et que l'illusion soit détruite,

---

(1) Avant le mois d'août 1817, tous les garçons de boutiques, tous les commis de marchands s'habilloient à la militaire, ayant tous des bottes, des éperons, et des moustaches formidables. Buonaparte fût entré vainqueur à Moscou et à Saint-Pétersbourg; il eût ramené le grand Lama de l'extrémité de l'Asie; et, en passant, il eût pris en croupe le Grand-Turc pour ajouter à l'éclat de son triomphe, que Paris n'eût pas présenté un aspect plus guerrier ni plus martial. Mais, hélas! tout ici-bas est soumis à de cruelles vicissitudes. On joua aux Variétés une pièce qui tournoit en ridicule les *calicots*, c'est ainsi qu'on appeloit les commis de marchands qui vouloient se faire passer pour colonels ou tout au moins pour capitaines. Tous les faiseurs de caricatures s'emparèrent aussitôt de ce sujet fertile. Les filles mêmes des rues se mettoient à rire lorsqu'elles en voyoient passer un, et s'écrioient, en le montrant au doigt : « Tiens, voilà un vrai calicot. »

cependant il en reste encore des vestiges que le temps seul et une longue paix pourront effacer.

Il y a plus de trente mille gardes nationaux, et un grand nombre d'entre eux ont la croix d'honneur, distinction devenue si commune, qu'on y fait à peine attention. Il y a environ deux mille hommes de garde tous les jours, indépendamment de la garde royale, et de quelques régimens de ligne qui forment ce qu'on appelle la garnison de Paris, et il y a des revues et des parades presque continuellement.

On aurait pu croire que trente années de toutes ces

C'en étoit trop ; la honte triompha pour cette fois de la vanité, et Paris prit un aspect un peu moins belliqueux.

Un officier irlandois qui se trouvoit à Paris, fit à ce sujet une remarque très-juste quoique un peu dans le jargon de son pays : « On dira ce qu'on voudra de cette ville de Paris, mais je vois que ce qui est le moins important y est de la plus grande conséquence. — Comment cela, major? Expliquez-vous. — Comment! l'ennemi n'est-il pas entré deux fois dans Paris en moins de deux ans, et cependant les Parisiens sembloient être autant de fiers-à-bras, autant de conquérans. Ce que les alliés n'avoient pu faire, les acteurs et les filles de joie l'effectuèrent en un moment : ils les firent rougir d'eux-mêmes. »

Le *dandy* de Londres paroît être, pour le jugement, encore au-dessous du calicot parisien. La risée publique ne sauroit le faire rougir. Il est aussi insensible aux traits du ridicule que le serpent marin d'Amérique l'est à la balle d'un mousquet.

parades militaires avoient suffi pour en dégoûter à jamais le peuple. Point du tout : les gardes défilent avec autant de plaisir que jamais, et le peuple s'arrête pour les regarder pour la dix-millième fois, avec autant d'empressement que la première.

En Angleterre nous n'avons jamais eu long-temps les goûts militaires ; car dès qu'il n'étoit plus nécessaire d'avoir recours aux armes, on les déposoit aussitôt. Le marchand de fromage reprenoit son couteau, l'épicier se remettoit à vendre son sucre et son café, et il n'étoit plus question de cocarde ni d'uniforme. C'est en cela que nous voyons une grande différence dans le caractère national. En Angleterre, lorsque les circonstances le demandoient, le citoyen devenoit volontiers soldat, mais dès que ses services n'étoient plus nécessaires, rien n'auroit pu le décider à les continuer. Ce qui auparavant sembloit honorable, paroissoit alors ridicule aux yeux de quelques-uns, et aux yeux de tous entièrement inutile.

Ce qui nous a frappés encore, c'est l'empressement avec lequel le François recherche le plaisir, tandis qu'il montre une apparence de lenteur et de nonchalance, lorsqu'il se livre à ses occupations journalières. A voir au contraire un Anglois aller dans les lieux d'amusement, on diroit qu'il y porte la plus grande indifférence, souvent même que c'est un supplice pour lui que de s'y rendre ; mais lorsqu'il s'agit de travailler, de vaquer à ses affaires, il déploie beaucoup d'activité et d'ardeur. Nous ne parlons pas ici d'après quelques faits particuliers, dont on ne doit jamais s'appuyer pour tirer des conclusions générales, mais d'après des observations faites sur l'ensemble du peuple, pendant notre séjour en France.

Le peuple est en général beaucoup plus grave et plus sérieux qu'avant la révolution, quoique cette gravité n'ait aucunement diminué le nombre des spectacles, ni celui des jongleurs, des escamoteurs, des musiciens ambulans, et des sauteurs de toute espèce, qui sont en si grand nombre qu'on prendroit les boulevards pour une grande foire perpétuelle, d'autant plus que les allées en sont couvertes d'une foule de petites boutiques en plein air où se vendent des gâteaux, des jouets, et toutes sortes de bagatelles.

Le bas peuple ne s'habille pas à Paris avec la même uniformité qu'à Londres. Le commissionnaire, ou le décroteur du coin des rues, porte tantôt un bonnet brodé, tantôt un chapeau à trois cornes, avec une ganse d'argent, surmonté d'une cocarde d'un pied de hauteur, ou bien un débris de chapeau rond, si vieux et si usé, que même un mendiant en Angleterre rougiroit de le porter. Le reste de l'habillement n'est pas moins fantasque. Chacun porte ce qu'il se trouve avoir, et ne s'embarrasse aucunement de sa toilette, ni de l'effet qu'elle produira, à moins qu'il n'ait sur sa personne quelque chose de brillant ou de précieux. En un mot, l'habillement est souvent pour eux un motif de vanité, mais il n'est jamais un sujet de honte. C'est tout le contraire à Londres, dans la basse classe. Un homme du peuple rougiroit de porter aucun de ces ornemens, de ces colifichets brillans, dont la vanité se pare en France.

Parmi les malheureux qui gagnent péniblement leur vie, les cochers de fiacre et les garçons boulangers font surtout peine à voir. A leur air chétif et misérable, on diroit qu'ils sont épuisés de fatigue, et qu'ils sont mal nourris. Chez nous, au contraire, ils sont en général vigoureux et bien portans.

Le nombre des chimistes, des apothicaires, des pharmaciens, des droguistes et des chirurgiens, est plus que triplé à Paris, depuis le commencement de la révolution. Le nombre des médecins est aussi beaucoup augmenté; c'est ce dont tout le monde convient, mais c'est ce que personne n'explique d'une manière satisfaisante.

Les anciens hôtels, remarquables par leur magnificence, ne sont plus occupés par une seule famille noble comme autrefois. On y loue des appartemens garnis, on en fait des boutiques, on cherche tous les moyens d'en tirer le plus d'argent possible.

Le bel hôtel du vieux maréchal de Richelieu est maintenant un hôtel garni, et le célèbre pavillon d'Hanovre est converti en boutiques. Il en est de même du grand et magnifique hôtel de Montmorency; et nous avons acheté du thé excellent dans un bâtiment qui, avant la révolution, étoit occupé par le premier baron chrétien, et par l'une des familles les plus anciennes de France.

Comme Paris est une ville où les arts sont portés à un haut degré de perfection ; où il y a un grand nombre de colléges, de cours et d'institutions ; où se trouvent réunis beaucoup de savans qui tiennent un rang distingué dans la société; comme c'est en même temps le point central où tous les plaisirs semblent s'être donné rendez-vous ; il résulte de cet amalgame que les Parisiens savent un peu de tout, mais qu'ils n'ont pas de caractère distinctif. Londres est une ville commerçante, Cambridge et Oxford sont célèbres pour la science, etc., etc. Le Parisien, si je puis m'exprimer de la sorte, n'a pas de vocation décidée. Il n'approfondit rien, mais il a tout effleuré ; aussi est-il charmant en société, et personne ne sait mieux que lui répandre de l'agrément et de la variété sur le commerce de la vie.

Les paysans de France diffèrent tellement des habitans de Paris, qu'on a peine à croire que ce soit le même peuple ; et ce qu'il y a de plus extraordinaire, c'est qu'à deux ou trois milles de la capitale, la différence est tout aussi sensible qu'à la distance de cinquante lieues. Partout les auberges sont détestables ; et même, dans le pays de Galles ou dans le nord de l'Ecosse, le voyageur trouve encore plus de ressources qu'aux portes mêmes de Paris. Il en étoit de même avant la révolution, et c'est la même chose aujourd'hui.

Autrefois le suicide étoit un crime très-rare en France ; maintenant il y est plus commun qu'en

Angleterre. On retira aux étrangers la permission de monter au haut de la colonne de la place Vendôme, parce que beaucoup de personnes y alloient dans l'intention de se jeter par-dessus la balustrade. On calcule que, l'un parmi l'autre, il se commet de six à sept suicides par semaine dans Paris seulement ; et il ne s'en commet pas moins en proportion dans les autres villes de France.

Les François sont fort adonnés au jeu ; et il y a quatre à cinq mois, la ferme des maisons de jeux fut adjugée pour huit millions par an. Quatre millions est la somme que les entrepreneurs espèrent gagner en sus, et la moitié sert à couvrir les dépenses.

Que le jeu soit une passion qui entraîne des conséquences funestes sous tous les rapports, c'est ce que personne ne discute ; mais les François ont trouvé une raison assez plausible pour justifier l'institution des maisons de jeux publiques. Ils disent, et peut-être leur raisonnement n'est-il pas dénué de justesse, que toutes les fois que le gouvernement a voulu mettre un frein à la passion du jeu, il s'est élevé des maisons de jeu particulières, beaucoup plus dangereuses que celles créées par le gouvernement ; de sorte qu'à tout prendre, le système actuel est encore le meilleur.

C'est d'après le même principe qu'on autorise en quelque sorte les déréglemens de ces malheureuses créatures que les magistrats de Londres, dans leur amour pour la vertu et la décence publique, ou plutôt, dit-on, pour faire plaisir à leurs chastes épouses veulent expulser de la capitale, ou même exterminer, sans se rappeler que la plus grande de toutes les vertus, c'est la charité.

On doit dire, à l'éloge des différentes classes de la société à Paris, que l'ivresse y est très-rare. Les gens les plus pauvres ont des lits passables et quelques vêtemens bien chauds pour l'hiver. Nous ne croyons pas que l'on connoisse à Paris cet excès de misère qui règne dans quelques parties de Londres.

La police des spectacles et de tous les lieux publics, est, comme avant la révolution, confiée aux gendarmes qui remplacent nos constables. Autrefois, tout homme arrêté par eux pour un motif quelconque, étoit conduit devant un commissaire. Aujourd'hui c'est devant le juge de paix ou le maire de l'arrondissement que l'on vous fait comparoître; mais nous avouons franchement que nous ne voyons pas les avantages de ce changement. Les anciens commissaires étoient des hommes qui entendoient parfaitement leur affaire, qui ne déployoient jamais une rigueur inutile, et qui étoient eux-mêmes soumis à une juridiction très-sévère. Il n'en est pas de même de ceux qui les remplacent aujourd'hui. L'un des plus grands vices du système actuel, c'est l'espèce d'insubordination qui règne parmi les autorités elles-mêmes. Si quelqu'un croit avoir à se plaindre de la décision d'un maire ou d'un juge de paix, il faut qu'il en appelle au sous-préfet; puis ensuite, si celui-ci ne lui fait pas rendre justice, au préfet; mais comme chaque préfet a au moins six cents maires ou juges de paix dans son département, ils évitent le plus souvent de s'entremettre dans ces sortes d'affaires, parce que le maire peut aussi appeler de sa décision auprès du ministre de l'intérieur.

Il n'y a point, comme chez nous, des sessions de trimestre (1), où chaque individu lésé dans ses droits puisse porter plainte. Mais l'appel est, comme dans les monarchies absolues, d'une autorité à une autre; ou, en d'autres mots, au gouvernement et non pas à la loi.

A tout considérer, l'ancien gouvernement, sauf ce qui concernoit la politique, étoit tout aussi favorable à la liberté que le gouvernement actuel, pour ces délits qui sont du ressort de la police, n'étant pas assez graves pour être jugés par les tribunaux.

L'une des assertions les plus étranges que se permette lady Morgan dans son ouvrage, c'est d'avancer qu'il n'y a point de mendians en France, tandis qu'on ne peut faire un pas dans Paris sans en rencontrer. Si lady Morgan vouloit se servir de ce moyen pour complimenter la nation Françoise, elle le pouvoit sans porter atteinte à la vérité. Au lieu de soutenir qu'il n'y a ni mendians ni vagabonds en France, pourquoi

---

(1) Ces sessions de trimestre (*quarter sessions*) sont des cours de justice qui se tiennent quatre fois l'année dans chaque province. Voyez l'excellent ouvrage de M. Cottu, sur l'*administration de la justice en Angleterre*, 1 vol. in-8°, chez H. Nicolle.   (*Note du Traducteur.*)

ne pas choisir pour thême de ses éloges l'empressement avec lequel le peuple françois les secourt et leur fait l'aumône? Le peuple en France est certainement plus charitable qu'en Angleterre. Peut-être est-ce en partie parce que les paroisses ne viennent pas au secours des pauvres, et aussi parce que les centimes, qui sont de si peu de valeur, fournissent au peuple le moyen de donner, sans donner beaucoup. Les mendians qui entrent dans les boutiques des bouchers, des boulangers, des épiciers, manquent rarement de recevoir quelques centimes. En un mot, les François montrent beaucoup d'humanité à l'égard des malheureux ; s'ils ne leur donnent rien, ils ne leur parlent du moins jamais durement, comme cela n'arrive que trop souvent en Angleterre. Ils les secourent lorsqu'ils le peuvent, mais ils les plaignent toujours, et leur témoignent de la pitié.

Nous devons avouer que, si les François ne manquent pas de vanité, ils sont du moins exempts d'un défaut beaucoup moins excusable, de ce que nous appelons *l'orgueil de la bourse*, défaut trop commun parmi nous. S'il faut qu'un homme soit orgueilleux, il vaut encore mieux qu'il le soit de sa personne et de ses talens, quand même il en auroit une trop haute idée, que de ses dignités et de ses richesses.

Si souvent nous devons combattre l'opinion de ceux qui trouvent admirable tout ce qui a rapport à la France, tandis qu'ils cherchent à rabaisser l'Angleterre et tout ce qui est Anglois, nous nous empressons aussi de faire connoître les bonnes qualités pour lesquelles les François méritent nos éloges.

Puisque nous en sommes sur ce sujet, nous conseillerons à ces Anglois qui ont pour eux une si grande admiration, d'imiter la manière dont ils parlent de leur patrie. Jamais un François ne jouera aucun pays aux dépens du sien, et c'est ce que les Anglois ne sont que trop portés à faire aujourd'hui; ils croyent flatter ainsi les François, et ils ne voyent pas qu'ils n'excitent que leur mépris.

En France, comme nous l'avons déjà dit, les mendians abondent partout où ils peuvent espérer de recevoir quelques aumônes, comme sur les grandes routes par exemple. C'étoit la même chose avant la révolution; le seul changement qu'elle ait opéré, c'est qu'on ne voit plus de prêtres mendians, comme autrefois.

Comme les pauvres n'emploient pas l'argent que leur offre la charité à acheter des liqueurs enivrantes, et qu'au contraire ils ont dans leur état autant d'ordre et d'économie que toute autre classe de la société, ils inspirent beaucoup plus de compassion qu'en Angleterre où ils dépensent au cabaret tout ce qu'ils reçoivent de la pitié publique.

Les joueurs de gobelets, les sauteurs et les musiciens des rues, ne sont que des mendians sous un autre nom; car c'est plus par charité qu'on leur donne que pour l'amusement qu'ils procurent. Le simple mendiant n'a de droit qu'à votre humanité; il n'en est pas de même de celui qui cherche à vous plaire : celui-ci a droit à quelque récompense pour avoir fait de son mieux pour vous amuser, aussi est-il presque toujours sûr de réussir dans l'appel qu'il fait à votre générosité; vous voyez qu'il n'est ni paresseux ni fainéant, qu'il fait son possible pour gagner sa vie, et c'est une raison pour s'intéresser particulièrement à son sort. Il est d'ailleurs de ces gens qui ne veulent jamais donner rien, à moins qu'ils ne reçoivent quelque chose en échange. Aussi, s'ils font quelques aumônes, ce ne sera jamais qu'à la classe dont nous venons de parler; et, dans leur égoïsme, ils donnent au musicien qui vient de les amuser ce qu'ils auroient refusé au malheureux père de famille qui n'eût eu pour les intéresser que le récit de ses malheurs (1).

Un des spectacles qui frappent le plus un étranger, c'est de voir sur les boulevards, et dans d'autres pro-

---

(1) Il y a des égoïstes qui ne sont pas moins méprisables que les avares. Ils craindroient de donner la moindre chose, mais ils n'épargnent aucune dépense lorsqu'il s'agit de leur intérêt personnel. Ils auront par exemple une quantité de vêtemens qui leur sont inutiles; ils ne sont plus de mode, ils ne les mettent plus; eh bien, ils les laisseront plutôt ronger par les vers dans une armoire que de les donner aux pauvres. Les personnes vraiment charitables ne montrent pas tant d'égoïsme; elles établissent toujours une sorte de comparaison entre elles et les autres.

Une jeune fille passoit un jour vers neuf heures du

menades publiques, un double rang de chaises de paille sur lesquelles des personnes d'une mise élégante viennent s'asseoir depuis six à sept heures du soir jusqu'à onze heures, tandis qu'une foule de beau monde se promène au milieu pour voir et pour être vu. L'été, toutes ces promenades sont très-fréquentées, et si nous considérons que, malgré cela, les théâtres et les cafés sont toujours pleins, nous nous convaincrons que, parmi les gens comme il faut, presque personne ne reste chez soi à Paris.

Depuis neuf heures du matin jusqu'à onze heures du soir il y a une foule de gens qui sont toujours en mouvement, et qui ne font que passer d'un lieu dans un autre. Ils ne rentrent chez eux que pour se coucher. Ils déjeûnent dans un café, dînent chez un restaurateur, entrent dans un cabinet de lecture, et s'étendent sur une chaise dans une promenade, ou sur une banquette au spectacle.

Quelques-unes de ces personnes dépensent beaucoup, d'autres font maigre chère; mais toutes savent s'arranger de manière à avoir une mise très-soignée.

---

matin devant la boutique d'un pâtissier à Paris; elle tira deux sous de sa poche, et regardoit d'un œil d'envie un petit gâteau; mais une pauvre femme, tenant un enfant dans ses bras, étant venue à passer, la jeune fille lui donna les deux sous, et continua son chemin en redoublant le pas. Elle étoit jolie; mais elle avoit ce qui vaut bien mieux que la beauté, un cœur bon et compatissant.

Avant la révolution il y avoit à Paris beaucoup de désœuvrés, mais il s'en falloit de beaucoup qu'ils fussent en aussi grand nombre qu'aujourd'hui. Ils avoient même très-souvent un air d'indigence, et se promenoient lentement, les mains derrière le dos, comme des gens qui n'avoient rien à faire. A présent, les plus oisifs marchent avec toute la vitesse et toute l'importance d'un homme accablé d'affaires. Aucun d'eux ne semble être dans la misère; et le vieil habit, tout usé, qui figuroit autrefois pendant une longue succession d'années, est aujourd'hui relégué chez le fripier. C'est, avec le luxe incroyable qui s'est introduit dans les cafés et dans les boutiques, l'un des changemens les plus frappans que la révolution ait effectués à Paris.

Aux Montagnes, qui pendant longtemps attirèrent tout Paris, ont succédé les Jeux Chevaleresques, qui ressemblent aux anciennes courses décrites par Homère. Les chars ont la forme antique, et les dames montrent encore plus d'empressement que les messieurs à diriger les chevaux dans la carrière. Les Parisiens sont passionnés pour tout ce qui est *antique*, *classique* ou *militaire*. C'est le goût à la mode; c'en est assez pour que ce soit celui de tout le monde.

Dans tous les exercices qui exigent de l'audace, ou qui sont dangereux, les femmes en France se piquent toujours de paroître au premier rang. Elles sont fières de déployer un mâle courage, ce qui n'est pas toujours très-convenable, ni même sans danger. Les hommes connoissent même si bien toute la force de ce penchant, que, tout en les voyant avec peine oublier ainsi les plus beaux attributs de leur sexe, la pudeur et la modestie, ils n'osent les empêcher de suivre leur goût, persuadés que ce seroit les offenser inutilement, puisque toute remontrance seroit sans effet.

Les édifices publics qui se sont élevés depuis la révolution, les institutions nouvelles qui ont été fondées, attestent l'ardeur et l'énergie avec laquelle les François entreprennent tout ce qui peut contribuer à l'embellissement ou à la gloire de leur patrie. C'est une justice que nous nous plaisons à leur rendre. La révolution leur a facilité les moyens d'embellir Paris, lorsque tous les anciens couvens, et les jardins qui en dépendoient, sont devenus propriétés nationales.

Avant cette grande convulsion politique, Paris renfermoit 46 églises et 20 succursales, 11 abbayes et 133 monastères ou couvens, 13 colléges, 15 séminaires publics et 26 hôpitaux. Il faut y ajouter les trois résidences royales, le Louvre, les Tuileries et le Luxembourg, ainsi que l'hôtel des Invalides, le Palais-Royal et le palais Bourbon. Depuis la révolution, presque tous les monastères et les couvens, ainsi que les églises qui en dépendoient, ont été vendus comme biens nationaux. Les uns ont été démolis, et l'on en a vendu les matériaux; d'autres ont été convertis en manufactures et en grands magasins; on a abattu le reste pour prolonger des rues, en percer de nouvelles, ou agrandir des places publiques.

Il n'est pas sans intérêt d'examiner quelles sont les nouvelles destinations des couvens innombrables et des autres établissemens religieux qui furent supprimés au commencement de la révolution. Deux, Sainte-Pélagie et Saint-Lazare, sont aujourd'hui des prisons saines et commodes; un autre, les Madelonnettes, est une maison de pénitence pour les femmes. Six marchés commodes, et presque tous vastes et d'une construction élégante, ont remplacé un nombre égal de couvens et d'églises.

On a dit que l'hospitalité, autrefois la vertu naturelle des François, ne s'exerçoit plus en France. Ce reproche n'est nullement fondé. Pour peu qu'un étranger soit muni de quelques lettres de recommandation, il est reçu partout avec bienveillance, et il voit le cercle de ses connoissances augmenter rapidement.

Ces gros meubles dorés, d'un poids énorme et d'une forme gothique, qui ornoient jadis les salons des Parisiens, en ont presque entièrement disparu. On ne voit plus partout que des Sphinx et des Caryatides. On est toujours passionné pour les ornemens grecs et romains; seulement on les a perfectionnés; on leur a donné plus de grâce et de légèreté. Mais il manque encore quelque chose au milieu de ces riches ameublemens; c'est l'ordre, c'est, si nous pouvons nous exprimer ainsi, la *netteté* admirable que les Anglois préfèrent à tout; ce qui est utile et commode n'est que trop souvent sacrifié à Paris à l'élégance et à la splendeur.

Les amusemens publics sont aussi variés que nombreux. Les bals et les mascarades tiennent toujours le premier rang. Aussi la danse est-elle portée aujourd'hui à un tel point de perfection, qu'il n'est pas rare de voir dans la société des personnes danser aussi bien que les maîtres de l'art.

On ne rencontre pas à chaque pas dans Paris comme à Londres des ivrognes qui se battent et se querellent, et troublent la tranquillité publique; les classes inférieures de la société ont réciproquement entre elles une politesse et des égards incroyables. Les malheureuses qui parcourent les rues le soir, ne sont en général ni importunes, ni insolentes. Il règne dans tous les rangs, quoique dans des proportions différentes, une sorte d'urbanité qui sert à entretenir l'harmonie et la concorde. Cette politesse mutuelle, et la vivacité, la fougue et la légèreté, voilà les traits distinctifs du caractère des Parisiens tant anciens que modernes.

En traçant cette légère esquisse de la société parisienne, nous ne devons pas oublier ce sexe qui en fait le plus grand charme. Ce furent les Parisiennes qui, à l'époque de la révolution, prouvèrent que la sensibilité a aussi son héroïsme, et que l'affection peut donner une énergie qui fait braver tous les périls.

Les Parisiennes ne craignirent pas de descendre dans de sombres cachots, de visiter les demeures ordinairement occupées par le crime, pour aller porter des paroles d'espoir et de consolation aux pauvres prisonniers. Elles ont montré qu'elles savoient com-

patir au malheur ; elles ont montré aussi qu'elles savoient supporter la douleur et la mort. La tendre
fille, l'épouse fidèle, conduite sur l'échafaud avec un
père ou un époux, sembloit oublier qu'elle alloit perdre la vie, pour ne songer qu'à ranimer le courage
abattu de celui pour lequel elle faisoit le sacrifice de
son existence.

Oui, dans ces momens de calamité et d'horreur, les
Parisiennes montrèrent une âme ferme et énergique.
Le philosophe qui observe le cœur humain a dû souvent remarquer avec étonnement le contraste frappant
du courage héroïque que des *femmes* déployèrent en
montant sur l'échafaud, avec l'abattement et même la
pusillanimité que de *braves* généraux (Houchard et
Custine, par exemple) montrèrent dans ce moment
terrible. Mais c'est qu'il y a une différence bien grande
et bien sensible entre la simple *bravoure* qu'un verre
d'eau-de-vie suffit souvent pour inspirer, et le véritable courage, le *fortitudo* des anciens. Le courage
seul dénote une âme fortement trempée, et a des
droits à notre admiration.

Ce qui fait le principal charme de la beauté chez les
Françoises, c'est l'expression de la physionomie. Indépendamment de l'aisance de ses manières, la Françoise a ordinairement un air d'enjouement et de vivacité qui plaît et qui captive. Elle paroît toujours prête
à se lier avec vous et vous fait un accueil gracieux ;

mais, parce qu'elle est très-communicative, n'allez pas en conclure qu'elle ne soit pas réellement vertueuse. L'affabilité et l'enjouement sont des preuves tout aussi certaines de la vertu d'une femme que la réserve et la pruderie.

CHAPITRE IV.

FINANCES.

État des finances depuis Charles VII, en 1422. — Premières rentes créées à l'Hôtel-de-ville par François Ier, en 1520.—Henri IV et Sully.—État des finances au commencement du règne de Louis XVI. — M. Necker. — M. de Calonne. — M. Necker est rappelé. — Assemblée des états-généraux. — Création des assignats. — Accumulation de la dette pendant les quatorze années du règne de Louis XVI. — État des finances au retour du Roi en 1814. — M. Corvetto. — Situation déplorable du trésor en 1817. — Emprunt Baring et compagnie. — Violation de l'article 18 de la charte. — Budget approximatif de 1818.—Budget réel beancoup plus considérable. — Réflexions générales.

Les finances ont toujours exercé une influence si directe sur la conduite du gouvernement françois, et sur les destinées du royaume, que parler de la France *telle qu'elle est*, sans parler de l'état de ses finances, ce seroit n'offrir qu'une esquisse très-imparfaite.

Le système des emprunts a été cause de l'augmentation continuelle et progressive de la dette publique, mais c'est surtout sous le règne de Louis XVI qui, quoique le meilleur des hommes, fut le plus infortuné des rois, que cette augmentation se fit sentir, et de la manière la plus inexplicable. Lui qui ne faisoit pas pour lui-même la plus légère dépense, vit l'état de ses finances devenir de jour en jour plus déplorable, et la dette s'accumuler avec une rapidité dont, même en France, il n'y a pas d'autre exemple. Il ne choisissoit pour ministres que ceux que la voix publique lui désignoit comme les plus capables de le seconder; et cependant jamais roi ne fut plus mal servi. On ne sauroit dire encore aujourd'hui lequel, de M. Necker, malgré tout son talent comme ministre des finances, malgré toute son intégrité et toute son économie, ou de M. de Calonne, avec sa vanité, son insouciance et sa folle prodigalité, contribua le plus à la ruine de ce vertueux monarque.

Le règne de Louis XVI, quelque court qu'il ait été, offre un phénomène dans l'histoire des finances, et ce phénomène se reproduit en partie aujourd'hui. Passons donc en revue le passé, pour être en état de porter un jugement exact sur le présent.

Sous le règne de Henri IV, et grâce à la sage administration de Sully, il y avoit un excédant de revenu; mais depuis lors, les folles dépenses de la cour en temps de paix, et les frais énormes des guerres qui se sont succédées, ont été cause de l'augmentation rapide et effrayante des dépenses; les revenus augmentoient aussi il est vrai, mais n'étoient pourtant pas suffisans pour les couvrir ; et le déficit toujours croissant, amena une crise qui décida la révolution, révolution déjà préparée par une foule d'autres circonstances, mais que l'état désespéré des finances accélera, en fixant le moment où elle devoit éclater.

Aujourd'hui les finances sont dans un état que l'on ne comprend pas généralement, et qui en effet n'est pas très-facile à comprendre. Voulant néanmoins en parler, il est nécessaire que nous commencions par ermonter à l'origine du système des emprunts, et nous le ferons avec toute la brièveté possible.

Ce qui nous facilitera beaucoup ces recherches, c'est l'ouvrage que M. Hennet a publié sur le crédit public, ouvrage aussi apprécié qu'il mérite de l'être. M. Hennet joint à de grands talens beaucoup de sincérité et de franchise. Il est à présent à la tête de la commission chargée de la rédaction du cadastre. Nous avons l'honneur de connoître particulièrement cet excellent homme, et c'est de lui-même que nous tenons le volume in-4° d'où nous allons extraire quelques documens précieux.

Avant le règne de Charles VII qui, le premier, eut une armée permanente, il n'y avoit pas de revenus réguliers en France. Les revenus d'un roi n'étoient autres que ceux d'un seigneur dans ses terres, si l'on y ajoute les produits des justices royales, la jouissance des bénéfices ecclésiastiques pendant leurs vacances, et quelques droits d'entrée et de sortie aux frontières de ses propriétés.

Il étoit cependant deux autres ressources auxquelles on avoit aussi recours pour augmenter les revenus ; l'une étoit de mettre en circulation des monnoies qui n'avoient intrinséquement que la moitié de leur valeur nominale, l'autre étoit de proscrire les juifs et de confisquer leurs biens, ou d'exiger d'eux des sommes énormes pour révoquer l'arrêt de leur proscription. Ces moyens vils et méprisables ne pouvoient être employés que rarement ; mais lorsque l'on commença à avoir des troupes réglées, il fallut bien avoir des revenus fixes et certains. Ce fut alors qu'on eut recours, pour la première fois, à l'impôt foncier, et qu'on mit des taxes sur le sel et sur les boissons ; c'est de cette époque que date à peu près l'histoire des finances françoises ; mais les noms mêmes de ceux qui en ont eu la direction nous sont inconnus aujourd'hui.

Les guerres d'Italie entreprises par Charles VIII, continuées par Louis XII et par François Ier., occasionnèrent tant de dépenses que toutes les taxes furent augmentées, et que le Roi demanda à la ville de Paris un emprunt de 200,000 livres, somme qui équivaudroit actuellement à 2,500,000 livres. Cet emprunt fut fait il y a près de trois cents ans, en 1522. Il égaloit alors le tiers des revenus de l'État. Ce furent les premières de ces rentes payables à l'Hôtel-de-ville, dont les intérêts montoient, avant la révolution, à plus de cent millions.

Ce premier emprunt réussit si bien que François Ier

en fit quatre autres du même genre ; ses successeurs l'imitèrent, et à la mort de François II, l'État se trouvoit devoir 4,000,000 de liv. La dette s'accrut encore considérablement sous les règnes de Charles IX et de Henri III ; et ce ne fut qu'en 1595, sous le règne de Henri IV, et grâces à la sage administration de Sully, que les finances commencèrent à prendre un aspect plus favorable.

Ce ministre créa une commission chargée de vérifier la dette publique. Beaucoup de dettes frauduleuses s'évanouirent à la simple inspection, et les intérêts furent réduits ; mais aussi ces intérêts furent payés dès-lors avec la plus grande exactitude.

Le capital fut réduit de 41,136,000 livres à 36,700,000 ; et l'intérêt de 3,428,000 livres à 2,039,000.

Sully économisa, pendant le règne de Henri IV, 41 millions, somme qu'on trouva renfermée dans les coffres de la Bastille, à la mort de ce bon roi. Il diminua aussi beaucoup les impôts, réprima les abus qui s'étoient glissés dans leur perception, et supprima plus de trois mille petits surintendans des finances, qui étoient autant de sangsues acharnées après le peuple.

Il fit en même tems des dépenses utiles, soit pour racheter des domaines nationaux, soit pour rembourser des rentes, pour encourager les manufactures, etc. ; et ces dépenses montèrent à 166,600,000 livres qui, joints aux 41 millions d'épargnes, forment une somme immense pour ce tems.

Tel fut le résultat de quatorze années d'une bonne administration.

Mais tous les trésors amassés par Sully, sous le règne de son excellent maître, furent dissipés en deux ans par Concini, sous la régence de Marie de Médicis.

On eut alors recours à tous les moyens d'exaction pour lever de l'argent. On créoit une foule de charges pour les vendre; on accordoit leur pardon, pour une certaine somme d'argent, à des criminels condamnés aux galères. Enfin, lorsque tous les expédiens furent épuisés, Louis XIII, à sa majorité, convoqua les États-Généraux, qui proposèrent la suppression d'un grand nombre d'abus; on n'en supprima aucun.

Dans ce tableau rapide, nous ne pouvons nous arrêter aux détails. Nous nous bornerons à faire remarquer l'augmentation alarmante de la dette publique depuis cette époque.

Lorsque Colbert entra au ministère, sous le règne de Louis XIV, elle étoit de 545,000,000 de livres. Pendant son administration, elle augmenta de 158 millions; et, après sa mort, ses successeurs firent tant d'emprunts successifs, qu'à la mort de Louis XIV, en 1715, elle montoit en capital à 2,118,000,000 de liv., et en intérêts, à 74,000,000 de livres.

Sous la régence du duc d'Orléans, pendant la minorité de Louis XV, la fameuse banque de Law fut instituée; elle ne dura que quatre ans, et cependant l'histoire de ce système remplit six volumes. Law étoit écossois; il avoit parcouru presque toute l'Europe. Joueur par habitude, il vint en France avec un ou deux millions qu'il avoit gagnés au jeu. Il étoit d'un physique agréable; ses manières étoient gracieuses et insinuantes, et l'on ne peut douter qu'il n'eût véritablement du génie, lorsqu'on pense que l'événement même n'a pu discréditer un système qui eût été excellent s'il eût été suivi tel qu'il avoit été conçu dans le principe.

Mais Law se vit entraîné par le torrent et forcé de céder à l'impulsion générale; l'engouement du public alla jusqu'à la frénésie; c'étoit à qui obtiendroit des actions de sa banque, et de 500 livres au primitif, elles s'élevèrent jusqu'à 10,000 livres.

Nous ne suivrons pas l'histoire du système dans ses nombreuses variations. Cent vingt édits, déclarations ou lettres-patentes, parurent dans le cours de quatre ans pour le soutenir. Toutes les rentes furent remboursées en billets de banque, et il y eut jusqu'à 2,696,000,000 de livres en circulation.

Cependant quelques personnes prudentes commencèrent à réaliser leur papier; la valeur des billets baissa; aussitôt nombre d'édits pour leur donner un cours forcé; ces édits ne firent qu'augmenter le mal; un grand nombre de familles furent ruinées: quelques réaliseurs firent en un moment des fortunes immenses; mais le résultat fut que Law prit secrètement la fuite pour se soustraire à la fureur du peuple, n'emportant avec lui que 2000 louis, de sorte qu'il perdit jusqu'à sa propre fortune.

On créa de nouvelles rentes pour remplacer ces billets de banque; et, en 1721, lorsque cette opération fut terminée, livres, billets, registres, tout fut livré aux flammes, pour qu'il ne restât du moins aucune crainte d'être exposé à de nouvelles recherches.

A la chute du système, les dettes de l'état se trouvèrent monter à 3,184,000,000 de liv. Les pensions furent réduites par un acte arbitraire, et le cardinal de Fleury, ce grand ami de la paix, devint premier ministre.

Pendant le long règne de Louis XV, les emprunts furent presque tous faits en rentes viagères; de sorte qu'au moyen de l'extinction d'une partie de la dette, par suite de décès et grâce à quelques réductions arbitraires qui furent faites en 1774, la dette publique, à la mort du roi, montoit à peu près à la même somme qu'à la fin de la banque de Law, en 1721.

A l'avénement de Louis XVI au trône, voici quel étoit l'état des finances.

BUDGET de 1775.

Rentes perpétuelles. . 47,443,000 l.	}	93,366,000 liv.
Rentes viagères. . . . 45,923,000		
Dépenses diverses.		285,846,000
Total. . .		379,212,000
Recettes en 1775.		377,287,000
Le déficit n'étoit donc que de. . .		1,925,000

Il est vrai qu'il y avoit des remboursemens à faire pour une somme considérable; mais néanmoins, depuis la mort de Henri IV, les finances n'avoient jamais été dans un état si florissant; en effet, quoique la dette fût aussi considérable qu'au commencement du règne de Louis XV, la proportion entre la dette et les revenus, les recettes et les dépenses, n'étoit pas alors si favorable.

Nous faisons cette remarque, parce qu'on croit généralement dans le monde que l'infortuné Louis XVI trouva les finances dans un état déplorable, tandis qu'il est facile de démontrer le contraire.

M. Turgot, fameux économiste, et l'un des premiers apôtres de la liberté parmi les ministres, fut mis à la tête des finances par le jeune monarque qui, ne voulant que le bonheur de son peuple, choisit l'homme qu'il crut le plus propre à l'assurer. Turgot fit peu de bien, et lors de l'établissement de la caisse d'escompte, il fit une grande faute, en l'obligeant de prêter 10,000,000 de livres au gouvernement, tandis qu'elle n'avoit que 15,000,000 de livres de capital.

En 1776 Turgot fut renvoyé, et il emporta dans sa retraite la réputation d'un théoriste vertueux, mais inutile. Son successeur, M. de Clugny, affranchit la caisse d'escompte des 10,000,000 de livres qu'elle devoit prêter au gouvernement; mais comme il ne resta que cinq mois au ministère, il fit peu de mal et peu de bien.

Nous arrivons maintenant à une époque bien remarquable, à celle où M. Necker devint ministre des finances, en 1776. On a déjà écrit tant de fois l'histoire de son ministère, que nous ne rapporterons que les circonstances qui ne sont pas généralement connues.

Les plus grands obstacles au rétablissement des finances étoient les priviléges de la noblesse et du clergé, et ceux des différentes provinces appelées *Pays d'Etat*. Plusieurs ministres des finances avoient cherché à les modifier, mais inutilement; et cette tentative seule avoit entraîné leur ruine.

M. Necker, instruit par leur exemple, se garda bien d'annoncer ouvertement le même projet, mais il brûloit de l'accomplir; et M. Hennet trouve que cette circonstance explique la conduite de ce ministre dans tout le cours de sa vie publique.

« Exécrant les crimes de la révolution, dit M. Hennet, le cœur encore oppressé des vingt-cinq ans de calamités et d'attentats où elle nous a plongés, quelle doit être mon opinion sur l'homme qui, par la double représentation du tiers-état, a si puissamment contribué à la chute de la plus belle des monarchies.

» Mon opinion peut être égarée; elle est d'ailleurs de bien peu de conséquence; j'oserai donc l'exprimer franchement.

» Je distingue dans M. Necker trois hommes; le particulier, le ministre des finances, le ministre d'Etat. Je crois le premier vertueux et sensible; le second, habile et intègre; le troisième, foible et maladroit. »

Après avoir loué son grand esprit d'ordre, sa constante exactitude, et le soin qu'il apportoit à réprimer les abus, M. Hennet parle des emprunts-loteries auxquels il eut recours. Plus loin, nous voyons M. Necker, toujours prédominé par l'idée d'amener les provinces à un régime uniforme, et n'osant pas cependant attaquer celles qui étoient privilégiées, imaginer de leur assimiler celles qui ne l'étoient point, afin de pouvoir un jour les taxer toutes également.

La même année, il supprima par un édit la servitude et la main-morte dans tout le royaume; et remarquons ici que ce n'est pas à la révolution, comme lady Morgan se plaît à le dire, qu'il faut faire honneur de l'affranchissement des paysans. L'esclavage fut entièrement aboli par le vertueux Louis XVI, qui ne laissoit jamais échapper aucune occasion d'améliorer le sort de son peuple.

Ayant toujours en vue son système favori, M. Necker publia ce fameux compte rendu, objet de tant d'attaques, de tant de controverses, « et qui, selon moi, dit M. Hennet, fut la cause éloignée, quoiqu'involontaire, de la révolution (1).

---

(1) Avec l'impartialité dont je crois avoir donné des preuves, dit M. Hennet, j'avouerai que, sagement pensé, noblement écrit, ce compte ne me paroît point satisfaisant. On n'y trouve ni l'histoire de son ministère, ni le détail des revenus et des dépenses, ni le budget de l'année. Il ne présente ni le montant de la dette constituée en ca-

» Une querelle avec M. de Maurepas le détermi[na]
à donner sa démission; toute la France en fut afflig[ée.]
Jeune alors, j'en fus, je l'avouerai, vivement affec[té ;]
j'avois suivi son ministère avec d'autant plus de so[in]
que déjà j'amassois des matériaux pour écrire [un]
jour l'histoire des finances. »

La totalité des emprunts faits par M. Necker, mo[nte]
à 365,800,000 livres, et l'intérêt à 30,860,000 livr[es,]
ce qui n'est pas tout-à-fait 9 pour cent, quoiqu'i[l y]
eût beaucoup de viager.

M. Joly de Fleury lui succéda, et commença [par]
augmenter les taxes et par emprunter 290 milli[ons]
en rentes viagères et temporaires.

M. d'Ormesson son successeur ne resta que qu[el-]
ques mois dans le ministère. Il emprunta par lot[erie]
48 millions, et prit 10 millions dans la caisse d'[es-]
compte. Dès que le bruit s'en fut répandu, on [se]
porta en foule à la caisse pour échanger ses bille[ts]

---

pital, ni celui de la dette exigible. Il y règne aussi un [peu]
trop de complaisance à parler de lui-même et de sa famil[le,]
une prétention fastueuse à la vertu, de perpétuels élo[ges]
indirects de ses opérations dans les éloges directs q[u'il]
prodigue au roi.

Rédigé avec plus de simplicité, de modestie, plus [de]
détails et de chiffres, ce compte eût été plus utile ; m[ais]
les financiers seuls l'auroient lu ; on n'en auroit point i[m-]
primé vingt mille exemplaires ; il n'auroit point figuré [sur]
les toilettes et dans les boudoirs des dames. »

et celle-ci fut autorisée par le gouvernement à payer en papier, tandis qu'il étoit défendu aux particuliers de poursuivre le paiement des billets.

Cette faute causa sa disgrâce, et il fut remplacé par M. de Calonne. Personne n'avoit plus de grâce ni d'amabilité, ne travailloit avec plus de facilité ; mais il manquoit d'ordre et aimoit le plaisir : le nombre des commis augmentoit de jour en jour, et cependant de jour en jour il se faisoit moins d'ouvrage.

« Accorder étoit son existence, dit M. Hennet, le refus lui étoit impossible. La reine lui demandoit un jour quelque chose : « Madame, lui répondit-il, si la chose est possible, elle est faite, si elle est impossible, elle se fera. »

Après avoir fait plusieurs emprunts, il convoqua les notables pour se faire bien venir de la nation. Mais, les notables assemblés, le ministre les traita comme ses premiers commis. Il n'étoit jamais prêt ; il les faisoit attendre ; et au lieu de leur donner des comptes, il leur faisoit de beaux discours dans lesquels il cherchoit à leur démontrer que tout étoit dans un état de prospérité ; mais bientôt le tableau se rembrunit, et il avoua qu'il y avoit un déficit de 8,000,000 de livres.

Ce discours, auquel on s'aperçut qu'il ne manquoit que la vérité, déplut aux notables ; d'ailleurs il leur falloit des faits et des états ; et « les sciences exactes » n'étoient pas celles où brilloit M. de Calonne ; il avoit en outre mécontenté la reine et indisposé le parlement ; il fut disgracié.

Indépendamment des emprunts versés directemen[t] au trésor royal, M. de Calonne avoit empruntſ 70,000,000 de liv. à la caisse d'escompte (1), et faſ divers emprunts sur des pays d'États. Tous c[es] emprunts réunis montoient à 425,000,000 de livres.

Les notables restèrent assemblés, proposèrent u[n] emprunt de 60,000,000 de livres qui fut adopté, [et] se séparèrent ensuite.

A la fin de 1787, on eut recours à deux nouveau[x] emprunts, ensemble de 187,000,000 de livres.

Enfin les embarras et les difficultés se multiplian[t] de jour en jour, le Roi, qui n'avoit d'autre désir q[ue] de faire le bien, rappela M. Necker, dont le nom et l[es] efforts rétablirent pour un moment le crédit. Il con[-] voqua les Etats-Généraux et leur présenta le budg[et] suivant :

Recettes 1789............	475,294,000
Dépenses................	531,533,000
Déficit.....	56,239,000
Il résultoit du même compte que le capital des rentes perpétuelles montoit à............	1,135,940,000
Les dettes exigibles à........	1,082,912,000
Et les anticipations à........	269,352,000
Total....	2,488,204,000

(1) Comment la caisse d'escompte, qui avoit été oblig[ée] de suspendre ses paiemens quelques années auparavan[t]

Ici finit l'histoire des finances avant la révolution. Pendant ces temps orageux, l'administration en fut si extraordinaire, et nous pourrions même dire si incompréhensible, que nous ne nous y arrêterons pas dans ce moment, et nous passerons à l'époque du retour des Bourbons en 1814, époque où l'ordre commença à se rétablir.

Nous avons cru devoir faire cette récapitulation rapide pour être en état de bien apprécier la situation actuelle des finances en France, en la comparant à ce qu'elle étoit à différentes époques.

Nous aurions encore quelques observations à faire sur la conduite de M. Necker au commencement de la révolution, et sur les assignats, ainsi que sur le papier-monnoie en général. L'histoire des assignats, sans avoir directement rapport aujourd'hui à celle des finances, est intimement liée à la vente des biens nationaux, et offre une question d'une grande importance pour les propriétaires actuels; mais, pour ne pas interrompre le sujet qui nous occupe, cette discussion fera le sujet d'un autre chapitre.

Lorsque les membres de l'assemblée constituante virent que le règne du papier-monnoie étoit fini, et qu'il faudroit bientôt reprendre les paiemens en nu-

---

pour avoir prêté dix millions, pouvoit-elle alors en prêter soixante-dix? C'est ce qui n'est pas expliqué, et ce qu'il n'est pas très-facile de comprendre.

méraire, ils saisirent cette occasion pour proposer aux créanciers de recevoir à l'avenir leurs rentes en argent, pourvu qu'ils consentissent à ce qu'elles fussent réduites au tiers. C'étoit une mesure artificieuse; aussi l'offre fut-elle acceptée avec joie. Le pauvre rentier qui, avec ses 1000 francs en assignats, avoit à peine de quoi acheter une paire de souliers, eut alors 333 fr. en bon argent. Il étoit dupe, tandis qu'il croyoit faire un marché excellent; car le peuple, qui n'osoit ni parler politique, ni se plaindre, ne se doutoit pas qu'on dût reprendre les paiemens en numéraire à une époque si rapprochée.

La conséquence de cet arrangement, pour ce qui concerne le montant des rentes, fut qu'à la restauration les intérêts en montoient à 60,300,000 francs, ce qui, si les fonds étoient au pair, donne un capital de 1,260,000,000 de francs; c'est à bien peu de chose près le même résultat qu'en 1715, à l'époque de la mort de Louis XIV; et même qu'en 1774, lorsque Louis XVI monta sur le trône.

Mais il a toujours fallu qu'en France quelque événement vînt troubler l'ordre et l'harmonie, lorsqu'on pouvoit commencer à espérer de voir enfin s'améliorer l'état des finances.

La dette de France au pair, en 1814, ne montoit, comme nous le voyons, qu'à environ cinquante-deux millions sterling; mais comme le cours des rentes étoit au-dessous de 60, elle ne montoit dans le fait qu'à trente millions, tandis que celle de l'Angleterre s'élevoit à six cents, et par conséquent étoit vingt fois plus forte.

Six millions de rentes furent créées au second retour, en 1815; mais la grande augmentation de la dette publique ne commença qu'en février 1817, lorsque le gouvernement françois fit trois emprunts à M. Baring et compagnie, banquiers de Londres; l'un, en février, de 101,000,000 de francs, à 52 1/2, ou 9 3/4 p. o/o ; un autre en mars, de même somme, à 56 1/2, et un troisième en juillet, à 62 1/2. Le taux moyen étoit donc 56 1/2, et les intérêts s'élevoient à 26,000,000 de francs par an. Voici l'intérêt annuel que l'Etat avoit à payer à la fin de 1817 :

Rentes antérieures à 1814 . . . . 60,300,000 f.
Nouvelle création en 1815. 6,000,000
Emprunts Baring et compagnie. . . . 26,000,000
Total. . . 92,300,000

Cependant le comte Corvetto, dans le budget qu'il présenta au commencement de 1818, porte les intérêts de toute espèce à 192,000,000 de francs ; en sorte qu'une somme de 100,000,000 de francs est affectée au paiement des intérêts d'autres emprunts.

Les sommes empruntées suffirent, à bien peu de chose près, pour payer les alliés, et le trésor se trouva à peu près dans le même état que s'il n'eût rien payé aux étrangers, ou qu'il n'eût pas fait d'emprunts ; et il en seroit encore de même cette année, si les rentes créées ne portoient pas intérêt, intérêt qu'il faut acquitter.

En un mot, les dépenses en 1819 surpasseront les recettes de 40,000,000 de francs de plus qu'en 1817, puisque celles-ci seront toujours les mêmes, tandis que les dépenses seront augmentées par la création de rentes faite au mois de mai dernier (1).

Voyons maintenant comment M. Corvetto, dans son budget pour 1818, décrit l'état du trésor en 1816 :

« Votre Majesté sait tout ce qu'il falloit d'efforts et de persévérance pour soutenir le service, toujours prêt à manquer; pour entretenir la confiance publique; pour ne pas détruire ce germe de crédit auquel s'attachent toutes nos espérances. Lorsque, après avoir épuisé toutes les combinaisons, ou pour mieux dire tous les expédiens, pour obtenir des ressources, nous étions parvenus à assurer les paiemens de la journée, nos vœux étoient remplis. Le lendemain nous apportoit les mêmes anxiétés, nous imposoit les mêmes devoirs, etc. »

Le rapport finit ainsi :

« Mais je le dis avec douleur à Votre Majesté, pour mettre cette équation entre les ressources et les besoins, il a fallu atteindre toutes les limites de

---

(1) Nous ne connoissons encore ni les dépenses ni les emprunts qui furent faits en 1818, à l'occasion des armées alliées, il nous a donc fallu établir la comparaison entre 1817 et 1819.

l'impôt ; et si l'espoir consolant que Votre Majesté a donné à ses peuples, ne devoit pas se réaliser ; s'ils étoient condamnés à n'obtenir que du temps les adoucissemens que trois années de souffrances et de calamités leur ont rendus si nécessaires, la propriété, l'industrie, le commerce, accablés sous le poids des charges publiques, ne pourroient bientôt plus en soutenir l'excès. La sagesse de Votre Majesté défendra d'un si triste avenir *cette noble France*, que le malheur n'a point abattue, qui est restée fidèle à sa gloire et supérieure à sa fortune. Espérons donc que le terme des maux qu'elle a supportés avec tant de constance sera rapproché. Le ciel doit cette récompense aux vertus de Votre Majesté, et au dévouement de ses sujets ! »

(*Signé.*)   Le Ministre d'Etat des Finances,
                    Le Comte de Corvetto.

Telle fut la déclaration du ministre des finances, et c'est plutôt le langage d'un homme au désespoir, que celui du ministre d'une grande nation.

Nous n'avons qu'une chose à ajouter, c'est qu'en 1816, en 1817 et en 1818, la France n'avoit pas d'armée réglée, tandis qu'aujourd'hui cette armée est formée, et que, pendant cinq années, elle sera augmentée de quarante mille hommes tous les ans. Aussi l'état des finance sera-t-il probablement tout aussi déplorable alors, qu'il l'étoit à l'époque où le ministre poussoit en quelque sorte le cri de détresse.

Pendant ce temps, les fonds montèrent de près de 16 pour cent, et lorsque les fonds montent, chacun se laisse aveugler par l'appât du gain, et n'entrevoit pas le résultat définitif de cette hausse factice.

De là cette foule de spéculateurs qui, ne rêvant plus que richesses, se mirent à jouer dans les fonds publics. Recevoir 9 1/2 pour cent d'intérêt, gagner 16 pour cent sur le capital, en tout 25 1/2 pour cent, espérer une augmentation encore plus forte, quelle séduisante perspective ! quel gage brillant de la prospérité de l'Etat !

C'étoit pour la France une ère nouvelle. Jamais, même dans les plus beaux jours de sa gloire, elle n'avoit levé 300,000,000 de francs en si peu de temps. En un mot la confiance augmentoit de jour en jour, et le ministre des finances se crut, pour la première fois, « sur un lit de roses. »

Avec l'année 1818, commença la troisième année de l'occupation des places fortes de la France par les troupes alliées, et il fut alors question de leur départ ; mais cependant, avant qu'il s'effectuât, toute espèce de compte devoit être réglé définitivement entre les alliés et la France.

On avoit entamé depuis long-temps des négociations pour le paiement des dettes contractées par la France à l'égard d'individus des autres nations. Ces dettes montoient à 1,700,000,000 de fr. Mais, après un mûr examen, elles furent réduites à 1,300,000,000 de francs. La France, sans entrer dans aucune contestation et sans chercher à les méconnoître, fit valoir, pour obtenir une diminution, l'impossibilité où elle étoit de payer une somme aussi considérable. L'événement a justifié en effet sa déclaration; car quoique la dette ait été réduite à 14,000,000 de francs de rentes, c'est-à-dire presque au sixième de la somme réclamée dans le principe, cette seule affaire a jeté la France dans de grands embarras, et si ce n'est pas la cause principale de la baisse des fonds, elle a du moins contribué à l'accélérer.

Comme l'évacuation du territoire françois devoit suivre la liquidation des dettes, il falloit encore régler la somme que réclamoient les souverains; elle fut fixée à 24,000,000 de francs de rentes, formant avec les 14,000,000 de francs dont nous avons parlé plus haut, 58,000,000 de francs de rentes.

Les capitalistes françois auroient voulu qu'on s'adressât à eux pour la totalité de cet emprunt; mais le ministre des finances, M. Corvetto, ne voulut accepter leurs offres que pour les 14,000,000 de francs dont la France se trouvoit redevable envers des particuliers.

Telle étoit la fureur de spéculer sur les fonds qu'il y eut en un moment des soumissions pour onze fois la somme dont on avoit besoin; et l'on crut un instant que la France étoit le plus riche pays de l'univers.

Le ministre rejeta une partie des soumissions, et réduisit les autres au dixième. La trésorerie étoit une espèce de champ de bataille où les soumissionnaires s'escrimoient entre eux à qui remporteroit la victoire, tant cette opération leur sembloit avantageuse. Le taux étoit 68 pour cent.

Les fonds continuèrent à monter; et néanmoins le ministre, pour l'emprunt des 24,000,000 de francs, s'adressa à MM. Baring et compagnie. La hausse se soutint jusqu'au mois de septembre; et tous les capitalistes de France se répandirent en invectives contre le ministre qui favorisoit des étrangers, et acceptoit leurs soumissions, en rejetant celles des banquiers françois. Cependant, malgré toutes ces clameurs, Baring et ses associés conservèrent l'emprunt, et les fonds continuèrent à monter rapidement; à la fin d'août ils furent un moment à 80.

Si les soumissionnaires aux emprunts de 1817 eussent pu vendre alors, ils auroient fait un bénéfice de 24 pour cent, ce qui, joint aux 9 pour cent d'intérêt, leur eût rapporté en tout 33 pour cent.

Ce fut alors que les affaires commencèrent à changer de face. Ceux qui avoient fait des soumissions pour des sommes dix fois plus fortes que celles qu'on demandoit, ne purent pas même payer la moitié de celles qui avoient été acceptées. La banque de France prit 125,000,000 de francs en nantissement, et fit les paiemens pour les soumissionnaires.

Il devint évident pour tous ceux qui entendoient quelque chose aux affaires, que la baisse seroit rapide et considérable. Quelques-uns prirent l'alarme et vendirent; d'autres suivirent leur exemple, et bientôt chacun vouloit vendre, mais les acheteurs ne se présentoient pas en foule. Les fonds baissèrent alors et ils restèrent à 75 pendant environ dix jours, mais ensuite la baisse continua. Bientôt ils furent à 71, et quelques jours après à 68.

Cette baisse ne fut occasionnée par aucun événement politique; au contraire les alliés avoient retiré leurs troupes, et les affaires commençoient à prendre un aspect plus stable. C'étoit une simple spéculation qui eut des suites bien funestes.

Les 14,000,000 de francs que la banque avoit payés à l'acquit des souscripteurs françois, devoient être remboursés en novembre; autrement les obligations données en nantissement seroient vendues. Sans réfléchir à l'effet qu'une pareille annonce pouvoit produire sur l'esprit public, la banque le rappela aux soumissionnaires dans les journaux, de la même manière qu'on dit à un homme qui a quitté clandestinement son logis, sans payer son loyer, que s'il n'emporte pas ses meubles avant tel jour, ils seront vendus pour payer les frais. Cette démarche peu sage et très-inutile redoubla les alarmes, et les expédiens auxquels on eut recours pour soutenir le prix des effets publics ruinèrent ceux qui les employèrent, sans être d'aucune efficacité.

Les fonds baissèrent au point qu'ils étoient à 63 au commencement de décembre, et qu'ils furent même un moment à 60; mais la vérité est qu'il ne se faisoit presque aucune affaire. La crainte qui faisoit désirer aux uns de vendre, empêchoit les autres d'acheter.

Il étoit évident que les soumissionnaires, et ceux qui étoient à la tête de l'administration des finances, ignoroient complétement le véritable état des choses, et c'est ce qui fut démontré par le protocole du 19 novembre, publié par les souverains alliés, à Aix-la-Chapelle, lorsqu'ils reculèrent de neuf mois les époques de paiement.

Telle étoit l'ignorance des soumissionnaires, qu'ils eurent la sottise de s'engager à escompter les 100,000,000 de francs de rentes que les souverains avoient acceptés en paiement, au moment même où la destruction de tout le système sembloit inévitable, et lorsqu'ils n'avoient pas les moyens de faire ce qu'ils promettoient.

Cette folle mesure nécessita un autre arrangement à Paris. Les ambassadeurs des puissances alliées consentirent à annuler l'engagement pris par les soumissionnaires, et le gouvernement françois se chargea de payer les 100,000,000 de francs en neuf mois, à partir de l'époque où M. Baring auroit terminé ses paiemens, de sorte qu'on donnoit en tout vingt-sept mois pour l'acquittement de toutes les dettes.

Ces arrangemens eurent lieu, malgré la promesse du Roi de ne plus faire d'emprunts, et après que le ministre des finances eut déclaré « qu'on avoit atteint toutes les limites de l'impôt ».

Telles sont les circonstances relatives à l'emprunt

de 1818, qui sont généralement connues, et elles offrent un ample sujet de réflexions.

L'article 18 de la charte constitutionnelle est conçu en ces termes : « Toute loi proposée par le Roi, doit être discutée et votée librement par la majorité des deux chambres. »

Or, la loi relative à ces emprunts ne fut ni discutée ni votée librement. Elle fut votée dans un morne silence, et fut évidemment imposée par la nécessité. Elle est donc inconstitutionnelle; et le ministre des finances, le comte Corvetto, sur les observations d'un Anglois, convint lui-même qu'elle n'étoit pas régulière; mais il donna à entendre en même temps qu'il ne chercheroit pas à y faire le moindre changement.

Les recettes sont estimées pour cette année à 703 millions, et les dépenses de la manière suivante.

ARMÉE, MARINE, COLONIES ET DÉPENSES GÉNÉRALES.

Payé par les ministres dans leurs différens départemens.	292,913,000 f.
Intérêt de la dette, telle qu'elle étoit l'année dernière.	192,000,000
Pensions de toutes espèces.	65,900,000
Famille royale.	34,000,000
Départemens.	31,976,000
Dépenses diverses	23,600,000
Clergé.	22,000,000
Négociations.	18,000,000
	680,389,000

Ci-contre.	680,389,000
Rentes créées en 1818 pour payer les étrangers qui avoient des créances sur la France.	14,000,000
Rentes créées pour payer les alliés lors du départ des troupes.	22,000,000
Total.	716,389,000
Revenu.	703,000,000
Déficit en 1819	13,389,000

Dans ce budget n'est pas comprise l'augmentation des dépenses de l'armée.

Nous avons vu, par les détails précédens, que le *véritable* état des finances n'a jamais été mis en France sous les yeux du public; ou, ce qui revient au même, que des événemens cachés ou connus ont toujours rendue illusoire l'évaluation qui avoit été faite primitivement des charges de l'état.

Ce fut surtout pendant les quatorze années du règne de Louis XVI, avant 1788, que les finances furent dans le plus grand désordre. Les revenus augmentoient rapidement, et cependant les dettes s'accumulèrent au point qu'il fut impossible de les acquitter plus longtemps. Ce n'est en effet que lorsque les créanciers en ont réclamé le paiement qu'on a pu en dresser un état exact, car on ne les connoissoit jamais d'une manière certaine à l'époque où elles étoient contractées.

La position critique où se trouve la France peut aujourd'hui produire quelque bien, en augmentant l'importance de la chambre des députés, s'ils ont assez de prudence et de patriotisme pour mettre l'occasion à profit. Il faudroit 800 millions de revenus fixes et permanens pour couvrir les dépenses, lorsque l'armée sera entièrement recrutée et qu'on aura réglé définitivement l'affaire des 500 millions d'obligations, qui doivent être remboursés, ou en numéraire, ou en rentes constituées.

Les 500 millions en rentes constituées feroient, au cours actuel, 750 millions, ce qui exigeroit une nouvelle création de 250 millions de rentes, ou une dépense annuelle de 12 millions et demi; et c'est où il faudra bien en venir avant la fin de 1825.

Voici un aperçu des dépenses.

Dépenses actuelles:	716,389,000
Augmentation par remboursement au cours actuel.	12,500,000
Augmentation des dépenses de l'armée.	60,000,000
Total.	788,889,000

Comme les recettes ordinaires ne montoient, en 1816, qu'à 472 millions, si l'on supprimoit les recettes extraordinaires s'élevant à la même époque à 270 millions, il deviendroit absolument impossible de combler le déficit. Il faut donc conserver tous les impôts, et cependant nous avons vu ce que M. Corvetto dit à ce sujet.

Que conclure de cet exposé? Que la France se

trouve dans une position très-critique sous le rapport des finances; et comme elle est dans l'habitude, dans ces momens de crise, de laisser arriérer les paiemens, il est à craindre que les mêmes causes ne produisent les funestes effets dont nous avons déjà été les témoins.

Depuis que ce passage est écrit, nous avons vu le budget de 1819, et il justifie notre prédiction en montant à plus de 889 millions.

Les recettes ainsi que les dépenses semblent être augmentées d'une manière étonnante. D'après le dernier budget, il ne paroît pas y avoir de déficit, ce qui est inexplicable. Nous avons vu le tableau déplorable que le ministre des finances traçoit l'année dernière (1818), lorsqu'il disoit qu'on avoit atteint toutes les limites de l'impôt; mais le budget de cette année prouve le contraire, et l'on ne sait plus que croire.

Les ministres paroissent être déjà dans un labyrinthe d'où ils ne savent comment sortir, et l'expérience nous a montré où conduisoient les labyrinthes en finance.

Nous craignons bien que les épaisses ténèbres qui ont toujours caché au public l'état des finances françoises, ne soient pas encore entièrement dissipées.

CHAPITRE V.

GOUVERNEMENT.

Du gouvernement représentatif. — Distinction absurde entre des délégués et des représentans. — De l'assemblée constituante. — De la chambre des pairs et de celle des députés. — Nature et importance du gouvernement représentatif. — Du parlement d'Angleterre. — Son inutilité avant la mort d'Elisabeth. — Ses querelles avec les Stuarts. — Soutien qu'il accorde à la couronne de depuis la révolution d'Angleterre. — Parallèle entre Edouard Ier et Buonaparte relativement aux invasions d'Ecosse et d'Espagne. — Débats ennuyeux, incomplets et illusoires des deux chambres françoises. — Grand pouvoir d'un gouvernement représentatif, en matière d'impositions. — Partis existans dans les deux chambres. — Nécessité et difficulté de changer la charte.

DIFFÉRENTES causes, au commencement de la révolution françoise, contribuèrent à faire désirer à cette nation un gouvernement représentatif établi d'une manière permanente (1).

---

(1) Les écrivains du continent sont devenus tout à coup de tels adeptes en gouvernement, qu'ils établissent une

1°. Les États généraux étoient une assemblée destinée à être une représentation périodique du peuple ; mais ils n'avoient pas eu lieu depuis très-long-temps, attendu qu'une fois dissous, ils n'avoient aucun moyen pour forcer à les convoquer. A moins que le

---

distinction entre des délégués et des représentans. On en trouve qui soutiennent que les membres de notre chambre des communes sont des délégués, et non des représentans. Suivant la distinction qu'ils établissent, des représentans doivent recevoir des instructions de ceux qu'ils représentent, et s'y conformer ; au lieu que des délégués doivent agir comme ils le jugent le plus convenable. Or, avec toute la déférence possible pour ces grands raisonneurs, nous pensons que les pouvoirs d'un représentant ne doivent pas être si limités. Un ambassadeur représente son souverain ; cependant, en certains cas, il agit d'après des instructions particulières ; et en d'autres, quand il n'a pas le temps d'en recevoir, ou qu'il ne voit pas la nécessité d'en demander, il agit sans instructions spéciales. Ainsi, d'après cette nouvelle distinction, il seroit tantôt représentant et tantôt délégué. Si cette distinction est juste, les mots représentant et gouvernement représentatif ont été mal appliqués par tous les écrivains politiques et par tous les orateurs de l'Europe, car presque tous parlent de gouvernemens représentatifs, et non de gouvernemens délégatifs, quand ils veulent désigner ceux où les représentans ont des pouvoirs semblables à ceux de la Grande-Bretagne et de l'Amérique, qui ne reçoivent pas d'instructions spéciales, mais qui agissent comme bon leur semble, au gré de leur jugement.

concours d'un corps représentatif ne soit nécessaire pour établir ou continuer les impositions, sa convocation doit dépendre de la volonté du souverain. En conséquence, quand les Etats-Généraux s'assemblèrent, en 1789, ils résolurent de profiter du moment où ils avoient le pouvoir entre les mains pour se rendre nécessaires à l'avenir, dessein dans lequel ils réussirent complètement.

2°. La Grande-Bretagne étant devenue riche et puissante sous un gouvernement représentatif, il étoit naturel de vouloir imiter une nation voisine, et d'espérer le même succès.

3°. Les Américains avoient aussi réussi à établir, dans les Etats-Unis, un gouvernement représentatif, et les militaires françois qui les y avoient aidés revinrent dans leur patrie, en chantant les louanges de cette nouvelle nation, et bien résolus à faire tous leurs efforts pour déterminer leur pays à suivre cet exemple.

4°. Les ministres de trois rois successifs, Louis XIV, Louis XV et Louis XVI, avoient dépensé l'argent du trésor public d'une manière si extravagante et si irrégulière qu'on regarda comme impraticable d'aller plus loin sans le consentement de la nation assemblée en États généraux; et l'on considéra comme le comble de la folie de laisser plus long-temps sans contrôle le département des finances (1). Le Roi lui-

_____

(1) Lorsque Louis XVI, le meilleur et le plus infortuné

même demandoit à être protégé contre la répétition des folies qui, dans l'espace de quatorze ans, avoient fait tomber la nation d'un état d'opulence dans un état d'insolvabilité.

5°. Le sens commun démontre que lorsqu'il ne se trouve pas dans les chefs d'une nation assez de prudence et de vertu pour conduire les affaires de manière à empêcher son déshonneur et sa ruine, il faut prendre des mesures pour les obliger à suivre une autre marche, et un gouvernement représentatif sembloit le meilleur moyen pour y parvenir.

C'est d'après ces causes qu'un gouvernement représentatif, non-seulement s'est établi en France, mais s'y est rendu partie intégrante de la monarchie, et consacré comme tel par la charte.

Il est inutile de récapituler ou de retracer les moyens par lesquels ce changement s'effectua. Nous

---

des rois, monta sur le trône, les revenus de l'état étoient considérables. Les contributions existantes excédoient de 25 millions les dépenses nécessaires, comme on l'a démontré. Cependant, depuis 1774 jusqu'en 1788, dans l'espace de quatorze ans seulement, les affaires avoient été si mal administrées qu'on ne pouvoit plus couvrir par des emprunts le déficit du revenu, de sorte qu'il étoit absolument nécessaire d'établir un contrôle sur les opérations futures. Les revenus de ce beau pays étoient devenus la proie de courtisans dissipateurs qui trompoient le meilleur des rois, et qui opprimoient une nation généreuse.

en avons été témoins ; les événemens sont récens, et il en existe vingt relations différentes.

Il y a cependant quelques raisons pour croire qu'avec les meilleures intentions on peut commettre des erreurs qui empêchent les heureux effets qu'on a le désir et la persuasion de produire, et il est de quelque importance d'en parler.

Quand les Etats généraux s'assemblèrent, ils étoient composés de douze cents membres qui se réunirent en une seule chambre, et personne n'ignore les malheurs dans lesquels ils plongèrent leur patrie. L'expérience a fait adopter un autre arrangement. Il y a maintenant deux chambres qui, dans certains points, ressemblent aux chambres des lords et des communes d'Angleterre, et qui, dans d'autres, en diffèrent considérablement (1).

La chambre des pairs se compose de membres qui sont payés par l'état, de sorte que la chambre qui devroit être la plus indépendante, est celle qui l'est le moins.

___

(1) Quand il n'y auroit d'autre avantage à avoir deux chambres, que celui de forcer les députés à agir avec réflexion, cela devroit suffire pour les faire préférer à une seule ; mais il en résulte beaucoup d'autres. On peut même dire qu'une seule chambre, une seule assemblée, ne produira pas ce qu'on en attend. Sa forme populaire et la publicité de ses discussions tendent également à captiver l'opinion publique. Si donc elle doit être soumise au *veto* du roi, cette circonstance doit finir par rendre le roi

Ensuite, la chambre des députés n'est composée que de deux cent cinquante-six membres, ce qui, pour la représentation de vingt-neuf millions d'âmes, ne donne qu'un membre pour cent treize mille. En Angleterre, nous avons six cent cinquante députés pour représenter une population d'environ quinze millions d'âmes, ce qui donne la proportion d'un pour vingt-trois mille. La différence est grande et essentielle, et quoiqu'elle ne suffise pas pour empêcher une assemblée de tenir en bride l'autorité de la couronne, elle établit une telle ligne de démarcation entre les deux chambres de France et d'Angleterre, qu'il est impossible de juger, par les effets que produit l'une, ceux que l'autre doit produire.

Pour arriver à quelques moyens d'examiner à fond ce sujet, il sera à propos de jeter un coup d'œil sur le parlement d'Angleterre, considéré comme destiné à tenir en bride l'autorité de la couronne depuis l'époque la plus ancienne jusqu'au moment actuel;

---

odieux à la nation. C'est ce qui arriva sous l'assemblée nationale, et c'est ce qui arriveroit encore naturellement, si la même division de pouvoirs subsistoit. Le règlement qui rend secrètes les délibérations de la chambre des pairs tandis que celles de la chambre des députés sont publiques, est une sorte d'absurdité dont il seroit fort difficile de rendre raison. Il sembleroit qu'on a voulu par là donner aux pairs aux yeux du peuple le moins d'importance possible, et en attacher davantage aux députés.

car, s'il ne la tint pas toujours en bride, telle n'en étoit pas moins sa destination.

L'histoire du parlement d'Angleterre peut se diviser en quatre périodes.

1°. Depuis l'origine de la chambre des communes sous Henri III, en 1216, jusqu'à la mort d'Elisabeth, en 1603. Elle fut pendant cet espace de temps sans importance, et ne servit qu'à amuser le peuple par une ombre de représentation, en donnant une forme plus régulière à des actes qui n'étoient autre chose en réalité que l'effet de la volonté royale.

2°. Depuis l'avènement de Jacques Ier au trône, jusqu'à la révolution, période pendant laquelle le parlement fut constamment en guerre avec la prérogative royale.

3°. Depuis la révolution jusqu'en 1714, époque où la maison d'Hanovre monta sur le trône. Pendant tout ce temps, le parlement et les monarques agirent de concert; les souverains se conduisirent avec modération et les parlemens furent raisonnables, de sorte qu'à l'aide d'un peu de corruption tout se passa assez tranquillement.

4°. Depuis 1714 jusqu'en 1785, sous l'administration de M. Pitt; c'est pendant cet intervalle qu'on réduisit en système et en affaire de certitude l'art d'assurer au gouvernement une majorité dans le parlement, soit par des moyens d'influence, soit en achetant son appui.

Le gouvernement représentatif est celui que doi

désirer de préférence un monarque qui sait diriger une assemblée, et c'est celui qui convient le moins à un roi qui ne possède pas cette science. L'histoire d'Angleterre en offre des preuves irrécusables.

Soit par ignorance de leur pouvoir, soit par pauvreté, soit par manque de moyens, les membres du parlement pensèrent long-temps qu'ils occupoient un poste fort à charge; mais ils apprirent enfin les moyens de tirer avantage de ce qu'ils regardoient d'abord comme un fardeau; et presque le seul moyen aujourd'hui d'acquérir de l'importance politique, est de devenir membre du parlement.

Abstraction faite des affaires politiques de France, le sujet de la représentation nationale est d'une haute importance. Il l'est d'autant plus qu'on paroît en porter trop haut les avantages.

Dans un moment où le désir universel et ardent de tous les peuples de l'Europe paroît être d'avoir ce qu'on appelle un gouvernement représentatif, les rois et les sujets doivent désirer également de connoître les avantages et les inconvéniens qui résultent de cette forme d'administration.

L'histoire du parlement d'Angleterre est le meilleur fil qui puisse guider dans les recherches à faire à ce sujet. Elle prouve, de la manière la plus décisive, que toutes les théories qui tendent à placer une confiance sans bornes dans la sagesse et les vertus d'un corps représentatif, sont folles, visionnaires et sans aucun fondement réel.

Il doit être évident, même pour les plus ignorans, que si les représentans du peuple comprennent les véritables intérêts de ceux qu'ils représentent, ils empêcheront que de grands abus, de grandes usurpations sur les droits et les libertés du peuple, ne puissent avoir lieu; mais, d'une autre part, s'ils sont ignorans ou corrompus, s'ils se laissent guider par l'intérêt personnel ou par l'esprit de parti, ils peuvent causer des maux infinis; car ils sanctionnent des mesures qu'on ne pourroit souffrir ni tolérer un seul instant, si elles émanoient du souverain seul.

Il s'ensuit qu'un gouvernement représentatif, en théorie, est le meilleur en apparence; mais qu'en pratique, en fait et en réalité, il peut être le meilleur ou le pire, bon ou mauvais, suivant les élémens dont il est composé et selon les circonstances (1).

Les parlemens d'Angleterre ont donné dans tous les extrêmes. En certaines occasions, ils ont été les

---

(1) L'assemblée nationale convoquée en France en 1789, l'assemblée législative qui la suivit en 1791, et la convention qui s'assembla en 1792, montrent toutes à quels excès peut se porter une assemblée représentative, quand elle s'oppose directement à l'autorité royale, et que l'enthousiasme ou la passion règle la conduite de ses membres.

Aucun des tyrans qui ont porté la couronne dans un pays civilisé, n'auroit pu commettre les excès dont la convention et ses meneurs se rendirent coupables en France. Un seul oppresseur auroit excité la méfiance, la crainte, la

instrumens les plus serviles du gouvernement ; en d'autres, ils se sont montrés les ennemis les plus acharnés de la prérogative royale.

L'histoire du parlement d'Angleterre, soit lorsqu'il ne représentoit que l'Angleterre proprement dite, soit depuis qu'il représente les trois royaumes unis, et qu'il a pris le nom de parlement britannique, montre comment il est possible de faire agir de tels corps représentatifs en opposition avec l'autorité royale, ou de concert avec elle et pour la soutenir, et c'est ce qui rend cette histoire aussi importante qu'intéressante.

Il n'est pas nécessaire de remonter à une époque bien reculée, à ces temps où les membres du parlement s'y rendoient en quelque sorte par compulsion et étoient indemnisés de leur temps et de leurs dépenses par leurs constituans. Ils n'avoient pas encore appris le secret de leur importance, et ne savoient

---

haine ; et la résistance, sinon une révolte ouverte, en auroit été le résultat ; mais le peuple s'identifia avec ses représentans, même quand ils devinrent tyrans et assassins, parce qu'il ne considère jamais les intérêts du souverain comme les siens.

Ivre d'infatuation, le peuple françois se soumit à tout ce qui se faisoit en son nom. Il soutint avec enthousiasme des mesures qui étonnoient et qui effrayoient ceux qui voyoient se passer sous leurs yeux des choses que leur atrocité rendra presque incroyables pour la postérité.

pas encore tourner à leur avantage particulier une résistance opiniâtre à leur souverain, ou une soumission absolue à sa volonté.

Quoique l'origine de la chambre des communes soit enveloppée de ténèbres assez épaisses, il est bien certain qu'elle existoit sous Henri III, dans le treizième siècle, et depuis ce temps, jusqu'en 1605, ses membres ne furent en général que des instrumens passifs entre les mains des souverains. Mais, depuis cette époque jusqu'en 1688, ils s'opposèrent à la puissance royale, firent décapiter un roi, et en détrônèrent un autre. Enfin, depuis ce temps, il a régné un concert parfait entre les souverains et les représentans ; et une des conséquences de cet accord est que les taxes, qui ne s'élevoient pas alors tout-à-fait à 2,000,000 sterling, montent aujourd'hui à plus de 50,000,000, sans parler d'une dette de 650,000,000 (15,600,000,000 de francs).

Comment cela s'est-il opéré, c'est ce que nous allons examiner, et nous commencerons d'abord par faire observer qu'on se trompe beaucoup si l'on croit qu'un ministre n'a qu'à prodiguer l'argent pour être maître d'un parlement.

Il en est de l'honneur d'un homme comme de la vertu d'une femme : une offre d'argent, faite à découvert et sans déguisement, ne peut jamais réussir. Elle met sur ses gardes quiconque a un sentiment d'honneur et de vertu ; elle donne l'alarme, et quand des hommes ont assez de réputation et d'influence pour se faire nommer les représentans de leurs concitoyens, il est impossible qu'il ne se trouve pas en eux quelque vertu, quelque sentiment d'orgueil et de respect humain, de sorte que le nombre de ceux qu'on peut attaquer directement de cette manière n'est jamais très-considérable.

En parlant du parlement, nous n'y comprenons pas la chambre des lords, quoique cette chambre soit une branche de la législature, et une branche très-essentielle, parce que les considérations importantes dans lesquelles nous voulons entrer, n'ont rapport qu'à la chambre des communes, c'est-à-dire aux hommes choisis pour représenter le peuple (1).

Donner le nom de parlement à la chambre des communes qui n'en constitue qu'une branche, c'est

---

(1) Le parlement étoit composé, dans l'origine, des pairs, et des grands et petits barons (*barones majores et minores*). Les uns y assistoient d'après des lettres de convocation, les autres en vertu d'un droit inhérent à leurs domaines.

S'il ne s'y étoit trouvé que ceux qui y venoient en vertu d'un droit personnel, ils auroient été indépendans du roi, et auroient pu lui causer beaucoup d'embarras, dans un temps où, par suite du système féodal, la plupart des grands barons se croyoient presque de niveau avec le souverain, pour le rang et la puissance, et où ils formoient par conséquent un corps plus qu'en état de lui résister. Mais les petits barons, qui y venoient d'après une convocation spéciale, étoient des hommes choisis par le roi, et, comme ils avoient dans l'assemblée les mêmes droits que les grands

sans doute parler peu correctement; mais la chose étant une fois bien expliquée et entendue, il n'en peut résulter aucune méprise, et les recherches deviennent plus faciles.

C'est à la chambre des communes qu'appartient l'initiative en matière de finances. Celle des pairs ne peut ni proposer de lois à ce sujet, ni rien changer à celles qui lui sont présentées. Ses droits se bornent à adopter ou à rejeter les mesures financières prises par l'autre chambre.

La manière dont les communes, après avoir été long-temps dans un état presque de nullité, arrivèrent

---

barons, en s'unissant avec le souverain, ils tenoient les autres en respect dans les occasions ordinaires.

Les grands barons seuls étoient présens à l'assemblée de Runnemede (plaine découverte près de Windsor), où ils forcèrent le roi Jean de signer la grande charte.

Ce furent aussi les grands barons qui firent nommer des représentans par les comtés et les bourgs pour les soutenir dans une querelle contre le roi, de sorte que, dans le fait, l'Angleterre doit presque tout à ce que les grands barons, agissant en corps, firent en faveur de la liberté. Elle leur doit sa charte et sa chambre des communes, composée de représentans du peuple.

Il est plus que probable que les grands barons ne prévirent pas les conséquences de ce qu'ils faisoient, mais ils n'en méritent pas moins d'éloges pour avoir partagé leur pouvoir avec les communes, dans un temps où les communes n'avoient aucun moyen d'en acquérir.

au pouvoir et acquirent de l'importance, est très-curieuse, quoique très-naturelle.

La représentation du peuple devoit son origine aux grands barons, mais les communes virent bientôt qu'elles étoient plus étroitement liées d'intérêt avec les rois qu'avec ces chefs féodaux si hautains; et d'une autre part la portion du peuple qui n'étoit pas sous le pouvoir immédiat des grands barons, regarda les communes comme ses protecteurs.

Les progrès successifs du commerce, de la richesse et de la civilisation, en tendant à saper le système féodal, devinrent favorables aux communes, de sorte que les rois, le peuple, la nature même des choses, tout en un mot favorisa leurs prétentions, et il en résulta que, dans tous les troubles publics, elles acquirent du pouvoir et de l'importance.

L'usage d'entretenir des armées permanentes donna le coup de mort au pouvoir féodal, en tant qu'il étoit opposé à celui des rois, tandis que l'augmentation des richesses, l'accroissement du commerce, et l'introduction des manufacturss dans les villes, donnèrent plus d'influence aux communes, sans aucun effort de leur part.

Une autre cause s'y joignit. Les croisades avoient commencé à ébranler le pouvoir des seigneurs féodaux; les guerres civiles entre les maisons d'York et de Lancastre le détruisirent entièrement.

Dans toutes les commotions civiles, ceux qui se trouvent les plus élevés sont ceux qui souffrent le plus; et depuis le jour où la contestation pour la couronne d'Angleterre fut terminée sur le champ de bataille de Bosworth, il ne fut plus au pouvoir d'aucun seigneur Anglois de décider du destin du royaume, comme le fit lord Stanley dans cette occasion si mémorable dans les annales de ce pays.

Une des circonstances les plus inconcevables dans l'histoire du parlement britannique, c'est que, tandis que la chambre des communes donnoit en toute occasion des preuves d'un attachement jaloux à ses priviléges, celle des pairs montroit une indifférence à ses droits qui sembloit presque acquiescer aux prétentions de l'autre chambre. Quand il y a de l'énergie d'un côté et de la mollesse de l'autre, il est facile de prévoir quel parti remportera la victoire. Ce qui doit étonner, ce n'est pas que les communes aient persisté dans le dessein de s'élever, c'est que les pairs aient manqué de force, et se soient laissé en quelque sorte éclipser.

Il n'est pas facile d'expliquer comment un corps si fier, si grand, si puissant, n'a point pris l'alarme, et n'a fait aucune démarche pour découvrir la cause d'une calamité si grande et si humiliante pour lui, et pour y remédier. Fut-ce parce qu'un événement qui s'approcha pas à pas et d'une manière insensible, ne fit pas d'impression sur l'imagination, quoique la raison dût convaincre de la grandeur et de la réalité du danger? ou bien les nobles se sentirent-ils tellement anéantis par une si grande révolution, qu'ils ne songèrent pas plus à y résister que si c'eût été une chose qui dût abolir ou changer les lois de la nature, et couvrir l'univers de ruines et de destruction ?

Quelle qu'en puisse être la cause, le cours non interrompu de son opération est étonnant, et il en est résulté une proportion de droits et de pouvoirs entre les deux branches de la législature, qui semble digne de servir de modèle aux autres nations.

Les États-Unis d'Amérique suivirent le même plan avec leur sénat et leur chambre des représentans, et la France en fait autant aujourd'hui, de sorte qu'un état de choses qui doit son existence en Angleterre à une arrogance blâmable dans un parti, et à une indifférence, à un manque de précaution non moins coupable dans l'autre, est devenu pour les nations étrangères une espèce de règle et de mesure pour déterminer les pouvoirs accordés aux différentes branches de la législature (1).

---

(1) Plus on examine la conduite du genre humain, plus on la trouve pleine d'erreurs et d'inconséquence. L'autorité du passé est telle en Angleterre, en bien des cas, que des lois, tombées d'elles-mêmes en désuétude et devenues absurdes par le changement des temps et des mœurs, sont regardées comme sacrées, parce qu'elles passoient autrefois pour être justes. Cependant les priviléges de la chambre des communes, qui, presque tous, sont fondés sur des innovations, sont maintenus comme absolument inviolables, tandis que ceux des deux autres branches de la législature souffrent souvent des contestations et des retranchemens. Il est moins étonnant de voir agir ainsi, que de voir penser que cela soit juste.

Quoique dans tous les troubles publics les communes aient gagné un nouveau pouvoir aux dépens des autres branches, cependant la chambre des lords en bien des occasions s'est montrée plus sage, plus modérée et plus amie de la liberté que celle des communes.

L'idée que cette dernière chambre mérite plus de confiance, et qu'on doit compter sur elle, flatte les préjugés du grand nombre et paroît bien fondée. Elle n'est cependant vraie qu'en théorie, et elle se trouve fausse en pratique. Les François paroissent pourtant l'avoir adoptée sans information, et s'il faut en juger d'après les apparences, le peuple, en Allemagne et dans tout le continent, semble penser qu'il ne peut exister de liberté, de bonheur, de sûreté pour ses droits, sans un corps représentatif formé à peu près sur le modèle de celui d'Angleterre (1).

---

(1) C'est une grande question que de savoir si un gouvernement représentatif n'est pas le plus coûteux et le plus prodigue. C'est précisément depuis que la chambre des communes a obtenu l'administration de nos finances, que l'Angleterre s'est permis des dépenses qui sont sans exemple dans l'histoire ancienne et moderne.

Si nous comparons les dépenses de la Grande-Bretagne à celles de la France pendant 267 ans, nous verrons avec quelle rapidité elles ont augmenté depuis 1552, époque où la chambre des communes a commencé à régir les finances; si nous les comparons avec celles des autres nations contemporaines, les choses sont encore pires; et si

LA FRANCE

Les hommes ont toujours été et seront toujours conduits par les apparences. Toujours ils se sont laissé et se laisseront entraîner par le nom des choses, surtout quand la vanité et l'amour propre sont en jeu. Le nom de *représentant du peuple* éveille ces deux sen-

---

nous prenons pour point de comparaison l'empire romain dans son zénith, nous obtiendrons à peu près le même résultat.

Les revenus du peuple romain n'excédèrent jamais 18 millions sterling. La paie d'un soldat d'infanterie étoit de six pences par jours (12 sous); le prix du froment sous Auguste étoit à peu près tel qu'il est aujourd'hui en Angleterre; de manière qu'on peut justement établir la valeur de l'argent à cette époque comme étant à peu près la même que celle qu'il a aujourd'hui en France et en Angleterre.

Le tableau suivant est une assez bonne preuve des dépenses extravagantes auxquelles se livre une assemblée représentative, et cependant la preuve en est incontestable:

TABLEAU DES REVENUS DE L'ANGLETERRE ET DE LA FRANCE.

Époques.	REVENUS de l'Angleterre.	REVENUS de la France.	PROPORTION entre les revenus.
1550.	12,000,000	36,000,000	comme 1 est à 3.
1600.	18,000,000	60,000,000	à peu près comme 1 est à 3.
1650.	26,000,000	134,000,000	comme 1 est à 5.
1700.	72,000,000	228,000,000	à peu près comme 1 est à 3.
1750.	160,000,000	300,000,000	à peu près comme 1 est à 2.
1789.	400,000,000	488,000,000	à peu près comme 4 est à 5.
1812.	1,608,000,000	1,500,000,000	presque égale.
1818.	1,104,000,000	993,000,000	comme 11/10 à 1.

timens et inspire la confiance. Si la confiance qu'on accorde aux communes et la préférence qu'on leur donne sur les pairs étoient fondées sur ce qu'elles ont plus de connoissances en affaires, rien ne seroit plus juste : mais quant à la probité, l'intégrité, le désir vif et ardent de faire le bien de leur pays, les pairs ont toujours montré leur supériorité (1).

Quand une fois les idées du genre humain ont pris une direction bien décidée, qu'elle soit juste ou fausse, il faut du temps pour la changer, et quelquefois il en faut beaucoup. Jusqu'à ce que l'expérience soit venue au secours du raisonnement, il est inutile de chercher à changer une opinion généralement adoptée, et à lui donner une autre direction.

Le système représentatif est donc aujourd'hui à la mode, et ce seroit une peine superflue que de l'attaquer; mais essayer d'en tirer le meilleur parti possible, c'est tout une autre affaire, et comme la France l'a adopté, comme d'autres nations désirent en faire autant, cette tentative peut être utile, et ne sauroit en aucun cas être regardée comme déplacée, ou comme inspirée par de mauvaises intentions.

La première période de l'histoire du parlement d'Angleterre, comme nous l'avons déjà dit, est en-

---

(1) En bien des occasions, lorsque les communes s'étoient décidées avec trop de hâte et d'enthousiasme, les pairs ont remis les choses dans l'ordre, en rejetant les bills, ou en y faisant des amendemens.

veloppée d'obscurité. Mais il y a six cents ans, vers l'an 1220, les grands barons assemblés, en vertu de leurs droits personnels, procurèrent aux comtés et aux villes une représentation, afin de pouvoir résister plus efficacement aux entreprises de l'autorité royale (1).

La représentation se composoit alors à peu près ainsi qu'il suit, comme aujourd'hui :

La ville de Londres envoyoit.	4 memb.
23 autres villes, chacune deux	46
167 bourgs, chacun deux.	334
5 autres bourgs, chacun un. . . .	5
2 universités, chacune deux. . . .	4
8 cinq-ports, chacun deux.	16
40 comtés, chacun deux.	80
Pays de Galles { 12 comtés. / 12 bourgs. }	24
Total. . . .	513

Les députés des villes et des bourgs qui forment

---

(1) Il est assez singulier que l'Angleterre doive la liberté dont elle jouit, presque aux descendans immédiats de ces barons hautains qui étoient venus de Normandie avec Guillaume-le-Conquérant, et qui l'aidèrent à dépouiller de leurs propriétés les naturels du pays, et à les priver de leur liberté. Tel est pourtant ce fait. Ils se soulevèrent contre le successeur de leur chef, en faveur du peuple qu'ils avoient opprimé. Environ 150 ans produisirent ce changement étonnant.

presque les quatre cinquièmes de la totalité, étant au nombre de quatre cents, étoient choisis par les magistrats, et non par les habitans ou tenanciers de maisons. Dans les comtés, les votans étoient obligés de prouver qu'ils possédoient une propriété rapportant un revenu annuel de 40 schellings (48 francs), ce qui équivaloit bien à 20 livres sterling aujourd'hui (480 francs) (1).

Il est évident, d'après ce détail, qu'on n'avoit pas la moindre intention de donner au peuple quelque chose qui ressemblât à un droit général d'être représenté; au contraire, les mesures étoient prises pour empêcher la très-grande majorité de voter dans les élections.

Il est vrai que les réglemens étoient différens dans un petit nombre d'endroits, mais cette différence étoit si peu de chose que ce n'est pas la peine d'en parler.

Pour être éligible à la place de représentant d'un

---

(1) D'abord, la quantité d'argent qui entre dans un schelling n'est plus que du tiers de ce qu'elle étoit à cette époque, et la valeur de ce tiers restant, a considérablement baissé depuis ce temps. Il en résulte que le droit d'élire et d'être élu s'étend sur beaucoup plus de personnes que lors de la première institution de la chambre des communes. Cependant les ignorans réformateurs se plaignent tous, et réclament à grands cris l'ancienne pureté de la représentation.

comté, il falloit avoir un revenu territorial de 600 livres sterling par an (14,400 francs), et il en falloit un de la moitié de cette somme pour représenter un bourg ou une ville.

Ce revenu exigé, très-considérable à cette époque, mettoit un obstacle invincible à ce qu'un individu que sa fortune ne plaçoit pas dans un état d'indépendance, pût devenir représentant; on pouvoit même dire qu'il étoit riche. Cependant les députés recevoient de leurs constituans une indemnité pour leurs dépenses et pour le temps qu'ils consacroient aux affaires publiques, et leur besogne, pendant très-long temps, paroît avoir été de faire exécuter les lois, et non d'en faire de nouvelles.

Ils devoient, de droit, s'assembler une fois par an, et leur session étoit de peu de durée. Le roi avoit le droit de faire procéder à une nouvelle élection, ou de convoquer les membres qui avoient servi l'année précédente.

Aucun document ne prouve s'il pouvoit appeler les mêmes membres pendant un certain nombre d'années, ou seulement une seule fois. Il paroît qu'il régnoit beaucoup d'arbitraire et d'irrégularité dans ces convocations.

A moins qu'il ne fallût avoir recours aux armes, le souverain avoit fort peu d'égards pour le parlement; et, dans le fait, jusqu'à ce que le duc de Richmond fût monté sur le trône, sous le nom de Henri VII, en mettant fin aux guerres entre les maisons d'York et de Lancastre, le parlement n'eut qu'une importance très-médiocre (1).

La chambre des pairs fut réduite à trente-six membres par les longues guerres entre ces deux

---

(1) Il n'est pas facile de concevoir pourquoi le peuple anglois ne conserve pas avec plus de reconnoissance le souvenir d'Henri, car il n'existe aucun monarque à qui l'Angleterre doive davantage.

D'abord, Henri, en combattant avec bravoure sur le champ de bataille, fit périr de sa propre main un usurpateur, un despote sanguinaire.

Il n'avoit pas lui-même des titres bien clairs à la couronne, mais on ne pouvoit le blâmer de les faire valoir dans une succession contestée. C'est à son mariage avec l'héritière de l'autre branche qu'on dut la fin des guerres civiles qui avoient si long-temps désolé l'Angleterre.

Henri ensuite encouragea le commerce qui commença à fleurir sous son règne ; et s'il fut avare, son avarice fut utile à la nation. Aucun de ses prédécesseurs n'avoit gouverné en se conformant aux lois aussi exactement.

Un autre service qu'il rendit à ce royaume, fut de donner sa fille en mariage à Jacques IV, roi d'Ecosse, dans l'intention de mettre fin à l'inimitié qui avoit subsisté de temps immémorial entre ce pays et l'Angleterre, et dont la violence, depuis le règne d'Edouard Ier, l'emportoit sur toutes les haines nationales dont parle l'histoire.

Il n'est pas hors de propos de faire remarquer ici que la conduite d'Edouard Ier envers l'Ecosse, ressemble beaucoup à celle de Buonaparte envers l'Espagne.

La ligne directe de succession au trône d'Ecosse ayant manqué, il ne se trouva pas moins de treize compétiteurs.

maisons, et de fait on auroit pu dire que c'étoit une guerre civile plutôt entre la noblesse qu'entre les deux dynasties, car les armées, des deux côtés, se com-

---

Onze renoncèrent à leurs prétentions, et il ne resta que deux concurrens, Robert Bruce et Baliol.

Ces deux princes, du consentement de la nation écossoise, convinrent de prendre Edouard pour arbitre, et le chargèrent de prononcer sur leurs droits.

Sous prétexte de régler cette affaire, Edouard se rendit au château de Norham, petite forteresse, mais bien fortifiée pour le temps dont il s'agit, située en Angleterre, près des frontières d'Ecosse, précisément comme Buonaparte se rendit à Bayonne, place de France, près des frontières d'Espagne.

Les deux compétiteurs vinrent l'y trouver avec les principaux nobles et barons d'Ecosse. Quand Edouard eut ainsi en son pouvoir les deux rivaux et les chefs les plus puissans du pays, il déclara qu'il lui répugnoit de rendre une sentence dont il ne pourroit assurer l'exécution, et il demanda qu'on le mît en possession de toutes les places fortes au sud du Forth et de la Clyde. La noblesse d'Ecosse et les deux prétendans à la couronne se trouvant entre les mains d'Edouard, il étoit trop tard pour résister, et pour refuser de se soumettre aux conditions qu'il prescrivoit, ou pour mieux dire, à ses ordres arbitraires.

Les forteresses furent donc rendues aux troupes d'Edouard qui prononça alors en faveur de Baliol, celui des deux rivaux qui montroit le moins d'énergie et de talens, et qui par conséquent étoit le moins formidable. Il trouva un prétexte pour envahir l'Ecosse avant d'avoir évacué les places fortes, et tel fut le commencement d'une guerre cruelle qui dura 73 ans, jusqu'à ce que l'Angleterre eût

posoient de nobles qui combattoient à la tête des vassaux dont ils se faisoient suivre. Il étoit naturel que

enfin renoncé à ses prétentions sous le règne d'Edouard III.

Quoique Henri VII n'ait pas réussi sur-le-champ à mettre fin à l'animosité qui existoit entre les deux pays, son gendre Jacques, ayant été tué à la bataille de Flouden-Field, en 1514, en combattant contre Henri VIII, son beau-frère, il fit ce qui valoit mieux encore pour les deux nations, car il prépara, par ce mariage, la réunion des deux couronnes. Ne se trouvant point d'héritiers directs appelés au trône d'Angleterre, lors du décès d'Elisabeth, petite-fille d'Henri VII, Jacques VI, roi d'Ecosse, son arrière-petit-fils, devint incontestablement héritier collatéral de la couronne d'Angleterre, et par ce moyen toute l'île se trouva soumise à un seul roi.

Henri VII est une preuve frappante de cette vérité que les vertus qui rendent un particulier aimable et estimable, ne constituent pas seules un bon souverain. Les services qu'il rendit à son pays sont au-dessus de tout prix. D'après le temps dans lequel il vécut, et les circonstances où il se trouva placé, il seroit difficile de se figurer un caractère plus convenable à un souverain; cependant il n'auroit pas fait un particulier aimable et estimable. Les défauts et les vices de Richard, à une époque où l'Angleterre commençoit à sentir l'impulsion de la liberté, lui frayèrent le chemin au trône; et la politique dépourvue de toute sensibilité qu'il montra en abaissant les grands, ainsi que les encouragemens qu'il donna au commerce assurèrent la couronne sur sa tête.

Les historiens n'ont rendu qu'imparfaitement justice à sa mémoire, tandis qu'ils en ont fait bien davantage pour les souverains de la même famille qui lui succédèrent.

tant de batailles coûtassent la vie à bien des nobles, qui y figuroient comme principaux chefs dans une contestation si prolongée, et où la victoire changeoit si souvent de côté.

Le royaume étoit si fatigué, si épuisé par ces longues guerres, qu'on n'avoit d'autre désir que de voir cesser l'effusion de sang, et d'avoir le temps de prendre de nouvelles forces. Comme les Tudors tenoient d'une main vigoureuse les rênes du gouvernement, et montroient de grands principes d'équité, la chambre des communes n'eut aucune occasion d'intervenir dans l'administration.

Ces occasions ne se présentoient guères que lorsque le roi déplaisoit au peuple. On ne connoissoit pas alors les théories sur la liberté, tout étoit pratique; et comme, sous Henri VII et sous son fils Henri VIII, le peuple étoit plus libre qu'il ne l'avoit jamais été, la chambre n'eut ni le désir ni le pouvoir d'opposer quelque résistance au gouvernement.

Une autre circonstance de grande importance tendit pareillement à retarder les progrès de la liberté, et par conséquent à prévenir toute intervention de la part du parlement, pendant le règne de Henri VIII.

Ce fut à cette époque, en effet, que la religion protestante s'étendit rapidement en Angleterre, et Henri, après avoir été un des plus zélés défenseurs de l'église romaine, devint son ennemi le plus acharné, et embrassa le protestantisme, à la grande satisfaction de la majorité de ses sujets.

Outre la popularité que gagna Henri, en faisant profession de cette religion, la suppression des monastères et des autres établissemens religieux lui valut de grandes richesses, et il se prononça toujours en faveur du peuple avec une apparence de grande franchise et de véritable énergie.

Tant que le système féodal prévalut, et même pendant qu'il s'avançoit vers son déclin, les souverains d'Angleterre se firent chérir du peuple, en le protégeant contre les grands barons. Ils sembloient combattre pour le peuple, quand, de fait, ils combattoient pour eux-mêmes.

Quand Henri mourut, la brièveté des règnes de son fils Edouard VI qui étoit mineur, et de sa fille Marie qui essaya de rétablir la religion catholique romaine, ne laissa pas le temps de s'occuper de débats politiques. Toute l'attention de la nation étoit absorbée par les affaires religieuses.

Le peuple n'étoit pas encore assez instruit, assez éclairé, pour savoir que la liberté civile assure la liberté religieuse, et que c'est donc la première chose qu'il doit s'efforcer d'obtenir. Si l'on avoit vu les choses sous ce point de vue, du temps de Marie, la chambre des communes auroit atteint dès lors ce degré d'importance qu'elle étoit destinée à acquérir pendant le siècle suivant.

A la dévote Marie succéda sa sœur Elisabeth qui commença par tranquilliser les protestans dont elle professoit elle-même la religion, et pendant tout le cours de son long règne, la sagesse avec laquelle elle gouverna, son économie, et surtout la manière dont elle parla toujours à son peuple et de son peuple, la rendirent véritablement l'idole de la nation.

Comme elle étoit économe en réalité, et encore plus en apparence, le parlement n'eut aucune occasion de s'opposer à ses volontés, et s'il s'en étoit présenté quelqu'une, il est plus que probable que le peuple auroit pris parti pour la reine contre le parlement.

La conduite pleine de dignité d'Elisabeth à l'égard des puissances étrangères, et la protection qu'elle accorda au commerce, la rendirent doublement chère à la nation, et si son règne nous apprend peu de choses relativement aux parlemens, il donne de grandes leçons sur la manière de gouverner sans eux.

Elisabeth fut pour l'Angleterre ce que Henri IV fut pour la France; mais elle fut plus prudente que Henri, et elle sut mieux se commander à elle-même. Elisabeth parut s'identifier avec son peuple par adresse, Henri le fit par bonté de cœur; mais l'adresse d'une femme qui savoit gouverner ou cacher ses passions, avoit plus de suite et d'uniformité, et laissoit apercevoir moins d'imperfections dans sa conduite.

Ceux qui agissent à découvert et sans réserve, et qui suivent les inspirations de leur cœur, quelque bons, quelque sages qu'ils puissent être, commettront toujours des erreurs; tandis qu'une conduite étudiée, sage et adroite, peut quelquefois, du moins quant aux apparences, approcher de la perfection.

Elisabeth étoit, de fait, une femme, et surtout une reine, douée de grandes qualités. Elle étoit très-impérieuse, mais elle feignoit cette sorte de patriotisme convenable au peuple qu'elle gouvernoit et à l'époque où elle vivoit. Il en résultoit que, même quand elle se permettoit des actes absolument contraires à la liberté, le peuple pensoit que tout étoit pour le mieux, et approuvoit des traits d'oppression qui, un demi siècle plus tard, auroient mis en feu tout le royaume.

Elle fit un excellent choix de ministres. Les talens et la prudence en affaires étoient les qualités auxquelles elle accordoit la préférence. Mais, outre ces circonstances qui dépendoient en grande partie d'elle-même, il en existoit d'autres qui lui étoient étrangères, et qui contribuèrent à la rendre l'idole de ses sujets et l'admiration de la postérité.

L'Angleterre, avant son règne, avoit été long-temps déchirée par des guerres civiles. Elle avoit succédé à une sœur imprudente, et elle fut remplacée sur le trône par la race des Stuarts qui ne montrèrent pas plus de prudence, qui occasionnèrent de nouvelles guerres civiles dans le royaume, et qui en retardèrent de près d'un siècle les progrès vers la perfection.

Il faut y ajouter encore que ce fut précisément sous le règne d'Elisabeth que les monarques commencèrent à reconnoître qu'on arrivoit plus aisément et plus facilement aux richesses et à la prospérité par le commerce et les manufactures, que par la guerre et les tentatives pour faire des conquêtes.

Tandis que les rois des grandes nations s'étoient appauvris en courant après une gloire frivole et des victoires passagères, Venise, Gênes, Anvers, Bruges, Lubeck et les autres villes anséatiques étoient parvenues à l'opulence et à la prospérité, par leur application au commerce et par leur industrie. L'esprit vaste d'Elisabeth s'en aperçut, et quoique aucun souverain n'eût plus de résolution et d'énergie dans sa conduite à l'égard des autres nations, cependant elle préféra la paix à la guerre, et donna de grands encouragemens au commerce et aux manufactures.

Les découvertes maritimes récentes, le passage aux Indes orientales par le cap de Bonne-Espérance, et les colonies établies en Amérique, étoient des circonstances particulièrement favorables à la Grande-Bretagne, d'après sa situation insulaire, et ces événemens, quoique antérieurs à son règne, ne furent bien appréciés que de son temps.

Il est impossible de concevoir une combinaison de chances plus propre à jeter de l'éclat sur le règne d'un monarque; aussi jamais monarque ne fut plus chéri de ses sujets, et plus estimé de leur postérité.

La protection généreuse qu'elle accorda à la Hollande pendant la foiblesse de l'enfance de cette république; la résistance animée qu'elle opposa à l'Espagne, alors dans le zénith de sa puissance; l'appui qu'elle prêta ainsi à la plus foible nation de l'Europe contre la plus forte; une telle conduite lui donne droit aux éloges de tous les peuples, dans tous les pays et dans tous les siècles.

Elisabeth étant morte sans postérité, Jacques VI, roi d'Ecosse, succéda au trône d'Angleterre. Par là l'union des deux royaumes s'effectua facilement et à l'amiable, et ces guerres acharnées qui avoient divisé si long-temps les deux parties de la Grande-Bretagne, furent terminées pour toujours (1).

---

(1) Que les Anglois et les Ecossois aient été ennemis implacables depuis l'époque la plus reculée à laquelle remonte l'histoire, c'est ce que prouvent suffisamment les restes du mur que fit construire l'empereur Sévère pour empêcher les incursions des derniers. L'alliance constante qui exista entre l'Ecosse et la France, et la conduite injuste d'Edouard Ier et de ses successeurs immédiats, contribuèrent à entretenir la haine des deux nations.

Cette haine alloit si loin, que quoique Jacques IV eût épousé la sœur d'Henri VIII, roi d'Angleterre, il lui fit la guerre, à l'instigation de la France, fit une invasion dans son royaume en son absence, et périt à la fatale bataille de Flouden-Field, avec presque toute la noblesse d'Ecosse.

Même en 1556, moins d'un demi-siècle avant la réunion des deux couronnes, les Anglois, pendant le court règne d'Edouard VI, envahirent l'Ecosse avec furie; et l'on ne

Ce fut alors que les parlemens qui jusque là avoient été un instrument tantôt passif tantôt volontaire entre les mains des souverains d'Angleterre, prirent une nouvelle importance. Ils apprirent bientôt à connoître leur force, et commencèrent l'exercice de leur autorité par contester celle de Jacques qui n'avoit ni

---

peut trouver dans les annales d'aucune nation civilisée rien qui ressemble aux instructions cruelles et barbares qui furent données en cette occasion au commandant des forces angloises.

Un si grand nombre d'Ecossois suivirent en Angleterre leur souverain Jacques VI, comme cela étoit assez naturel, et continuèrent à être, ou devinrent ses favoris, qu'il n'est pas étonnant que ce prince ne put plaire à ses nouveaux sujets.

La sorte de patois qu'on parloit en Ecosse, et même à la cour; un accent dur, des manières gauches, un air de hauteur, tout cela n'ajouta pas peu au dégoût, à la haine et au mépris que l'on conçut alors pour les Ecossois, à la cour d'Angleterre.

Telle est peut-être la cause secrète et véritable qui empêcha la famille des Stuarts d'obtenir de la popularité en Angleterre, et qui finit par les précipiter du trône. Cette haine cachée faisoit que toutes leurs actions déplaisoient, et que toute tentative pour amener une franche réconciliation ne pouvoit réussir. Jamais on n'eut en eux une confiance véritable et permanente. Tout étoit mauvaise volonté, hostilité secrète ou découverte; et le peuple méritoit bien sûrement plus de blâme que ses infortunés souverains.

esprit ni génie, et qui ne comprit jamais le véritable caractère du peuple anglois qu'il étoit appelé à gouverner.

A peine Jacques avoit-il une seule des qualités nécessaires à un souverain, et il ne pouvoit inspirer ni affection, ni estime, ni respect. Ses manières étoient sans dignité, ses idées de la puissance royale extravagantes, et son attachement à des favoris sans talens et sans mérite, absurde et fait pour offenser.

Un roi formant un contraste plus parfait avec Elisabeth, avec cette reine estimée et adorée, ne pouvoit lui succéder sur le trône. Ce fut alors qu'il s'éleva entre le roi et le parlement des altercations qui durèrent près d'un siècle et pendant le cours desquelles un roi périt sur l'échafaud, et un autre fut forcé d'abandonner son trône.

Jacques s'imagina qu'il pouvoit régner despotiquement comme ses prédécesseurs; mais il ne possédoit ni les talens, ni la popularité, ni la fermeté des princes de la maison de Tudor. Il ne connoissoit, ni les changemens que le temps avoit produits dans les opinions, ni le caractère et les dispositions du peuple anglois; de sorte que si Elisabeth étoit douée de talens et de qualités qui mettoient le parlement dans l'ombre, et le rendoient à peu près inutile, la conduite de Jacques étoit précisément calculée pour donner aux représentans du peuple la plus grande importance possible.

Jusqu'à l'avénement de Jacques Ier au trône, en

1603, à peine trouve-t-on le nom du parlement dans l'histoire d'Angleterre; mais, depuis cette époque jusqu'en 1688, à peine offre-t-elle autre chose que la relation de ses querelles avec les rois, et de ses usurpations sur leur autorité.

Le roi défendoit des prérogatives qui n'étoient d'accord ni avec la grande charte, ni avec la façon de penser du peuple, ni avec les changemens qui s'étoient opérés. Le parlement, au contraire, combattoit pour des droits accordés au peuple par la grande charte, et qui, s'ils n'étoient pas nécessaires à la nation, avoient du moins l'avantage de lui plaire. Dans une telle contestation, il étoit évident que le roi devoit avoir le dessous.

Quoique les parlemens prétendissent qu'ils ne vouloient que le bien du peuple, c'est-à-dire de leurs constituans, cependant, quelque violens et quelque zélés qu'ils fussent, et malgré l'imprudence et le peu de popularité de Jacques, ils ne pouvoient exciter le peuple à une révolte ouverte, et il fallut toute l'obstination de son successeur, encore plus imprudent, du malheureux Charles Ier, pour allumer une guerre civile (1).

---

(1) Les princes de la maison de Tudor étoient remarquables par une vigueur et une fermeté qu'on auroit nommées obstination et opiniatreté chez des particuliers, mais qui sont chez les princes si non des vertus, au moins des avantages; tandis qu'un caractère pliant qui permet de changer, qui a souvent pour cause le désir d'être juste

La grande rébellion elle-même, comme on l'appela, ne fut pas une rébellion du peuple, ce fut une révolte parlementaire, et la nation n'excita ni n'approuva les mesures violentes qui furent prises. Au contraire, elle finit par mettre le parlement à l'ordre et rétablit Charles II sur le trône. Sa restauration fut un acte national, un acte qui satisfit la grande majorité du peuple et auquel elle applaudit. La condamnation de Charles Ier fut l'ouvrage d'un parti de furieux, un crime qu'on blâma et qu'on déplora généralement.

Il étoit si difficile pour le parlement d'obtenir la confiance, et de détruire dans le cœur des Anglois leur respect pour les rois, que près de quarante ans se passèrent dans des contestations perpétuelles, et si le parlement n'avoit pas eu l'armée pour lui, s'il ne s'étoit pas emparé du trésor public, c'est-à-dire de la recette de toutes les contributions, il est très-pro-

---

et la crainte de faire ce qui ne l'est pas, devient une foiblesse dans un roi, et occasionne souvent de grands malheurs. les Stuarts furent peut-être les plus malheureux de tous les monarques, et pourquoi? Parce qu'ils ne possédoient point cette espèce de fermeté et de résolution qui est indispensable à un roi pour qu'il puisse se faire respecter, et rendre ses sujets obéissans et heureux. Leur grande faute consista, non pas à mal agir sciemment, mais à croire bien agir en agissant mal, et en y persistant, même sans en être parfaitement convaincus. De là vint qu'ils vacillèrent toujours dans leur marche.

bable que la lutte se seroit définitivement terminée en faveur du roi.

Presque tous ceux qui lisent l'histoire d'Angleterre sans prévention, prendront parti pour la chambre des communes, dans les premières démarches qu'elle fit pour s'opposer aux volontés du roi ; mais ils désapprouveront hautement les violences dont elles furent suivies, et ce manque de modération et de justice qui fit que ce corps exigea dix fois plus qu'il n'avoit d'abord espéré et désiré d'obtenir, et il entassa demande sur demande, jusqu'à ce qu'il eut dépouillé le roi de tout son pouvoir.

Il y a une similitude singulière entre la conduite du long parlement d'Angleterre et celle de l'assemblée constituante de France ! En ayant égard à la différence des circonstances, il seroit difficile de concevoir comment cette ressemblance auroit pu être plus marquée.

Si Louis XVI eût résisté de vive force comme Charles Ier, il est probable que l'assemblée n'auroit pas commis le crime dont la convention eut l'infamie de se souiller, par suite de la conduite pacifique et modérée du monarque ; mais l'acquiescement qu'il donnoit à chaque démarche de l'assemblée, ou, pour nous exprimer différemment, son manque total de résistance, fit que cette assemblée qui avoit rédigé la constitution, trouva impossible de chercher querelle à un roi qui l'avoit sanctionnée, et qui faisoit tous ses efforts pour la faire marcher.

La convention réussit donc à faire ce que le parlement anglois n'avoit pu effectuer, et par conséquent elle n'avoit aucun prétexte pour avoir des altercations avec ce roi; mais l'abolition de la noblesse et de toute distinction de rangs ressemble beaucoup à la déclaration que fit la chambre des communes que la chambre des pairs étoit un rouage nuisible, et qu'il falloit la supprimer.

Le système de nivellement étoit la base sur laquelle les rebelles construisoient des deux côtés; concentrer en eux tous les pouvoirs, étoit également leur but, et le résultat de leurs travaux fut le même. L'usurpation et le gouvernement militaire succédèrent à l'anarchie, et tout ce qu'ils firent dans les deux pays se borna à détruire l'ancien ordre de choses, avant de pouvoir y établir quelque chose qui ressemblât à un gouvernement régulier, à une véritable liberté.

Nous avons fait observer que le parlement ne fut pas soutenu par la grande masse du peuple dans ses actes de violence contre Charles Ier; mais il n'en fut pas de même à l'égard de Jacques II, lorsqu'il persista dans une carrière d'obstination, de folie et d'imprudence, et qu'il fut obligé de renoncer au trône et de chercher un asile dans un pays étranger.

Le peuple reconnut enfin que ni les leçons de l'expérience, ni les infortunes, ni aucunes démarches possibles, ne pouvoient inspirer de la sagesse aux malheureux Stuarts; et fatigué de querelles sans fin sur la prérogative royale et les droits des sujets, il sanctionna, presque à l'unanimité, la révolution qui plaça Guillaume et Marie sur le trône d'Angleterre (1).

C'est depuis ce moment que l'histoire du parlement anglois prend une nouvelle importance. Nous avons vu que, jusqu'au règne des Stuarts, il avoit été soumis au trône, et que, pendant leurs règnes malheureux, il y avoit toujours été opposé; mais, à partir de cette époque, il agit d'après des principes tout opposés.

Guillaume III n'étoit pas anglois; c'étoit un hollandois, calculateur de sang froid, et il se mit à l'œuvre d'une manière qui seule peut être en état de concilier jusqu'à un certain point la souveraineté des rois et la représentation nationale.

Guillaume avoit été invité à venir prendre la couronne; il consentit donc à des conditions qu'on avoit inutilement tenté d'imposer à ses prédécesseurs, qui avoient succédé régulièrement au trône.

Au lieu d'essayer de violer les engagemens qu'il

---

(1) On parle toujours de l'abdication de Jacques II, comme s'il avoit laissé le trône vacant, tandis que Guillaume étoit déjà arrivé. Il étoit en Angleterre, d'après l'invitation qu'il avoit reçue, et le malheureux Jacques se trouva dans la nécessité d'abandonner en même temps le trône et le royaume. Ce fut une fuite forcée

avoit contractés lors de son avénement, au lieu de disputer aux représentans du peuple leur pouvoir, il employa tous les moyens possibles pour le faire tourner à son propre avantage, en obtenant de l'influence sur eux et en les portant à approuver les mesures qu'il prenoit.

Ce fut alors que commencèrent les dettes et les dépenses démesurées de l'Angleterre (1), et Guillaume, sans bruit et sans opposition, vint à bout de choses que ses prédécesseurs n'auroient pu effectuer sans éprouver la plus violente résistance.

Pour diriger un parlement, la première chose à faire est d'influer sur les élections autant qu'il est possible; la seconde, de s'attacher par des grâces et des faveurs tous les membres élus dont l'esprit d'opposition paroît être à redouter, et par ce moyen d'obtenir une majorité pour appuyer toutes les mesures de la cour.

Ce fut alors qu'être élu représentant du peuple devint un objet d'ambition, attendu que c'étoit un moyen d'acquérir des richesses et de l'importance; et l'on sait que la pratique de la corruption, quand elle

---

(1) N'est-il pas bien étonnant que toutes ces querelles éternelles avec les Stuarts sur les dépenses et les contributions publiques, n'aient jamais eu lieu que pour des sommes qu'on peut traiter de bagatelles, et que, tout à coup, lorsque la révolution fut terminée, on ait accordé des sommes immenses avec prodigalité et sans la moindre difficulté?

est continuée systématiquement, produit une sorte de réserve délicate qui empêche ces violentes altercations qui ont causé tant de maux, autrefois en Angleterre, et récemment en France.

Tous les partis éprouvoient une sorte de frayeur d'avoir à rougir s'ils étoient démasqués, et l'espérance et la crainte avoient une influence universelle. L'argent et les places, qui étoient à la disposition de la couronne, commencèrent à se regarder comme *le patrimoine des membres du parlement*, qui par conséquent n'en voyoit pas l'augmentation de mauvais œil.

Comme ceux qui se trouvoient hors de place, et qui n'étoient pas en faveur, espéroient que leur tour arriveroit quelque jour, les membres de l'opposition eux-mêmes mettoient de la mesure et de la réflexion dans tout ce qu'ils faisoient; par-dessus tout, ils gardoient bien le secret, et ne se trahissoient pas les uns les autres.

Le système d'opposition contre Louis XIV, si long-temps suivi par l'Angleterre, étant d'accord avec les désirs du peuple, favorisa grandement la bonne intelligence entre la couronne et les représentans; de sorte qu'avant la mort de la reine Anne, en 1714, le parlement, indépendamment des revenus ordinaires, avoit sanctionné une dépense de cinquante millions sterling, ce qui constituoit à cette époque le montant de la dette publique (1).

Le roi Guillaume n'étoit pas seulement un hollandois

Le bill par lequel on accorde d'année en année les sommes nécessaires pour l'entretien de l'armée, est un expédient par lequel on force le souverain à assembler le parlement, et on le regarde comme un moyen de

calculateur de sang froid; il connoissoit aussi la manière de s'adresser à l'intérêt personnel des hommes. Il savoit quel est le pouvoir de l'argent, et il étoit accoutumé à un gouvernement populaire dans lequel le pouvoir du chef étoit très-limité. Il ne chercha donc point à contester, il employa la conciliation, et les circonstances étoient favorables à ses vues.

La flamme du patriotisme avoit perdu sa force de plus d'une manière; elle n'étoit plus nourrie par l'opinion publique; la masse du peuple étoit modérée et lasse de mesures extrêmes et violentes. Ajoutez à cela que Guillaume se conforma religieusement à la convention en vertu de laquelle il monta sur le trône d'Angleterre.

A la même époque que la dette nationale prit une forme régulière, le parlement fixa sa durée à sept ans. Ainsi s'accomplit une double opération, l'une en faveur du souverain, l'autre en faveur des représentans du peuple. L'une augmenta vingt fois la facilité de lever de l'argent, et donna le droit d'hypothéquer l'industrie et la fortune des générations futures pour l'avantage de la génération existante, ce qui étoit un pas prodigieux en faveur de la royauté; par l'autre, la chambre des communes, de sa propre autorité, doubla le terme de son existence, et se rendit moins dépendante de ses constituans.

Voilà, peut-on dire, les premiers effets d'une bonne intelligence. Les deux pouvoirs opposés furent d'accord pour ajouter réciproquement à leur force.

tenir la main haute à la couronne, car le parlement a droit de refuser les sommes nécessaires pour l'armée. Mais ce droit n'est qu'une lettre-morte ; il n'en résulte qu'une pure cérémonie sans utilité. Jamais les sommes demandées ne sont refusées, et l'on ne pense point à l'expédient.

Indépendamment de l'influence à exercer sur les électeurs et sur les élus, la faculté de pouvoir convoquer le même parlement pendant sept ans, fut pour le gouvernement un autre moyen d'influer sur la chambre.

Cet usage n'est sanctionné par aucune loi ; bien des gens le regardent comme inconstitutionnel ; mais, quoi qu'il en soit, il produit un effet très-puissant ; car, comme il faudroit faire de grands frais pour se faire réélire, et que chaque membre sent qu'une opposition trop violente amèneroit la dissolution de la chambre, ils ont grand soin, en quelque sorte d'un commun accord, de s'arrêter avant d'aller trop loin.

On pourroit croire qu'avec tous ces moyens, l'autorité royale peut tout ce qu'elle veut. Il n'en est pourtant pas tout-à-fait ainsi. Deux choses la tiennent encore en échec :

D'abord, quand il s'agit de quelque mesure qui déplaît souverainement au peuple, bien des membres, qui songent à l'élection suivante, embrassent le parti populaire. De même, si les ministres font à la chambre quelque proposition ayant si notoirement pour objet ce qu'on appelle UNE AFFAIRE, qu'on ne puisse l'appuyer sans se perdre de réputation, ils sont abandonnés par leur majorité. L'opinion publique n'est donc pas encore sans effet.

Ensuite, quoique les membres laissent exercer sur eux quelque influence, cependant ils ne soutiendroient pas une mesure qui seroit réellement contraire aux intérêts de leur patrie.

Les ministres ont donc un grand pouvoir, mais ce pouvoir n'est pas illimité. Ils désirent même trouver une opposition, pourvu qu'elle ne soit pas trop forte.

Après la mort de la reine Anne, de même que sous son règne, la manière ordinaire d'obtenir de l'influence sur les membres de la chambre, étoit d'accorder à leurs parens, des pensions, des places, des faveurs (1), et sir Robert Walpole devint fameux par l'effronterie adroite avec laquelle il avoit l'art de manier la corruption, pour gouverner la chambre. Des hommes moins habiles, qui lui succé-

---

(1) Il n'étoit pas extraordinaire, dans les dîners parlementaires donnés par le président, que chaque convive trouvât sous son assiette un billet de banque d'une certaine valeur. Le ministre employoit quelques membres de la chambre pour connoître les affaires de famille des autres, pour leur faire des offres, enfin pour lui donner des renseignemens d'après lesquels ils pût agir suivant les circonstances.

dèrent, se firent gloire de marcher sur ses traces; mais M. Pitt, dont le génie supérieur dédaignoit de se soumettre aux entraves de l'imitation, inventa un mode beaucoup meilleur, plus facile et plus certain (1).

La réunion de l'Ecosse avoit ajouté quarante-cinq membres à la chambre qui en contenoit cinq cent

---

(1) Une des dernières occasions ou l'on employa l'ancien mode de corruption individuelle, fut immédiatement avant la chute de lord North, vers la fin de la guerre d'Amérique.

La majorité ministérielle étant fort diminuée, lord North et ses collègues étoient assemblés et plongés dans une grande consternation, quand l'impudent et effronté Rigby se présenta devant eux : « Qu'y a-t-il donc? » demanda-t-il, « vous avez l'air d'être au désespoir? » — « Nous pensons seulement que c'en est fait de nous, » répondit lord North avec sa bonne humeur ordinaire. « Pourquoi? » reprit Rigby, « avez vous de l'argent dans le trésor public? » — « Sans doute, » dit lord North. « Eh bien, donnez-moi 50,000 liv. et je vous réponds que ce n'en est pas fait de vous. » Il reçut cette somme, et le même jour la majorité augmenta; mais c'étoit la dernière lueur d'une lampe qui s'éteignoit; cela ne put réussir, et huit jours après lord North donna sa démission.

Il est vrai qu'on lutta fortement pour obtenir le renvoi de l'administration Addington, quand la guerre recommença après la paix d'Amiens; mais la réussite fut due à l'union momentanée des partis opposés, pour un objet particulier. M. Pitt et M. Fox agirent de concert en cette occasion, et un nouveau ministère en fut la conséquence.

soixante-huit, quand M. Pitt prit en main le gouvernail de l'Etat.

M. Pitt les divisa en sept classes, ainsi qu'il suit :

1º. Les propriétaires.

2º. Les commerçans en général.

3º. Ceux qui font le commerce des Indes orientales.

4º. Ceux qui font le commerce des Indes occidentales.

5º. Les Ecossois.

6º. L'armée de terre.

7º. La Marine.

On y en a ajouté, depuis ce temps, une huitième comprenant les Irlandois, ce qui forme comme huit planètes décrivant leur révolution autour du trône.

Il n'est plus question maintenant de corruption individuelle; mais il est bien entendu par chacune de ces classes que, dans les questions ministérielles, elles doivent donner au gouvernement un appui suffisant pour emporter la balance, et qu'alors, lorsqu'il se présentera quelque question intéressant particulièrement une d'entre elles, le ministère, à son tour, lui accordera son soutien.

Par ce moyen, les différens intérêts, car tel est le nom qu'on donne à ces classes, font entre eux des arrangemens qui mettent le ministère en état de marcher hardiment, sans s'arrêter pour consulter les dispositions des individus.

Tel est l'aperçu de la manière dont le parlement

britannique est devenu si complaisant et si facile à conduire depuis 1784, où il lutta pour la dernière fois avec succès.

Ceux qui regardent un gouvernement représentatif comme quelque chose qui approche de la perfection, comme on paroît disposé à le croire aujourd'hui sur le continent, se trouveront bien trompés, s'ils ont jamais l'occasion d'en faire l'épreuve; et quant aux François, ils recounoîtront qu'ils ont encore beaucoup à apprendre sur ce sujet.

Quoique le corps législatif de France ne soit pas établi depuis bien long-temps, il a déjà subi plus d'un changement. D'abord révolutionnaire, ensuite despotique et tout-puissant, bientôt, du temps de Buonaparte, un véritable zéro, aujourd'hui une sorte d'auxiliaire du trône, sans pouvoir de proposer des lois et des réglemens utiles.

Il est assez évident, d'après l'histoire du parlement d'Angleterre, et d'après la conduite de l'assemblée constituante de France de 1789, et de l'assemblée législative de 1791, que, partout où il existe une représentation nationale, il faut que le pouvoir exécutif trouve quelques moyens pour conduire à son gré l'assemblée, sans quoi elle le renversera. La représentation est donc en pratique bien autre chose que ce qu'elle est en théorie, une réunion d'hommes agissant, d'après des principes purs et indépendans, pour l'intérêt du peuple.

Le petit nombre des membres dont se compose en

France la chambre des députés, la rendra plus facile à conduire que si l'on y avoit suivi la même proportion qu'en Angleterre, auquel cas il seroit d'environ 1200. En outre, le roi de France a des sommes beaucoup plus considérables à sa disposition, les députés sont en général moins riches, et par conséquent, en leur supposant le même degré de patriotisme et de vertu, ils sont plus faciles à gagner.

Il faut ajouter à cela que les affaires s'y conduisent de manière à rendre les deux chambres françoises moins utiles en pratique, en retardant leurs discussions, et en donnant au roi une sorte de contrôle sur elles qui ne semble ni avantageux ni même conforme aux principes d'une véritable représentation.

Dans les chambres du parlement d'Angleterre, tout membre peut proposer telle loi que bon lui semble, ou tel changement qu'il juge convenable dans une loi existante. Quand sa proposition est soumise à la chambre, elle est discutée librement; mais si elle est adoptée, le roi a le droit de l'approuver ou de la rejeter, au gré de sa volonté.

Il en est tout autrement en France. C'est du roi que doit partir toute proposition de nouvelle loi. Les chambres peuvent la rejeter, mais elles ne peuvent y faire aucun changement sans le consentement du roi. Sa Majesté la sanctionne ensuite, comme en Angleterre; mais cette sanction, en France, n'est qu'une pure formalité, puisqu'elle est accordée à une loi proposée par le roi, et adoptée par les deux chambres sans aucun changement, ou avec des modifications auxquelles le roi a déjà consenti. En un mot, c'est une loi faite par le roi, qu'on soumet à la sanction royale ; au lieu qu'en Angleterre, la loi qui reçoit la santion du roi a été, en général, proposée par les représentans.

Il est vrai que si le roi d'Angleterre désapprouve une loi proposée, il y suscite des oppositions lors de sa discussion dans les deux chambres, et qu'il n'y refuse jamais sa sanction ; mais il n'en est pas moins vrai que les deux chambres ont le droit de proposer telles mesures que bon leur semble ; ce qui paroît le plus grand de tous les avantages d'un gouvernement représentatif.

En effet, le peuple prendra toujours intérêt aux lois proposées, et si le souverain réussit à faire rejeter des mesures qui paroissent avoir l'utilité publique pour objet, les ministres perdront d'abord leur popularité, ensuite leur majorité, et enfin leurs places. Mais en France, la proposition des lois appartenant au roi, jamais il n'aura besoin de s'opposer à une mesure discutée dans les chambres, puisque toutes émanent de lui.

Les François sont en politique ce qu'ils sont dans les beaux arts. Quand ils daignent faire une copie, ils ajoutent quelque chose de leur cru, qui fait que la copie ne ressemble point à l'original, et pour me servir de leur expression favorite, ils la rendent *éminemment françoise*. L'architecture grecque et romaine a toujours reçu chez eux quelque addition françoise, et toutes les institutions politiques qu'ils ont imitées ont toujours été défigurées par quelques changemens.

Il est d'autant plus remarquable qu'ils aient adopté cette manière de faire proposer les lois par le roi, et de les présenter ensuite à sa sanction, que cette marche n'avoit pas été suivie dans l'assemblée de 1789, et qu'elle est contraire au véritable esprit d'un gouvernement représentatif.

Cependant la conséquence de ce réglement, ou plutôt de cette loi constitutionnelle, c'est que les chambres ne font pas la moitié de la besogne qu'elles feroient sans cela; qu'elles ne font pas aux lois la moitié des amendemens qu'elles pourroient faire, et qu'elles n'ont connoissance d'aucun abus qu'il est de l'intérêt des ministres de tenir cachés.

L'expérience seule démontrera quel bien peut faire une assemblée ainsi organisée et resserrée dans de telles bornes. C'est une chose tout-à-fait nouvelle, une sorte d'expérience, dont le résultat doit pourtant être une arme puissante pour le roi, si elle est faite par une main habile.

La docilité avec laquelle le peuple se soumet à payer les contributions, quand elles sont imposées par ses représentans, est un sujet d'étonnement. Le monarque le plus populaire, ou le plus cruel despote, n'auroit jamais pu lever la moitié des sommes votées par le parlement d'Angleterre et payées par la nation sans grande difficulté.

Un autre caractère du gouvernement représentatif, c'est qu'il donne du crédit au gouvernement et facilite ses emprunts. Mais cet avantage est au profit du roi et non à celui du peuple. Et qu'on ne perde pas de vue que les François ont, d'une manière très-singulière, mis leurs représentans hors d'état de leur faire tout le bien qu'ils pourroient, puisque la loi les a rendus en quelque sorte les secrétaires ou les commis du roi.

Les chambres peuvent donner des avis au roi, accorder la sanction de l'approbation nationale à ce qu'il lui plaît de faire; mais elles ne peuvent faire aucune démarche active pour proposer une loi utile (1). A proprement parler, elles n'ont qu'un pouvoir négatif. Elles peuvent prononcer un *veto* sur une nouvelle loi, tandis que le roi en a un permanent, mais silencieux et invisible, dans le droit exclusif de proposer la loi.

Il est clair qu'un roi ne peut avoir d'occasion

---

(1) Ou M. Playfair n'a pas lu l'art. 19 de la charte, ou il ne l'a pas compris :

« Les chambres ont la faculté de supplier le roi de proposer une loi sur quelque objet que ce soit, et d'indiquer ce qu'il leur paroît convenable que la loi contienne. »

(*Note du Traducteur.*)

d'exercer le droit de *veto*, quand toutes les lois émanent de sa volonté. De cette manière, il est à l'abri de la nécessité d'avoir à user d'un droit dont l'exercice peut être vu de mauvais œil, et en même temps il a, de fait, beaucoup plus de pouvoir pour empêcher des lois qu'il n'approuve point, que s'il étoit armé d'un *veto* positif, et qu'il en fît un usage journalier. Le moyen est fort ingénieux, et on s'est par là débarrassé de la question du *veto* qui ne contribua pas peu à conduire le vertueux Louis XVI à l'échafaud.

Il est surprenant qu'un peuple aussi clairvoyant que le sont indubitablement les François, n'ait pas vu que cette mesure étoit un *veto* déguisé. La chose est pourtant ainsi, et ils considèrent la proposition des lois par le roi comme un droit très-convenablement attaché à la souveraineté.

Ce que cette mesure a de plus fâcheux, c'est qu'elle empêche de faire des changemens à une loi, sans les soumettre d'abord au roi. Cette disposition fait, de ces changemens, une affaire si sérieuse, si formelle, si ennuyeuse, qu'elle empêche tous ces petits amendemens que suggère la discussion, et qui tendent tellement à rendre la loi utile et parfaite. Quoiqu'il ne soit pas défendu d'en proposer, leur adoption doit entraîner tant d'embarras et de délais, qu'on ne les propose pas, ou qu'on occasionne de tels retards dans l'expédition des affaires, qu'on perd le grand avantage d'une assemblée représentative.

La chambre des députés de France discute en présence du public, c'est-à-dire qu'il y a une galerie destinée aux étrangers, comme dans notre chambre des communes. Mais les délibérations des pairs sont secrètes, ce qui les prive du peu d'importance qu'ils pourroient avoir dans l'esprit du public. C'est encore un arrangement fort étrange dont il est aussi difficile de concevoir le but que la cause.

On trouve dans les deux chambres différens partis dont il est plus aisé de faire connoître la nature que la force respective, attendu qu'ils varient sans cesse; et après une telle révolution, on doit d'autant moins s'en étonner, qu'ils n'ont pas encore acquis assez d'expérience pour bien connoître ce qu'on peut assez convenablement appeler la tactique d'une assemblée populaire.

1°. Les partisans de la charte sont les plus nombreux. Dans toutes les matières constitutionnelles, ils votent avec les ministres; mais dans les autres cas, ils sont tantôt pour eux, tantôt contre eux.

2°. Les libéraux, qui penchent vers le républicanisme. Ils se subdivisent en ultra-libéraux et en libéraux modérés.

3°. Les royalistes, qui, comme les libéraux, se subdivisent en ultra-royalistes, et en royalistes modérés.

Telles sont les divisions nominales, mais les véritables sont : 1° Les partisans d'une monarchie avec une représentation. 2° Les républicains qui désirent voir se perfectionner le plan de la convention de 1792.

5° Les purs royalistes qui veulent l'ancien ordre de choses, c'est-à-dire un roi absolu. Nous n'avons pas besoin de dire que c'est le plus petit nombre.

Le parti mitoyen, qui désire un gouvernement mixte, est celui qui se rallie autour de la charte ; mais par malheur il y a deux choses contre ce parti qui est de beaucoup le plus raisonnable et le plus sage. Il est composé d'hommes modérés, mais qui n'ont ni fermeté ni résolution. En Angleterre, les amis de la modération étoient, dans les temps de dangers, les plus fermes et les plus résolus ; mais il n'en est pas de même en France (1). Il faut y ajouter que la charte est non-seulement défectueuse, mais contradictoire en quelques parties, de manière qu'il y a nécessité de la changer ou de la violer. Dans le fait, on la viole tous les jours, et il n'y a nul moyen de faire autrement. Or, comme de foibles mains sont chargées de prendre soin d'une charte défectueuse, on court le risque de la voir abandonnée à ses ennemis qui ont plus de résolution.

---

(1) Les audacieux barons qui forcèrent le roi Jean à signer la grande charte, furent aussi modérés dans leurs demandes, qu'inébranlables dans leurs desseins. Tous ceux qui ont lutté en Angleterre pour obtenir une liberté modérée ont eu une fermeté remarquable. Les adhérens de Cromwell eurent de la violence sans fermeté ; autrement, après avoir assassiné Charles, ils ne se seroient pas soumis à un usurpateur qui fouloit aux pieds la liberté.

Les purs royalistes, ceux qui voudroient se débarrasser entièrement de toute représentation, visent à ce qui est impossible. Ils peuvent exciter une guerre civile, mais ils ne réussiront jamais à établir une pure monarchie en France. Et cependant ils font naître l'inquiétude et la méfiance, au grand détriment d'un pays qui a tant de pertes à réparer, et un tel besoin de repos et de tranquillité.

Les ultra-libéraux ou républicains sont un parti plus formidable. D'abord ils sont plus nombreux; ensuite leurs idées sont plus conformes à celles de la masse de la nation. La république est un plan qui, dans l'opinion de beaucoup de François, auroit réussi, si la guerre n'y eût mis obstacle. C'est probablement une grande erreur; mais quoi qu'il en soit, c'est une opinion assez générale et favorite.

Le gouvernement américain est aujourd'hui le modèle que ces républicains font profession d'admirer. Au commencement de la révolution, les réformateurs étoient trop fiers pour suivre aucun exemple. Ils avoient une assemblée qui régloit tout. Aujourd'hui ils voient que deux assemblées valent mieux qu'une, et qu'il est nécessaire d'avoir un pouvoir exécutif qui en soit séparé; mais ils pensent qu'un roi, ayant une liste civile de 25,000,000 de francs, peut toujours maîtriser une assemblée composée d'un si petit nombre de membres.

Par l'influence qu'ils exercent sur les élections, et

toujours pour eux au moins le tiers des membres, c'est-à-dire environ quatre-vingts. S'ils ne peuvent, avec leurs moyens tout puissans, en gagner soixante de plus, il faut qu'ils soient bien maladroits; et s'ils y réussissent, ils auront une majorité constante et décidée.

Le président des Etats-Unis a environ 8,000 livres sterling par an; le roi de France en a plus de 20,000 par semaine, et la France et l'Amérique ont des gouvernemens représentatifs.

Les ultra-libéraux ont toujours l'Amérique en vue, et quoi que nous pensions bien qu'ils ne conspirent pas contre Sa Majesté, ils n'ont pas oublié ce qu'a dit le plus sage des hommes et des rois : « Le temps et les circonstances sont pour tous les hommes. »

La nécessité de changer la charte et le danger d'y toucher; la croyance que les ultra-royalistes commettront quelque imprudence, et les changemens perpétuels qui ont eu lieu depuis trente ans, les portent à douter de la stabilité de l'ordre actuel des choses.

Le refus de la liberté de la presse (1) est attribué à la crainte que les principes républicains ne se disséminent, car, dans la réalité, ce sont les seuls que le gouvernement craigne. Les royalistes publient ce que par le cours naturel des choses, les ministres auront

---

(1) On sait que la liberté de la presse existe complètement aujourd'hui : mais cet ouvrage a été écrit avant la dernière loi rendue à ce sujet. (*Note du Traducteur.*)

bon leur semble avec impunité, (1) mais nous pourrions ajouter aussi, fort inutilement, car leurs principes sont peu d'accord avec les idées du siècle actuel.

Nous parlerons plus au long de ce sujet en traitant de l'opinion publique; mais, quant à présent, nous prenons la liberté de dire que, suivant toute probabilité, un changement considérable aura lieu; que le roi perdra l'initiative des lois, c'est-à-dire le droit exclusif de les proposer. La mesure qui sera sans doute adoptée sera semblable à ce qui se pratique dans le parlement d'Angleterre et dans le congrès des Etats-Unis, où chaque membre a le droit de proposer une loi, et où tous se réunissent pour la discuter, la changer, la perfectionner, ou du moins la rendre la plus parfaite qu'il est possible. C'est le véritable moyen de retirer quelque avantage d'un gouvernement représentatif.

Comment les François ont-ils pu se laisser aveugler sur l'inconvénient, entre plusieurs autres, de ne permettre aux chambres, ni de proposer, ni d'amender une loi? c'est ce qu'il seroit très-difficile de dire. D'abord, c'étoit évidemment réduire presque à rien le droit de discussion, et rendre tout changement si fatigant, qu'on ne peut espérer d'autres améliorations à une loi que celles qui émanent du souverain.

En somme totale, il paroît que le gouvernement actuel a été imaginé de manière à réunir presque toutes les imperfections d'une pure monarchie à celles d'un

---

(1) L'auteur se trompe ici tout-à-fait. Il y a plusieurs exemples du contraire. (*Note du Traducteur.*)

gouvernement représentatif, chacun de ces systèmes ayant des inconvéniens qui lui sont particuliers. Mais on s'est tellement habitué à distribuer le blâme et l'éloge sans se donner la peine de déduire ses raisons, que nous croyons nécessaire d'établir les nôtres. Les voici :

1°. Les ministres ne sont responsables qu'au roi, si ce n'est pour des crimes qu'il n'est pas vraisemblable qu'ils commettent, et qu'ils ne doivent pas être tentés de commettre; par conséquent, leur responsabilité pécunière est sans contrôle comme dans une pure monarchie.

2°. Les chambres ne peuvent ni proposer de bonnes lois, ni en améliorer de mauvaises. Elles n'ont qu'un pouvoir négatif.

3°. Les délais qui doivent se présenter, non-seulement pour faire les lois, mais pour les exécuter; le nombre prodigieux de fonctionnaires publics et de magistrats; leur ignorance de leurs devoirs; leur penchant à intervenir dans toute espèce d'affaires, tout conspire pour charger l'industrie d'un pesant fardeau; de sorte qu'indépendamment des dépenses régulières de l'état, les demandes locales et accidentelles sont immenses. La liberté, dans le fait, est pour les magistrats et non pour le peuple. Ils ont les mêmes moyens d'oppression que sous l'ancien régime, et le peuple n'a pas les mêmes ressources pour les prendre à partie; de sorte que nous pouvons dire véritablement que le gouvernement actuel réunit les imperfections de la pure monarchie à celles qui sont la suite du système représentatif.

CHAPITRE VI.

DE LA CHARTE.

Conduite de Louis XVIII lors de son retour en France. — Préambule de la charte. — Mécontentement qu'il occasionne. — Différence entre une charte octroyée, et celle qui est le résultat d'un arrangement. — Les François n'avoient point d'alternative. — Absurdités et contradictions de la charte. — Les émigrés. — Leur conduite en rentrant en France. — L'initiative des lois égale à un *veto* permanent déguisé. — Les évêques de France. — Leur opinion sur la charte. — Le code Napoléon reste en vigueur, quoique non d'accord avec la charte. — Jugement par jury. — Absurdité de la loi sur la calomnie. — Affaire du général Canuel. — Discours supposé adressé par Louis XVIII à quelques prétendus libéraux —Défaut de politique des gouvernemens relativement a la liberté de la presse. — Les juges sollicités par les parties avant le jugement. — Eloge du tribunal de commerce.

Lorsque Louis XVIII fut invité à venir d'Angleterre pour occuper le trône de France, dans le mois d'avril 1814, après que les alliés étoient entrés à Paris, il fut informé qu'il devoit signer et ratifier une charte contenant la constitution, approuvée par ceux qui lui avoient fait cette invitation. Sa Majesté partit en cet état de choses, mais quand elle arriva à Paris, elle ne fit pas exactement tout ce qu'on avoit compris, tout ce qu'on attendoit (1).

Dans le préambule de la charte, sa majesté dit : « que l'autorité tout entière résidoit en France dans la personne du roi; que ses prédécesseurs n'avoient point hésité à en modifier l'exercice, suivant la différence des temps... Que Louis XIV avoit réglé presque toutes les parties de l'administration publique par différentes ordonnances dont rien encore n'avoit surpassé la sagesse. »

Il dit plus loin « qu'il reconnoissoit que le vœu de ses sujets pour une charte constitutionnelle étoit l'expression d'un besoin réel »..... Mais « qu'il espéroit, qu'instruits par l'expérience, ils seroient convaincus que l'autorité suprême peut seule donner aux institutions qu'elle établit, la force, la permanence et la majesté dont elle est elle-même revêtue; qu'ainsi, lorsque la sagesse des rois s'accorde librement avec le vœu

---

(1) Cet exposé n'est pas exact. On invita Louis XVIII à venir reprendre possession du patrimoine de ses pères; on lui présenta un projet de charte constitutionnelle, mais on ne lui imposa pas l'obligation de l'adopter sans changemens, et l'on n'avoit pas le droit de la lui imposer.
(*Note du Traducteur.*)

des peuples, une charte constitutionnelle peut être de longue durée; mais que, quand la violence arrache des concessions à la foiblesse du gouvernement, la liberté publique n'est pas moins en danger que le trône même. » Enfin il finit par dire :

« A ces causes :

» Nous avons volontairement, et par le libre exercice de notre autorité royale, accordé et accordons, fait concession et octroi à nos sujets, tant pour nous que pour nos successeurs, et à toujours, de la charte constitutionnelle qui suit : »

Suivent ensuite les articles de la charte, au nombre de 74.

La première chose qui excita du mécontentement, fut qu'on eût fait des changemens aux articles soumis à Sa Majesté avant son départ d'Angleterre. On dit que Louis XVIII auroit dû faire alors ses conditions; car telles étoient celles auxquelles il avoit été invité à venir prendre possession de la couronne; mais qu'en arrivant à Paris, alors au pouvoir des alliés, il avoit tout changé, les stipulations, la manière dont elles étoient accordées, et le pouvoir qu'il s'attribuoit; qu'il accordoit comme une faveur, comme un don volontaire de munificence royale, ce dont on avoit prétendu faire un marché. Vous régnerez sur nous, lui avoit-on dit, si vous souscrivez cette charte. Louis avoit paru accepter ces conditions; mais quand il fut à Paris, il dit : Je suis roi; je suis dans la dix-neuvième année de mon règne, et je vous accorderai telle charte qui me semblera convenable à mes droits, à ma dignité et à vos intérêts (1).

Il étoit trop tard, et les circonstances étoient trop défavorables pour que les François pussent refuser cette charte. Ils y consentirent donc, mais ce ne fut pas de bonne volonté. Ils avoient, pendant vingt-cinq ans, proclamé la souveraineté du peuple, et dans le préambule de la charte on leur dit tout net que l'autorité tout entière réside dans la personne du roi, en un mot que ses droits sont les mêmes que les droits de ceux de ses prédécesseurs qui ont gouverné le plus arbitrairement; mais qu'attendu le changement des temps et des circonstances, il cède partie de ses droits.

De là naquirent l'opposition et une secrète mauvaise volonté. Le régicide Carnot et d'autres hommes de talent critiquèrent cette conduite; et c'est à cette cause, jointe à l'imprudence de quelques émigrés, et à la négligence des personnes qui entouroient sa majesté, qu'il faut attribuer la facilité avec laquelle Buonaparte s'empara de nouveau du trône à son retour de l'île d'Elbe (2).

---

(1) Si Louis XVIII ne tint pas tout-à-fait ce langage, on ne peut nier qu'il ne fût conforme à sa dignité, aux intérêts de son peuple et à ceux de la couronne.

(*Note du Traducteur.*)

(2) Malheureusement pour les émigrés qui arrivèrent avec le roi, il y en avoit parmi eux qui sembloient croire

Grand nombre de lettres furent adressées à Sa Majesté, et l'on dit aujourd'hui, d'après de bonnes autorités (1), qu'environ trois mille furent jetées un jour au feu, sans qu'on en eût ouvert la plus grande partie pour les lire.

Le règne de cent jours succéda à cette besogne; mais la charte resta toujours la même, quant au nombre des articles et quant à leur contenu. Mais nous avons à en envisager une autre partie.

Une charte est un acte qu'on doit mettre à exé-

---

qu'ils avoient pris possession de la France par droit de conquête; que leur loyauté leur donnoit le droit d'obtenir tout ce que le roi pouvoit accorder; que le roi avoit réellement celui de détruire tout ce qui avoit été fait pendant la révolution. Jamais ils n'examinèrent ni si la chose étoit possible, ni quelle étoit la véritable nature de la restauration. Ils pensèrent que les alliés avoient eu pour but de les réintégrer dans leurs droits, aussi bien que le roi; et ils regardoient comme rien de causer une révolution en France pour s'y rétablir. Ils croyoient que la France, les alliés, tout, en un mot, devoit céder à leurs intérêts. Tandis que telle étoit l'opinion des uns, ceux qui étoient près de la personne du roi étoient si enivrés de leur situation qu'ils ne vouloient pas même prendre la peine d'ouvrir les lettres par lesquelles on donnoit avis des dangers qui menaçoient.

(1) Quand un auteur rapporte un fait *d'après de bonnes autorités*, il feroit toujours très-bien de les citer, quand il veut être cru; car telle autorité qui paroît bonne à certaines gens, est souvent justement suspecte à d'autres.

(*Note du Traducteur.*)

cution, et cela est impossible si elle est incomplète ou contradictoire. Or il arrive que la charte actuelle, faite à la hâte, en deux ou trois jours, réunit ces deux caractères, de sorte qu'il est impossible que le gouvernement s'y conforme. Elle a donc été violée et elle l'est encore tous les jours, de sorte qu'elle n'est pas respectée comme une charte devroit l'être, et il est impossible qu'elle le soit.

Les articles qui suivent sont absurdes ou impraticables.

L'article 2 dit que « tous les François contribuent indistinctement, dans la proportion de leur fortune, aux charges de l'état. » Or, on ne mesure pas les contributions sur le revenu, mais sur la dépense, à l'exception de celles établies sur les terres et sur les maisons. Cet article est donc une lettre-morte.

L'article 7 dit que « les ministres de la religion catholique, apostolique et romaine, et ceux des autres cultes chrétiens, reçoivent seuls des traitemens du trésor royal ». Pareille chose n'est jamais entrée dans l'esprit et n'a jamais été exécutée. C'est donc encore une absurdité.

L'article 8 ne signifiera quelque chose que lorsqu'on connoîtra les lois sur la liberté de la presse.

L'article 13 dit que « les ministres sont responsables »; mais l'article 56 dit « qu'ils ne peuvent être accusés que pour fait de trahison ou de concussion », crimes dont il n'est pas possible de supposer que les ministres se rendent coupables; mais quant aux crimes d'oppression, de dilapidation, d'appropriation des deniers publics à leur profit, ils ne peuvent faire le sujet d'une accusation. En un mot, avec deux clauses si contradictoires, toute responsabilité en matière de finances n'est qu'une illusion, et c'est pourtant là qu'elle est surtout nécessaire. Ce fut parce qu'il n'existoit pas de contrôles sur cette branche d'administration qu'on vit arriver tous les malheurs qui amenèrent la révolution.

L'article 16 empêche les membres des chambres de proposer une loi; ce qui, sous un autre terme, en fait une espèce de *veto* perpétuel agissant par lui-même. Il est vrai que l'article 19 donne aux chambres « la faculté de supplier le roi de proposer une loi sur quelque objet que ce soit », mais pourquoi cette marche détournée, si ce n'est pour empêcher les chambres de rien indiquer, et pour laisser le roi en pleine possession de l'initiative? C'est dans le fait un *veto* permanent et silencieux, puisqu'il empêche de présenter à la sanction du roi quelque loi qu'il ne lui seroit pas agréable de confirmer. En un mot, c'est se moquer, que de présenter au roi une loi qu'il a proposée lui-même, et à laquelle on ne peut faire aucun changement, sans son consentement préalable.

L'article 18 dit que « toute loi doit être discutée et votée librement ». Mais pour qu'elle soit votée librement, il semble que la liberté de la discussion est tout ce qui est nécessaire, et en faire une obligation est pire qu'une sottise. Si on a la liberté de discuter avant de voter, le vote prouve qu'on a discuté l'affaire. Or, faire une nécessité de la discussion, c'est rendre beaucoup de votes irréguliers. Par exemple, le vote pour accorder les rentes qui devoient servir de paiement aux étrangers qui avoient des réclamations à faire sur la France, est rendu irrégulier par cet article, car il ne fut pas discuté. Même ce qui est voté par acclamation est irrégulier. Mais ces rentes ne furent pas votées par acclamation, ce qui indique non-seulement la liberté, mais le plaisir; elles le furent dans un morne silence qui annonçoit le manque de liberté, et par conséquent l'impossibilité d'une discussion.

L'article 33 dit que « la chambre des pairs connoît des crimes de haute trahison »; par conséquent elle seule doit en connoître. Cependant les pratiques de trahison qui eurent lieu à Lyon ne furent pas portées devant les pairs. Le général Canuel fut jeté en prison, accusé de trahison, mais son affaire ne fut pas soumise aux pairs qui n'étaient pas alors assemblés. Cet article est donc encore absurde.

L'article 46 fait qu'en soumettant les lois à la discussion de la chambre, on ne remplit guères qu'une pure formalité; car pour qu'il en résulte quelque chose de plus, il faut tant d'embarras et de délais qu'on ne peut expédier promptement les affaires qu'en adoptant simplement la loi, telle qu'elle est proposée par le roi. En un mot, l'effet de cet article est de rendre l'assemblée à peu près inutile, quoiqu'on n'eût probablement pas cette intention.

L'article 56 ne peut faire allusion qu'aux crimes de haute trahison et de concussion, puisque les ministres ne sont responsables pour aucun autre. Il paroît qu'on doit faire des lois pour déterminer la punition de ces crimes. Or, comme la haute trahison et la concussion doivent être punies de mort, il faut qu'on fasse allusion à quelque autre espèce de crime. Quand on rédigea cet article on avoit oublié le premier.

Avec une telle charte, il est absolument impossible de faire marcher un gouvernement, et c'est pourquoi tous les partis, en s'attendant à une crise, se plaignent que la charte est violée, et ils se plaignent tous avec raison. Le roi sent l'impossibilité de s'y conformer, et le peuple sent aussi qu'il ne résulte pour lui aucune sécurité d'un acte si imparfait et si impraticable. Cependant tous se réunissent pour crier, « La charte ! toute la charte ! rien que la charte ! » Ces cris ressemblent si exactement à ceux que poussoient en 1792 les différens partis, en l'honneur de la constitution, précisément à l'instant où elle fut violée à force ouverte, et après qu'on avoit résolu de la violer, qu'il en résulte naturellement de la méfiance parmi ceux qui se souviennent encore de cette époque.

Les évêques ont prouvé tout récemment ce qu'ils pensent du caractère sacré de la charte ; ils disent en propres termes que le roi l'ayant donnée, peut la changer ou l'interpréter comme il le juge convenable, ce qui est la même chose que de dire que la volonté du roi est la loi, comme autrefois, et que la charte n'a en réalité ni force ni valeur.

Pour ajouter à l'embarras, le code Napoléon reste en vigueur. Les juges ont donc à adapter le code d'un tyran à la constitution d'un peuple libre. Une des conséquences de cet état de choses, c'est qu'on ne connoît nullement en France le sentiment de liberté que nos droits consacrés par notre charte inspirent en Angleterre. Chacun sait que les lois sont antérieures à la charte; qu'elles n'ont été depuis ni changées ni révisées, et que par conséquent on ne peut compter sur la protection que la charte devroit assurer.

La difficulté de réviser les lois et de les mettre en concordance avec la charte, est peut-être la raison qui a empêché d'en faire la tentative : mais quelle qu'en soit la cause, cette tentative n'a pas eu lieu, et la charte est une lettre-morte, quant à la protection individuelle.

Le général Canuel et beaucoup d'autres furent emprisonnés et mis au secret pendant long-temps, sans pouvoir obtenir d'être jugés, et furent enfin déclarés innocens et mis en liberté. Plusieurs individus restèrent long-temps en prison, par suite du prétendu attentat contre la vie du *duc de Wellington*, et ils ne purent, qu'après plus d'une année, obtenir leur jugement et leur mise en liberté (1).

Le nom de la liberté a produit tant de maux en France, et la nature en est si peu comprise, qu'il est fort douteux qu'on jouisse jamais de ses bienfaits dans ce pays. Le peuple n'y a pas encore appris à savoir et à sentir que la cause D'UN individu opprimé est la cause de TOUS ; et jusqu'à ce qu'on sente cette vérité, qu'on en fasse la règle de sa conduite, jamais on ne réussira à établir la liberté.

Ceux qui sont accusés d'avoir publié des libelles ou des ouvrages calomnieux n'étant pas jugés par un jury, et les hommes que leur caractère et leur réputation place au premier rang, étant traînés devant le tribunal de police correctionnelle, où siégent trois juges qui n'interrogent pas les témoins sur serment, et qui sont eux-mêmes un peu ignorans, on est condamné ou acquitté au gré du hasard ou du caprice, et toute la procédure se conduit de la manière la plus vexatoire.

On commence par entendre le plaignant ou son avocat, et après qu'on a jeté à pleines mains les injures et les invectives sur le défendeur, la cause est remise à huitaine. Pendant ce temps, si l'affaire offre de l'intérêt sous quelque rapport, on en rend compte dans tous les journaux, et le bruit s'en répand dans toute l'Europe. La réplique vient enfin, mais trop

---

(1) Ils ont été jugés et reconnus innocens.

tard pour détruire l'effet qui a été produit. Ainsi donc le moyen le meilleur et le plus effectif de calomnier un homme en France, est de le traduire devant le tribunal de police correctionnelle, par une accusation de calomnie.

L'année dernière, toutes les plaintes contre les auteurs étant portées devant ce tribunal, ses séances inspiroient plus d'intérêt que celles de toutes les autres cours de justice réunies ; de sorte que les journaux françois qui n'osoient se mêler de politique, de peur d'être supprimés, ou de donner lieu à quelque poursuite contre leurs propriétaires, étoient réduits à parler des événemens et des accidens journaliers, et à rendre compte des procès qui avoient lieu en police correctionnelle.

Les cinq différens codes de lois qui furent faits du temps de Buonaparte, et qui sont compris dans un petit volume, se composent de différens articles numérotés par ordre, et qui ont rarement plus d'une ou deux lignes. L'article relatif à la calomnie, le 370°, se termine ainsi :

« . . . . . Ne sera considérée comme preuve légale
» que celle qui résultera d'un jugement ou de tout
« autre acte authentique. »

M. Dupin, avocat de M. Fabvier qui étoit accusé d'avoir calomnié le général Canuel, prononça pour sa défense un plaidoyer très-bien fait. « L'article 370 a sans doute été violé, dit-il, mais c'étoit une loi faite par l'usurpateur pour protéger ses agens, et elle est contraire à la justice et au sens commun. » Si un homme a été volé et accuse le voleur, celui-ci, s'il peut porter sa plainte en calomnie avant d'être jugé, peut obtenir des dommages et intérêts, et quoiqu'il soit ensuite convaincu et condamné, le calomniateur supposé aura subi son châtiment.

Si un général livre une bataille avec cent mille hommes sous ses ordres, et qu'il commette une faute qui la lui fasse perdre, ainsi que la moitié de son armée, toute personne qui rapportera ce fait, pourra être puni comme calomniateur, quoique cinquante mille hommes attestent la vérité de ce qu'il aura dit, parce que le général n'aura pas été reconnu coupable devant une cour de justice.

Aucune loi existante ne peut surpasser en absurdité celle dont nous parlons ; on ne peut y comparer que son injustice, et pourtant le gouvernement françois ne prend aucune mesure pour rapporter une disposition si absurde.

Que doit-on espérer de la paix d'un tel pays ? Nous ne pouvons véritablement voir une fin à la folie d'un tel arrangement.

Le gouvernement françois craint la liberté de la presse, et, en cela, il ressemble aux autres gouvernemens. Il feroit aussi bien de craindre la poudre à canon. Et s'ils savoient se servir de la presse aussi bien que de la poudre à canon, les bons gouvernemens n'auroient rien à craindre ; mais on diroit que tous les gouvernemens de l'Europe ont formé une sainte ligue à l'effet de ne pas se servir eux-mêmes de la presse, et c'est pourquoi ils en ont peur. S'ils ne considéroient que leur véritable intérêt, s'ils faisoient usage de la presse pour démontrer la sagesse de leur marche, ils n'auroient besoin de concevoir aucune crainte, et surtout depuis la révolution française. Quel gouvernement peut craindre d'être comparé avec justice à celui de la république, soit pendant l'anarchie, soit sous le directoire, soit sous le consulat ; ou à celui de la France courbée sous le joug despotique de Buonaparte ? Nous pouvons dire qu'il n'en existe aucun, excepté peut-être celui de Turquie, encore avons-nous quelques doutes à cet égard. Mais au lieu de faire ressortir ce contraste, les gouvernemens persistent à ne pas se défendre, et bornent leurs efforts à asservir la presse. Ils peuvent être sûrs qu'ils y perdront toujours. En dépit de tous leurs soins, leurs fautes perceront au grand jour, de manière ou d'autre, et les services qu'ils rendent ne seront ni crus ni connus. Le gouvernement qui veut étouffer l'opinion, doit compter qu'elle se prononcera toujours contre lui. Cette tentative, signe caractéristique d'un mauvais gouvernement, jette toujours de l'odieux sur tous ceux qui ont recours à un système si pernicieux, puisque, de toutes les sortes d'esclavages, celui de l'esprit est le plus insupportable.

Comment peut-on croire qu'un gouvernement approuve sa propre conduite, quand il ne souffre pas qu'on la discute librement ? Quant à nous, nous pensons que c'est par suite d'une fausse crainte qu'on veut restreindre la liberté de la presse, par un mélange de poltronnerie et de manque de connoissance du cœur humain, plutôt que par toute autre cause. Mais nous allons supposer que Louis XVIII se défende lui-même contre M. Benjamin Constant, et ces autres écrivains qui sont dans l'habitude continuelle d'attaquer son gouvernement, et qu'il leur adresse la parole en ces termes :

« Je m'aperçois, Messieurs, qu'après avoir été
» assez lâches sous l'usurpateur, pour garder le
» silence sur les affaires politiques, excepté quand
» vous veniez à bout de forcer nature au point de
» flatter votre oppresseur et de ramper à ses pieds,
» vous avez aujourd'hui l'assurance et la hardiesse
» d'attaquer le gouvernement doux et constitutionnel
» sous lequel vous vivez. Ce n'est pas que vous ayez
» plus de raison pour le faire, mais c'est que vous y
» trouvez moins de danger. Tel est toujours le calcul
» du lâche. Mais les lâches ne sont pas des hommes
» sages : la lâcheté est ordinairement accompagnée
» de beaucoup de folie. Un peuple mutin et mécon-
» tent ne peut jamais être libre. S'il obtient la liberté,
» elle dégénère bientôt en licence, et c'est ce qui
» arriva au commencement de la révolution. Pour
» qu'un peuple puisse conserver long-temps sa li-
» berté, il faut qu'il pense avec modération et qu'il
» agisse avec justice. Je ne prétends pas dire que mon

» gouvernement est parfait ; j'en suis bien loin : s'il
» l'étoit, il ne seroit pas humain, il seroit divin, tel
» qu'on ne voit rien sur la terre. Mais s'il s'y trouve
» des imperfections, quelles en sont les principales
» causes ? j'ai trouvé quatre-vingt-six préfets de
» départemens, cinquante mille maires et juges de
» paix, tous armés d'une autorité plus ou moins
» étendue, tous accoutumés à gouverner arbitraire-
» ment, tandis qu'ils étoient soumis à leur despote,
» comme de vils sycophantes, comme des esclaves.
» Pouvois-je changer tout à coup ces hommes en
» administrateurs sages et raisonnables ? Pouvois-je
» en un instant leur faire oublier tout ce qu'ils sa-
» voient, et leur faire apprendre ce qu'ils igno-
» roient ? Or, si cela étoit impossible, suis-je res-
» ponsable des actes partiels d'oppression et des in-
» convéniens locaux qui ont pu se rencontrer ? Il
» falloit au moins accorder du temps, car ce n'est
» qu'avec le temps qu'on peut faire de grands et
» d'utiles changemens. Le génie du mal peut seul ac-
» complir ses œuvres en un instant.

» Je ne pouvois réduire le nombre des magistrats
» subalternes sans faire une nouvelle division de la
» France, et sans risquer de causer une nouvelle ré-
» volution; et ce n'étoit que par degrés qu'il étoit
» possible de changer les individus qui étoient en
» place.

» Vos animosités, long-temps comprimées sous un
» maître sévère, ont éclaté dès le premier instant que

» vous vous êtes sentis libres. Suis-je à blâmer parce
» que les catholiques et les protestans se sont querellés
» à Nîmes? Suis-je responsable des troubles qui ont eu
» lieu à Lyon? Si cela est, je dois mettre de côté toute
» idée de liberté, et devenir despote.

» De ce que je souffre vos reproches, résulte la
» preuve que je ne les mérite point. Examinez bien les
» choses, et vous reconnoîtrez que la plupart des maux
» dont vous vous plaignez viennent de la situation dans
» laquelle j'ai trouvé le pays, et de la manière de pen-
» ser et d'agir qui y prévaloit lors de mon retour.

» Si vous voulez rendre mes sujets mécontens et re-
» belles, vous en prenez le bon moyen, en vous ap-
» pesantissant sur le mal et en cachant le bien à
» leurs yeux. Mais si vous voulez les rendre heureux
» et améliorer leur sort, il faut leur montrer le bien
» comme le mal, et je présume que vous n'oserez
» pas affirmer que le mal est partout et que le bien ne
» se trouve nulle part.

» Peut-être direz-vous que vous n'avez pas besoin
» de vous mêler de ce qui est bien, et que vous ne de-
» vez faire attention qu'à ce qui est mal, afin d'en ob-
» tenir le redressement. La première partie de votre
» allégation est vraie; ce qui est bien n'exige pas de
» changement, n'admet pas de plainte : mais à quelle
» école avez-vous appris qu'en discutant une question
» on ne doit l'envisager que sous un point de vue?

» Quand et où avez-vous appris qu'il faille semer le
» mécontentement pour recueillir le bonheur?

» Vous gardiez le silence sous Buonaparte. Avouez-
» vous que vous étiez des lâches et que la crainte vous
» fermoit la bouche ? ou bien vous taisiez-vous parce
» qu'alors il n'existoit aucun abus ? Je suis certain que
» vous rougiriez de répondre avec vérité à ces questions.

» Mes intentions sont pures. Le bonheur de mon
» peuple est mon but, et je travaille à l'assurer ; mais
» je ne puis faire l'impossible, ni accomplir en un jour
» l'ouvrage de plusieurs années. Si vous désirez sincè-
» rement la prospérité de la France, aidez-moi de vos
» talens ; mais tant que vous les emploierez à semer le
» mécontentement et à faire le malheur du peuple, je
» dois douter de vos bonnes intentions et déployer
» toute mon autorité pour neutraliser vos efforts. »

Avec tout le talent de ceux qui attaquent le gouvernement françois, ils trouveroient quelque difficulté pour répliquer à de tels reproches, et s'ils le faisoient, ils prendroient pour base de leur défense l'éloignement que montre le gouvernement pour permettre qu'on discute librement les matières politiques.

L'esprit est une essence morale élastique, ressemblant, jusqu'à un certain point, à ces fluides élastiques dont la force devient irrésistible quand ils sont comprimés, mais qui restent en paix quand on ne gêne pas leur expansion naturelle. La comparaison est aussi juste qu'aucune qu'on puisse établir entre une idée morale et une chose matérielle.

Je citerai le trait suivant comme un exemple du danger d'attaquer les productions de la presse. Un écrivain françois (1), mécontent avec raison du discours que le comte de Stanhope prononça l'année dernière dans la chambre des lords, fut obligé d'en rapporter certaines parties pour donner ensuite son opinion. Son but étoit de venger l'honneur de son pays, mais en le faisant, il ne put s'empêcher d'admettre ce que le monde entier sait être la vérité, que la France avoit ravagé et pillé la plus grande partie de l'Europe. Cela fut traité de libelle, et l'auteur fut condamné par le tribunal de police correctionnelle, quoique ses intentions fussent reconnues droites, quoique ses juges pensassent probablement comme lui.

Si la loi reste telle qu'elle est, il n'y a plus de sûreté à écrire l'histoire en France. Ce sera une calomnie de dire que le duc d'Orléans, père du prince qui porte aujourd'hui ce titre, a voté pour le meurtre du roi, parce que cela n'a pas été prouvé dans une cour de justice; et son fils obtiendroit des dommages et intérêts s'il étoit assez insensé pour intenter une poursuite à ce sujet, parce que la loi est positive, et qu'il n'y a point de jury pour juger de l'intention.

La seule sûreté qu'un écrivain puisse avoir en France, c'est qu'il se trouvera peu de gens assez fous pour l'attaquer quand il aura dit la vérité sur un homme qui a mal agi, mais qui n'en a pas été légalement convaincu.

---

(1) M. Fiévée, dans sa correspondance politique et administrative.

C'est une erreur que de s'opposer à la liberté de la presse ; mais ne pas vouloir que les délits commis par des écrivains soient soumis à un jury, c'en est une encore plus grande.

Les collaborateurs de *la Minerve*, qui attaquent habituellement le gouvernement, ont atteint ce degré d'expérience qui les met en état de le faire avec impunité : et ce qui est encore plus défavorable pour le gouvernement, c'est que tout écrivain mis en jugement comme libelliste, qu'il soit coupable ou non, a pour lui la voix publique. Sa condamnation même est une victoire qu'il remporte, et c'est une défaite pour le gouvernement. Ce n'est point un triomphe silencieux, car il retentit dans toute la France, et avec un enthousiasme qui tend à faire haïr ou mépriser le gouvernement du pays, suivant les circonstances.

On voit tous les jours, même dans la vie commune, des exemples de gens qui exhalent leur courroux en discours. Cela s'appelle familièrement donner vent à sa colère, à son mécontentement, à ses plaintes. Que la cause en soit réelle ou imaginaire, l'écoulement qu'on donne à son déplaisir par des paroles, n'en produit pas moins le même effet. Il soulage l'esprit. Pourquoi donc ne verroit-on pas arriver sur une plus grande échelle ce que des personnes même prudentes se permettent tous les jours dans la vie privée ?

Employer le secours de la presse pour en contrebalancer les effets, ce seroit la plus sage de toutes les mesures. Un régiment de soldats coûte autant à entretenir qu'il en coûteroit pour enrôler sous les bannières du gouvernement tous les littérateurs qui en valent la peine, et un seul littérateur peut quelquefois être plus utile qu'un régiment tout entier.

Dans l'état actuel des choses, les gens qui peuvent écrire trouvent qu'ils peuvent être payés s'ils attaquent les gouvernemens, mais non s'ils les défendent. Aussi les gouvernemens sont-ils vigoureusement attaqués, et misérablement défendus, quand par hasard ils le sont. C'est la conséquence naturelle de la conduite des différens gouvernemens d'Europe, et ils ne peuvent y réfléchir trop sérieusement. Une pareille marche doit finir par leur devenir funeste. Il est possible que les gouvernemens succombent, quoique leurs assaillans ne réussissent pas dans leurs projets. Les ennemis du gouvernement françois ne réussirent pas à établir la liberté au commencement de la révolution, mais le gouvernement n'en succomba pas moins, et sa chute fut terrible.

Nous serions curieux de savoir quel but se proposent ceux qui veulent enchaîner la liberté de la discussion. Ce sont les amis des gouvernemens, ou les gouvernemens eux-mêmes, c'est-à-dire les souverains et leurs ministres, ou ceux qui les entourent. Or, comme la Turquie et Alger sont les pays du monde où l'opinion est le plus complètement comprimée, et que l'Angleterre est celui où règne la plus grande liberté de discussion, il en résulteroit, si les souverains et les gouvernemens ne sont pas dans l'erreur, que les chefs de ceux de Turquie et d'Alger sont plus heureux, plus riches, plus tranquilles que ne l'étoit le roi d'Angleterre, et que ne le sont aujourd'hui le prince régent et ses ministres.

Si le bonheur des rois consiste dans la puissance, la richesse et la sécurité, nous avons peine à croire que le grand-seigneur, avec ses cordons et ses janissaires, soit aussi heureux que le prince régent; et nous ne pouvons nous empêcher de penser que les ministres turcs, quand ils voient les têtes de leurs prédécesseurs sur la porte du sérail, ne sont pas tout-à-fait aussi à l'aise que les nôtres, quand ils regardent le pont de bois ou la pagode chinoise qui tombent en ruines dans le parc de Saint-James. Il paroît donc que l'avantage est du côté des monarques et des ministres qui gouvernent un peuple libre, en possession du jugement par jury, de la liberté de la presse, et de la déclaration des droits.

Le gouvernement françois n'est encore établi que depuis peu de temps, et la liberté nationale fait déjà des progrès. Si elle n'en fait pas davantage, ce n'est pas tant le gouvernement qu'il faut en accuser que les cours de justice et le code des lois ; et une réforme est évidemment nécessaire dans les unes comme dans l'autre.

La justice est encore plus mal administrée dans les départemens qu'à Paris, les juges y étant encore plus ignorans; les relations entre les juges et les parties s'y trouvant beaucoup plus intimes, et les tribunaux y étant moins retenus par une crainte respectueuse de l'opinion publique.

On reprocha aux princes et aux émigrés françois, lors de leur retour dans leur patrie, de n'avoir rien appris, rien oublié. Mais si cela étoit vrai, on pouvoit en dire autant des François qui y étoient restés, car ils persistent encore dans quelques-unes des plus mauvaises coutumes qui avoient lieu sous l'ancien régime.

Parmi ces vieux usages, un des plus honteux est celui qui permet aux parties, dans un procès civil, d'aller, chacune séparément, voir leurs juges, et les solliciter en particulier. Après toute cette parade de liberté, après avoir secoué d'anciens préjugés, et avoir réformé plus d'un système vicieux en affaires, cette coutume indécente n'en continue pas moins. Les juges se laissent-ils persuader ou gagner ? c'est ce que les parties seules peuvent savoir; mais, sans faire de conjectures malignes, il est naturel de croire qu'on ne prend pas cette peine pour rien. De deux choses, ou même d'un plus grand nombre, le sceptique le plus décidé croit toujours celle qui paroît la plus probable. Or, la question se réduit à ceci : Quand un juge s'expose à être soupçonné, lequel est le plus vraisemblable que la politesse, une sorte d'indifférence pour l'opinion publique, ou l'intérêt dirige sa conduite ? Les juges, pour la plupart, ne brillent point par la politesse, surtout à l'égard de ceux qui viennent leur demander justice ; il est impossible de croire qu'ils soient indifférens à l'opinion publique ; qu'ils aient les foiblesses de l'humanité, et qu'ils aiment leurs propres intérêts, c'est ce qui est très-possible.

Cet usage de solliciter les juges, avant le jugement, paroît à un Anglois plus contraire à la délicatesse qu'aucun des usages de l'ancien régime. C'étoit un des premiers abus à réformer, et l'on devoit s'attendre qu'on y songeroit. Il existe pourtant encore, et c'est un des motifs qui font qu'on peut rétorquer le reproche dont nous parlions tout à l'heure.

Une autre coutume qui existoit aussi autrefois et qui n'est pas encore tout-à-fait abolie, c'est de voir dans une cour de justice deux avocats parler en même temps, et s'interrompre l'un l'autre dans le cours de leur plaidoyer.

On a aussi une grande déférence pour le ministère public, comme on l'appelle, ou le procureur du roi, non pas seulement quant à ses réquisitoires, mais relativement aux argumens qu'il emploie ; et quand l'avocat d'une des parties le presse trop vivement par ses raisonnemens, la cour intervient et ferme la bouche à l'orateur. Au total, on remarque dans les tribunaux une grande apparence de partialité excessive, et peu d'attention pour la justice. Les apparences sont quelquefois trompeuses et elles peuvent l'être ici ; mais en général, les cours de justice en France n'inspirent pas le respect, et ne semblent pas mériter la confiance.

Il faut cependant faire une exception en faveur du tribunal de commerce, composé de juges qui exercent leurs fonctions gratuitement. Ce sont d'anciens négocians de talens éprouvés et d'une réputation sans tache. C'est l'ancienne cour des consuls, modelée à neuf, mais dont l'essence est restée presque la même.

Dans chaque district, dans chaque village, on trouve un maire ou un juge de paix. Le nombre moyen de chacun de ces fonctionnaires publics est d'environ un pour douze cents personnes ou trois cents familles. Si donc la France n'est pas bien administrée, ce n'est pas faute d'administrateurs. Chaque maire est un petit souverain. Il fait des réglemens qui ont force de loi dans son arrondissement. Si l'opéra bouffon du juge Midas n'avoit pas été composé avant la révolution, on seroit tenté de croire que le but de l'auteur a été de ridiculiser ce qui se passe si fréquemment dans quelques villages de France, car chaque village est une cité par son organisation, ou plutôt une sorte de principauté; et les lois de M. le maire y sont plus respectées que celles du pays, attendu qu'il est là pour les faire exécuter, et qu'il est souvent inutile et toujours dispendieux d'en appeler à une autorité supérieure.

CHAPITRE VII.

ESPRIT PUBLIC ; OPINION GÉNÉRALE.

Ouvrage du général Gourgaud. — Examen de la bataille de Waterloo. — Etrange omission dans toutes les relations qui en ont été faites. — Impudence de Gourgaud. — Son absurdité. — Les François disent toujours qu'ils furent trahis et non battus. — Aveuglement des François sur leur situation. — Colonne triomphale ; calcul du sang qu'elle a coûté. — Prétendu complot des ultra-royalistes. — Ultra-libéraux. — Jalousie de la France contre la Russie. — Différence de sa jalousie contre l'Angleterre. Plans de Pierre-le-Grand. — Ce qui reste à faire pour les exécuter. — Opinion des François sur l'accession de Louis XVIII à l'alliance conclue à Aix-la-Chapelle. — Les alliés justifiés d'avoir rétabli Louis XVIII sur le trône après la bataille de Waterloo. — Conduite des émigrés en 1814. — Les François ne sentent pas tout ce qu'ils doivent au roi pour l'influence qu'il a exercée sur les alliés.

L'ouvrage publié par le général Gourgaud en Angleterre produisit en France un effet curieux. Il fit voir combien il est facile de faire circuler secrètement un livre prohibé; combien la vanité françoise a besoin d'un appui relativement à la bataille de Waterloo, et enfin combien le peuple en France voit avec plaisir une attaque contre les Anglois, surtout si cette attaque est dirigée contre leur bravoure et contre leur science militaire.

A peine publia-t-on jamais une rêverie plus ridicule que l'ouvrage de Gourgaud, surtout en ce qui concerne la bataille de Waterloo, et la marche des troupes alliées sur Paris, qui en fut la suite.

Dès que ce livre arriva à Paris, la police en défendit la vente. Mais comme les journaux anglois avoient parlé de l'auteur et de l'ouvrage, des milliers de personnes l'attendoient, et le peu d'exemplaires qui s'en répandirent, obtinrent une circulation rapide quoique secrète. Ils passoient de main en main, et l'on regardoit comme une pieuse fraude le soin de cacher ce trésor défendu.

On lut ce livre avec plus d'avidité, parce que le gouvernement en avoit défendu la vente, et après l'avoir lu, le lecteur fut surpris que la circulation en eût été prohibée. C'est, dans la réalité, un ouvrage qui ne mérite que le mépris. Quoique l'auteur fasse tout ce qu'il peut pour chanter les louanges de Buonaparte, on voit qu'il lui étoit impossible de le faire de manière à obtenir l'approbation des gens impartiaux, ou, pour mieux dire, à ne point paroître coupable d'absurdité aux yeux de tout homme sans préjugé.

Il est bien étrange que, quoiqu'il y ait au moins

douze relations de la bataille de Waterloo, il n'en existe pas deux qui se ressemblent, et le défaut de ressemblance est si grand, qu'on seroit tenté de croire que c'est l'effet d'une intention. Cette idée paroît d'autant plus vraisemblable que les principaux détails donnés par les deux parties sont défectueux en un point important, et certaines circonstances nous font croire que ce n'est pas l'effet d'un accident.

La circonstance dont nous parlons, et qui est passée sous silence, est relative à l'arrivée du corps prussien sous les ordres du général Bulow. Les relations angloises et françoises disent que ce corps parut tout à coup, inopinément, et comme si aucun des deux généraux en chef ne s'y attendoit. Il est évident que Buonaparte prétendit l'avoir pris pour l'armée de Grouchy, ce qui étoit impossible, car une armée qui marche pour faire sa jonction avec une autre envoie toujours des estafettes en avance pour annoncer son arrivée. Elle ne se contente même pas de faire partir un courrier, elle en dépêche plusieurs, à différentes heures et par différentes routes. Apprendre d'avance qu'un renfort considérable va arriver pendant une bataille importante et décisive, est une chose presque aussi importante que l'arrivée même du renfort. Tous les généraux françois avoient trop d'expérience, et connoissoient trop bien leur devoir, pour en négliger une partie si essentielle. Nous ne pouvons donc hésiter un instant à croire que Buonaparte savoit parfaitement que l'armée de Grouchy n'arriveroit pas sans qu'il en fût averti à temps. Qu'il ait trompé sciemment son armée à cet égard, c'est ce dont il est impossible de douter; il n'en parle point dans ses ordres, mais il semble vouloir entretenir la croyance qu'il pensoit réellement que le corps de Bulow étoit l'armée de Grouchy.

D'une autre part, le duc de Wellington savoit positivement que les Prussiens étoient en route pour venir le joindre, et qu'ils arriveroient dans l'après-midi. Il est probable qu'il les attendoit plus tôt qu'ils n'arrivèrent, mais ce n'est point là la question. Elle est fort simple quoique très-importante. Les Prussiens arrivèrent-ils inopinément, ou étoient-ils attendus? On peut y répondre que leur arrivée étoit plus qu'attendue; elle étoit certaine, et cependant les relations de la bataille, sans nier qu'on eût reçu avis de leur marche, avant leur apparition, portent à croire ou à supposer qu'on n'en avoit pas reçu la nouvelle préalable.

Le fait qu'on ne fît mention dans aucune dépêche qu'on eût reçu cet avis est étonnant en lui-même, mais ce qui ne l'est guères moins, c'est qu'aucun militaire n'ait jamais relevé cette omission. Pense-t-on qu'une armée qui marche au secours d'une autre, au moment du danger, arrive inopinément comme un troupeau de moutons? Nous ne pouvons concevoir comment cette circonstance n'a pas été remarquée jusqu'ici, et cette omission, faite des deux côtés, en nous empêchant d'être certains qu'on n'ait pas oublié de même de mentionner d'autres points importans, nous fait douter que nous possédions actuellement, et que nous ayons jamais une relation exacte de cette bataille décisive.

Le général anglois ayant remporté la victoire, se contenta de ce succès. Jamais il n'avoit, dans aucune de ses dépêches, affiché une vaine gloriole, et ce n'en étoit pas l'occasion. Cependant, après avoir rendu justice à sa modestie, il est juste, d'une autre part, de dire qu'il y avoit une grande différence à maintenir son terrain en sachant qu'un renfort arrivoit, ou sans en avoir l'espérance. Dans ce dernier cas, c'eût été un acte de témérité, quoiqu'il eût pû, en tout événement, passer pour un noble trait de bravoure. Mais, dans la première hypothèse, ce n'étoit pas un acte de courage, c'en étoit un de nécessité. Les Prussiens auroient été trompés et taillés en pièces, si les Anglois avoient battu en retraite lorsqu'ils arrivoient. Ainsi donc, ordonner la retraite en sachant que le corps prussien avançoit, c'eût été une trahison avérée; au lieu que s'il n'avoit pas été en marche, il auroit pu être sage, sinon absolument indispensable de le faire. Telle est la différence de la conclusion qu'il faut tirer de la persévérance du duc de Wellington dans l'un et dans l'autre cas. L'omission de cette circonstance dans les dépêches, soit qu'elle ait eu lieu avec ou sans intention, produisit d'importans effets sur le jugement qu'on porta de la conduite du général anglois dans cette journée importante.

Pour en revenir à l'ouvrage de Gourgaud, c'est peut-être la première fois qu'un homme poussa l'impudence jusqu'à dire que toutes les mesures qui réussirent furent des fautes, et ne dûrent leur succès qu'au hasard; et que toutes celles qui échouèrent, étoient sagement combinées, et ne manquèrent leur effet que par des circonstances fortuites.

Qu'un ou deux événemens puissent être entièrement dérangés par des accidens imprévus, c'est ce qui n'est pas impossible; mais qu'une série de mesures bien combinées vienne à faillir d'un côté, tandis qu'une série de dispositions mal conçues réussit de l'autre, et cela sans une seule exception, c'est, d'après la doctrine des chances, une chose si voisine de l'impossible, que pas un homme de bon sens ne voudroit, dans un cas ordinaire, avancer une pareille assertion. Nous sommes pourtant loin de croire que le général Gourgaud eût perdu le sens en parlant ainsi. Il avoit à plaire à Buonaparte et aux amis qu'il conserve en France, et il savoit que rien de ce qui tendoit à flatter leur vanité, à guérir les blessures qu'avoit reçues leur orgueil, ne leur paroîtroit impossible à croire. Gourgaud avoit raison. Il fut plus heureux que son maître, car son plan bien conçu réussit, et les François furent enchantés d'apprendre que leurs concitoyens, quoique battus, avoient fait preuve de beaucoup de science et de bravoure, et que les Anglois, quoique victorieux, avoient montré une grande ignorance et une bravoure fort médiocre (1).

L'absurdité de la marche sur Paris suivit l'absurdité du gain de la bataille. Ce calcul fut encore couronné par le succès ; et cependant les François trouvent qu'on ne peut répondre aux argumens de Gourgaud. Ils maudissent le temps et le hasard, et ne songent pas qu'une des chances en faveur de Wellington étoit la trahison dont ils se plaignent.

Les François se donnent toujours beaucoup de

---

(1) Nous nous sommes toujours imaginé qu'un ravin mettoit assez de distance entre les deux armées pour empêcher la mitraille de produire beaucoup d'effet. Sans cela, la formation de l'armée en bataillons carrés auroit été une mesure fatale, au lieu qu'elle réussit. La mitraille se divise tellement, qu'à seize ou dix-huit cents pieds, il n'y a pas un coup sur seize qui porte : une partie frappe la terre avant d'arriver au but, le surplus passe par dessus la tête des soldats, et n'en peut blesser tout au plus qu'un petit nombre à l'arrière garde.

A peu de distance au contraire, la mitraille produit un effet terrible, et les bataillons carrés auroient été entièrement détruits, si les batteries de canon en eussent été plus rapprochées. Si notre supposition est juste, c'est une autre omission dans la relation de cette bataille, et le choix d'une telle position fait grand honneur au duc de Wellington.

mal pour prouver qu'ils ne furent pas vaincus. Telle est la nature de leur goût et de leur morale, qu'ils pensent moins déshonorant pour eux de trouver des traîtres que des lâches dans leurs rangs.

L'insinuation que des malveillans s'étoient glissés parmi les soldats et avoient crié : « Sauve qui peut ! » fut imaginée par Buonaparte ; mais c'est une absurdité ridicule. Si ce cri se fût fait entendre, bien des gens en rendroient témoignage, et le fait seroit authentiquement prouvé ; mais il n'en est rien, et Buonaparte n'en parle que comme d'un bruit. Mais quand même cela seroit vrai, pourquoi l'attribuer à la trahison plutôt qu'à la lâcheté. Ce cri auroit été naturel dans un lâche. La lâcheté, dans une bataille, n'est pas un acte de la raison, c'est le résultat des sensations qui deviennent trop vives pour obéir à la raison ou à la volonté. Un fuyard court plus de danger dans une armée, que celui qui reste à son rang, ou qui marche en avant. Supposer que ce cri ait été poussé par des traîtres et non par des lâches, c'est presque supposer l'impossible. D'abord ce fait auroit supposé plus de scélératesse et d'infamie qu'on n'en peut concevoir ; mais ensuite vient la question, comment ces malveillans purent-ils se glisser parmi les soldats pour exécuter un tel dessein, au risque imminent de leur vie, et sans pouvoir en retirer aucun avantage.

Au surplus, ce bruit, tirant son origine d'une assertion de Buonaparte, ne mérite pas une réfutation sérieuse, parce qu'on sait parfaitement qu'en aucune occasion il n'hésitoit à sacrifier la vérité au mensonge quand cela pouvoit être utile à ses vues. Nous n'en parlons que parce que les François adoptèrent cette manière d'expliquer la déroute de l'armée, comme offrant à leurs yeux la meilleure justification de l'honneur national.

Il est presque incroyable que tout un peuple ajoute foi à ce qui est tout-à-fait invraisemblable et même impossible, au lieu de croire ce qui est évident et naturel : c'est pourtant ce qui est arrivé.-

Quand la relation faite par Gourgaud de cette courte campagne arriva à Paris, on en fut enchanté. On regarda ses assertions comme des vérités positives, et ses raisonnemens comme sans réplique.

Après la bataille, la première chose qu'il falloit démontrer, c'étoit que Paris étoit en état de résister aux armées angloise et prussienne. Mais, dit-il, les agens de cette ville, des accidens et la trahison favorisèrent l'invasion, et Paris capitula. Ainsi, soit que Buonaparte arrivât du côté du sud, ou l'armée alliée du côté du nord, on s'emparoit de la capitale contre le vœu et la volonté du grand nombre, par suite des manœuvres de quelques individus qui, à ce qu'il paroît, avoient toujours les moyens de conduire et de subjuguer la majorité.

Quand les alliés arrivèrent pour la première fois, en 1814, on dit qu'on fit à Montmartre une résistance formidable, et que la canonnade y fut effrayante et destructive. Or, en examinant avec grande attention cette montagne du côté du nord, côté par où les alliés l'attaquèrent, je ne pus apercevoir aucun vestige de destruction, quoique la colline soit couverte de maisons et de jardins presque jusqu'au sommet. Comme je fis plusieurs fois cette remarque, à différentes époques, à divers Parisiens, ils me firent tous la même histoire, en me disant que tout avoit été réparé ou rebâti. Fort bien, mais on voyoit que les arbres étoient vieux, que les maisons étoient construites depuis long-temps, et qu'on n'apercevoit aucune trace de réparations. La seule réponse à cela, c'étoit qu'on ne savoit comment cela se faisoit, mais qu'il n'en étoit pas moins incontestablement vrai que les alliés avoient détruit presque tout (1).

En rassemblant toutes les circonstances, il me parut que, quoiqu'on eût fait des préparatifs de défense, on n'essaya pas de se défendre; qu'on commença une ca-

---

(1) Un télégraphe, le premier qui fut élevé, est situé sur le haut de cette montagne, et les étrangers ont coutume d'aller le voir. Le même homme qui y est aujourd'hui, me dit qu'il s'y trouvoit lors de l'attaque des alliés, et il me fit à peu près le même récit que les autres. Cependant, en le pressant de questions, il convint qu'un seul boulet avoit atteint le bâtiment sur lequel le télégraphe est élevé, et que l'affaire ne dura pas long-temps; mais, ajouta-t-il, ce fut parce que nous fûmes trahis par une capitulation, sans quoi les troupes ennemies auroient vu beau jeu.

nonnade à quelque distance, uniquement pour sauver les apparences, et que Paris, au lieu d'être trahi par une négociation, lui dut au contraire son salut. Mais comme la gloire militaire est la seule chose qui se présente à l'esprit des François, ils ne purent s'habituer à cette idée, et ils accusèrent les officiers qui avoient traité pour eux, de les avoir livrés, pieds et poings liés, à l'ennemi.

On pourroit s'imaginer que les François sentent qu'ils ont follement parcouru une carrière militaire avec bien peu de profit; que, quoique leurs armées se soient toujours battues avec courage, leurs guerres se sont terminées d'une manière si désastreuse, qu'ils désireroient l'oublier; que du moins ils éviteroient d'en parler; mais c'est tout le contraire, ils n'ont jamais tant de plaisir, tant d'enthousiasme, que lorsqu'ils parlent de leur gloire et des victoires que leurs armées ont remportées dans toutes les parties de l'Europe. Il est aisé de s'apercevoir qu'ils désirent encore trouver l'occasion de renouveler leurs grands projets, et il n'est pas injuste de croire qu'ils pensent réellement que si la gelée, la neige, les accidens, et surtout la trahison n'y mettoient obstacle, ils pourroient conquérir l'univers.

Il faut espérer que quelque accident, quelqu'une de ces trahisons dont ils se plaignent si souvent, les empêchera de faire à ce sujet une nouvelle tentative, dans laquelle on ne peut guères douter que leur espoir ne se trouvât misérablement déchu.

Il est évident que les François ont oublié les malheurs que leurs guerres multipliées ont occasionnés, mais qu'ils se souviennent de l'importation considérable de numéraire qui les a accompagnées, et qu'ils conservent l'orgueil que leur ont inspiré leurs conquêtes. Les seuls désastres qu'ils semblent se rappeler sont ceux qui eurent lieu après l'entrée des alliés en France. Ils paroissent ne plus songer aux enfans que leur arrachoit une cruelle conscription (1); mais quand le pont de Lodi, la bataille d'Austerlitz, ou quelque autre de leurs victoires, fait le sujet de la conversation, leurs yeux brillent de joie au souvenir de la gloire acquise par la France, et ils ne sont pas mouillés par une larme accordée aux braves gens qui ont arrosé ces lauriers de leur sang.

Le caractère de l'esprit national peut se remarquer dans les gravures, la plupart lithographiques, qui sont exposées sur les boulevards ou dans les boutiques. Elles représentent des soldats françois escala-

---

(1) Un Anglois, après avoir vu sur la place Vendôme, la colonne qui est couverte de bas-reliefs représentant de nombreuses victoires, et pour lesquels on a employé le métal des pièces de canon prises en Allemagne en une seule campagne, a calculé que le sang françois répandu dans cette même campagne, seroit plus que suffisant pour remplir l'intérieur de cette colonne, s'il étoit complètement vide. Si donc elle offre un sujet d'orgueil, combien de pleurs devroient couler pour la perte de tant de braves gens.

dant un fort; un François défiant un grand nombre d'ennemis qui reculent effrayés de sa bravoure, et d'autres traits semblables, réels ou imaginaires; mais partout le héros ou les héros françois ont un air de mépris sauvage qui semble braver l'ennemi. Les groupes qui sont toujours assemblés pour contempler ces gravures, sont constamment dans un état d'admiration. Il en est une surtout qu'ils regardent avec un plaisir tout particulier : c'est celle qui représente un soldat blessé, ne pouvant plus se servir que d'un bras, et qui tient en respect un capitaine autrichien et toute sa compagnie, qui, la baïonnette en avant, semble ne pas oser s'approcher du héros estropié.

On voit plus de gens courir à leurs portes ou à leurs fenêtres pour voir défiler une douzaine de soldats, que pour voir passer le roi dans son carosse, accompagné de tous ses gardes. C'est que les uns ont l'air de faire une sorte de service militaire, et que les autres ne sont que pour la parade, ce qui ne leur plaît point.

L'ouvrage de Gourgaud et les journaux anglois prouvent qu'il est inutile de mettre des restrictions sur la presse en France, à moins qu'on intercepte toute communication avec l'Angleterre, car tout ce qui vient de ce pays et qui traite des affaires de la France, y est plus recherché que ce qui s'imprime en France même, et de manière ou d'autre, il s'en répand toujours un assez grand nombre d'exemplaires pour y donner de la publicité.

On en vit un exemple frappant l'été dernier, lorsqu'on prétendit qu'il existoit un complot pour arrêter le roi et ses ministres et pour mettre MONSIEUR sur le trône. Ce complot n'étoit qu'imaginaire, mais les journaux anglois le donnèrent comme véritable. *La Minerve*, et d'autres feuilles hebdomadaires, s'emparèrent de ce bruit, sous prétexte d'en examiner le fondement ou de le contredire, ou, comme on le soupçonna fortement, dans le dessein insidieux de le faire circuler et de lui donner de la publicité. Quelque projet qu'on pût avoir, on produisit beaucoup d'effet. Il fut généralement cru que les *ultras* avoient réellement formé un plan pour détrôner Sa Majesté, et les assertions devinrent si positives, que le général Canuel et plusieurs personnes qui avoient montré le plus d'attachement pour la personne du roi, furent arrêtés, jetés en prison et mis au secret.

Avant qu'on ait pu prendre des mesures si rigoureuses contre des hommes d'un rang distingué et si attachés à la cause royale, il faut que le gouvernement ait ajouté foi à la prétendue conspiration : cependant, après une longue détention, tous les prévenus furent mis en liberté, les juges chargés d'informer sur cette affaire et de les interroger, ayant déclaré qu'il n'y avoit pas lieu à accusation.

Tout cela fut occasionné par des articles insérés dans les journaux anglois sous le titre de *Correspondance particulière*; et tout cela fut attribué aux *ultras*. Des remontrances de *Monsieur* au *Roi*, des plaintes de *Monsieur* contre les ministres, circuloient en manuscrit de main en main parmi les gens unis par une même confiance. En un mot les choses allèrent si loin, qu'on s'imagina que le roi n'osoit déployer son autorité, et cela se passoit précisément à la veille des élections et du recrutement de l'armée. Beaucoup de personnes pensoient et disoient assez clairement, qu'une révolution étoit sur le point d'éclater. On sait maintenant qu'ils étoient dans l'erreur, mais c'est ce qui n'a rien de commun avec la cause du fait; et il est très-certain que si la presse avoit été libre en France, des articles insérés dans des journaux étrangers n'auroient pu produire un tel effet. Tant que la presse ne sera pas libre, il se trouvera des écrivains qui auront assez d'adresse pour faire le mal, sans s'exposer au châtiment; mais personne ne leur répondra, parce que, comme on l'a vu dans l'affaire de la réplique à lord Stanhope, on court autant de risque en répondant qu'on en auroit couru en écrivant l'ouvrage auquel on veut répondre.

On ne peut trouver un moyen terme pour gouverner la discussion des opinions. Il faut qu'elle soit libre, sauf la peine à infliger en cas de trahison, de libelle ou de calomnie, ou il faut qu'on enchaîne la liberté de la presse, et même des discours, comme à Constantinople.

A Paris, les procès pour des écrits supposés dirigés contre le gouvernement, ont été si nombreux, qu'on tint l'esprit public dans une agitation constante; et en Angleterre, le gouvernement a fait, en général, plus de mal que de bien par des poursuites qui, quoique quelquefois nécessaires, ne doivent jamais avoir lieu sur de légers motifs, ou lorsqu'on n'a pas une espèce de certitude qu'il en résultera une condamnation.

Mais vouloir étouffer l'opinion publique, ou l'écraser sous le poids de l'autorité, c'est ce qui est impraticable en France. La seule alternative est donc de faire de sages réglemens, d'accorder toute liberté à la discussion, et de punir tous ceux qui sont coupables de tentatives pour nuire à la tranquillité publique, ou pour attaquer illégalement la réputation individuelle.

Les ministres françois, et particulièrement celui de la police, paroissent avoir mis trop de négligence relativement à la correspondance particulière dont nous venons de parler. Elle prenoit son origine à Paris; ceux qui en étoient les auteurs étoient bien connus; et cependant on ne prit aucune mesure pour la faire cesser. De là naquit le plan d'agir sur l'opinion publique en France par le moyen des journaux anglois, et d'y établir une république semblable à celle des États-Unis en Amérique.

Ce plan fut conçu dès le commencement de l'année dernière, mais on ne vouloit essayer de le mettre à exécution qu'après le départ des troupes alliées, époque où l'on devoit employer tous les moyens possibles pour donner au peuple françois une uniformité d'action.

Si quelques cris se font entendre en faveur de Buonaparte, il ne faut pas les attribuer à un sentiment d'affection pour lui; ils n'ont d'autre but que de montrer qu'on est mécontent du gouvernement actuel. Ce n'est pas que le peuple ait quelque reproche fondé à faire au roi, dont on reconnoît que les principes modérés sont en général favorables à la liberté; mais son amour propre et son orgueil souffrent d'être soumis à une famille qu'il a si cruellement traitée, et à qui il avoit juré de ne plus obéir.

La disposition bien connue des puissances de l'Europe empêchera probablement que quelque aventurier ne fasse une tentative pour s'emparer du trône de France. Ceux qui voudroient un changement de gouvernement ne peuvent donc songer qu'à le rendre républicain.

Les ultra-libéraux, comme on les nomme, sont très-nombreux, et ils préféreroient une république à une monarchie. Ils se proposent de commencer par adresser une proclamation à toutes les puissances de l'Europe, pour leur déclarer qu'ils ne veulent attaquer aucun autre pays, mais qu'ils sont résolus à régler le gouvernement du leur sans souffrir l'intervention d'aucune influence étrangère, et qu'ils sont aussi décidés à maintenir leur indépendance, qu'à respecter celle des autres. Ils supposent que cette démarche produira l'effet qu'ils en attendent; ils avoueront les erreurs commises par les premiers révolutionnaires, dont le but étoit de convertir les autres peuples et de leur faire embrasser leurs propres sentimens. Les autres nations professant des principes d'équité, ils pensent qu'elles ne pourront intervenir dans les affaires intérieures de la France, et ils ne leur supposent même ni l'intention ni les moyens de le faire.

Quelques-uns d'entre eux sont convaincus que la forme d'un gouvernement républicain ne peut convenir long-temps à la France, mais ils pensent qu'avant qu'on ait eu le temps de l'essayer le fils de Buonaparte sera en âge de régner.

M. Decazes, alors ministre de la police, fut informé de ce plan au commencement de septembre (1818); mais il y attacha peu d'importance, et dit que le gouvernement françois étoit parfaitement assuré. M. Decazes, qui est un homme de mérite, doit, mieux que personne, connoître les dispositions des François; mais il sait aussi, mieux que qui que ce soit, cacher sa façon de penser.

Une chose qui paroît assez étrange, c'est que le gouvernement du roi n'est pas défendu par ses ministres avec ce zèle et cette énergie qu'on pourroit attendre de gens qui ont servi sous Buonaparte, et qui par conséquent savent fort bien comment un gouvernement peut se faire obéir et respecter. On parloit ouvertement en France, à la fin de l'été dernier, d'un changement de dynastie, non pas comme d'une chose qu'on désirât, ni même à laquelle on s'attendît, mais comme d'un événement possible sur lequel on raisonnoit avec le plus grand sang froid, comme sur un changement qui pouvoit arriver dans le cours ordinaire des choses.

En Angleterre, nous serions surpris d'entendre des gens discuter ouvertement les conséquences d'un changement de dynastie; mais en France, où l'on suppose qu'il ne règne pas autant de liberté dans les discours, on en parloit très-librement.

Quand le nombre de ceux qui contreviennent à une loi devient très-considérable, leur punition est impossible, et l'impunité en est la conséquence. Quand l'infraction d'une loi reste impunie, elle enhardit à en enfreindre d'autres; les gouvernemens devroient donc avoir grand soin de ne pas faire de lois susceptibles d'être enfreintes par trop de personnes pour qu'on puisse les punir, attendu que cela donne un dangereux exemple.

Le motif apparent du dernier changement de ministère en France est très-évident (1); mais il s'en faut de beaucoup qu'on en connoisse de même les dernières conséquences. L'objet apparent étoit de se débarrasser entièrement de toute influence étrangère; mais alors on peut demander : N'est-ce pas jeter complètement le roi entre les mains des ultra-libéraux? Les ultra-libéraux ne sont-ils pas, comme on l'a dit, bien

---

(1) Il est c'air, par ce qui suit, que l'auteur parle ici de l'époque où M. le duc de Richelieu quitta le ministère.
(*Note du Traducteur.*)

près d'être républicains ? Cette circonstance, rapprochée du plan communiqué à M. Decazes, peut expliquer pourquoi il y fit peu d'attention. Le changement de ministère peut être un premier pas vers un changement total. Une chose est très-certaine, c'est que la stabilité d'un gouvernement, aussi bien que d'un ministère, dépend de la considération qu'il a obtenue et de la force qu'il a acquise; et malheureusement l'opinion générale, et qu'on ne cherche pas trop à cacher, est que le gouvernement actuel ne sera pas de très-longue durée. Le gouvernement même de Buonaparte, tout vigoureux qu'il étoit, fut miné par ses ministres quand ils jugèrent que sa chute étoit probable. C'est d'après le même principe qu'un serviteur quitte une famille qu'il voit déchoir, quoique au risque d'être appelé « fugitif et traître à ses maîtres », comme Enobarbus, lorsqu'il quitta le service du noble et généreux Marc-Antoine.

L'influence des nations étrangères, quoique soufferte impatiemment par les François, étoit cependant telle que, tant que leurs armées restèrent en France, on ne put reconnoître avec beaucoup de certitude quelle étoit la véritable opinion publique. L'empereur Alexandre étoit le monarque le plus aimé, mais c'étoit en même temps celui qui excitoit le plus de jalousie. La Prusse n'en faisoit naître aucune, mais c'étoit la puissance la plus détestée.

La nation françoise a flatté l'empereur de Russie, et il l'a flattée à son tour ; mais ceux qui entendent quelque chose à la politique des différens pays, et à l'ambition des nations, prévoient qu'avant qu'il soit long-temps il existera de la froideur et peut-être une rupture ouverte entre ces deux peuples.

La France étoit encore naguères la première nation du continent, par son étendue, par sa position, et surtout par la supériorité de sa civilisation. Elle cherche à regagner cette place, et il est probable qu'elle y réussira (1). En attendant cette époque, l'empereur de Russie est le plus grand des souverains, et il est regardé comme tel par tous les autres monarques, d'une extrémité de l'Europe à l'autre. Il ne négligera rien pour conserver ce rang, tandis que la France, à moins que quelque événement inattendu ne

---

(1) Nous ne voyons que deux causes qui puissent y mettre obstacle. L'une est la subdivision des terres, dont nous avons déjà parlé assez longuement, l'autre se trouve dans les dissensions intérieures, ou les mouvemens révolutionnaires qui peuvent arriver : car il n'est pas vraisemblable que les autres nations se mêlent des querelles intestines de la France, et si elle en vient là, sa population et sa puissance se réduiront, comme cela est arrivé en Angleterre pendant la contestation entre les maisons d'York et de Lancastre. Une guerre extérieure donne quelquefois de la force à un pays, et il est rare qu'elle le dépeuple beaucoup ; mais quand l'épée est sortie du fourreau dans une guerre civile, c'est toujours aux dépens de sa puissance et de sa population.

dérange ses plans, tâchera de son côté de regagner la prééminence qu'elle a perdue. Les deux contrées sont trop éloignées pour en venir à des hostilités directes, mais elles n'en deviendront pas moins rivales et ennemies, soit à découvert, soit en secret. La Russie ne descendra pas volontairement au second rang, après avoir occupé le premier; la France pensera de même, et la conséquence en sera que différentes puissances prendront parti pour l'une ou pour l'autre des deux nations rivales.

Il seroit absurde de vouloir calculer quel peut être le résultat d'un état de choses entièrement nouveau, mais il est assez probable que l'Angleterre épousera les intérêts de la France contre la Russie dont l'ambition est plus dangereuse pour elle que celle de ce premier royaume.

Le général sir Robert Wilson a pris beaucoup de peine pour démontrer que la Russie est ambitieuse, et que ses vues se dirigent vers la conquête d'une partie ou de la totalité des possessions britanniques dans les Indes orientales. Il a raison sur un point. La Russie est ambitieuse, mais le grand objet de son ambition se dirige, quant à présent, d'un tout autre côté.

Les nations ambitieuses, comme les individus que la même passion tourmente, ont en vue certains objets qui les occupent de préférence à tout autre, quoiqu'elles soient forcées, suivant que les circonstances sont plus ou moins favorables, à employer les moyens qui leur semblent les plus propres à les conduire à leur but définitif ; et les événemens qui les menacent de leur destruction, finissent quelquefois par leur procurer le plus d'avantages.

Pierre-le-Grand traça la ligne que devoit suivre la politique de la Russie, et montra le but qu'elle devoit tâcher d'atteindre : c'étoit de devenir une Puissance maritime.

Lorsque ce grand monarque commença à régner, la Russie n'avoit pas un seul port de quelque importance, si ce n'est Archangel, situé sur une mer couverte de glaces pendant une grande partie de l'année, et, sous d'autres rapports, trop éloigné des autres ports d'Europe, pour pouvoir être utile sous les grands points de vue de la guerre ou du commerce.

Ce fut par suite de ce grand plan que la ville de Saint-Pétersbourg fut fondée, et que Cronstadt devint un port de mer et un arsenal ; mais ce n'étoient encore que des échelons pour monter au point où l'on vouloit atteindre.

La navigation de la mer Baltique est souvent interrompue par les glaces ; d'ailleurs elle ne communique au grand Océan que par un canal fort étroit.

Avoir un ou plusieurs ports sur une mer ouverte, tel étoit le plan de Pierre-le-Grand, et ses successeurs ne s'en sont jamais écartés.

La possession des rives septentrionales de la mer Noire, celle de la Crimée, étoient au nombre de ses projets favoris. Ils ont réussi, mais le grand objet reste encore à accomplir.

L'impératrice Catherine, inférieure de bien peu à son illustre prédécesseur, soit en ambition, soit en talens, vit que le moment d'atteindre ce but important n'étoit pas encore arrivé, et tout ce qu'elle put effectuer, fut de consolider son vaste empire, de fortifier ses frontières méridionales, et d'affoiblir ses voisins.

Les circonstances favorisèrent singulièrement ses efforts. Les princes d'Asie, régnant sur les bords de la mer Caspienne et de la mer Noire, autrefois ennemis formidables, déchurent de leur puissance, et elle devint souveraine de ces belles contrées, qui n'ont besoin que de la civilisation et des arts, sous un gouvernement ferme, pour devenir le jardin de l'univers.

Le duché de Courlande, précieux par sa position, fut ajouté à l'empire; et la Pologne, royaume qui avoit autrefois tant de puissance et d'influence, tomba sous sa domination, avec l'aide de l'Autriche et de la Prusse, qui ne virent pas qu'ils renversoient et détruisoient la grande barrière du Nord. Ces puissances étoient-elles aveuglées par leur ambition, ou ignoroient-elles ce qu'elles faisoient? Cette question est difficile à résoudre, mais elle est aujourd'hui de peu d'importance. L'affaire est terminée; et chaque puissance, en prenant sa portion, n'a guères laissé que son nom à un royaume jadis indépendant.

La révolution françoise, qui a appauvri et harassé toutes les autres nations, après avoir menacé de destruction l'empire de Russie, a plus contribué à l'avancement du plan de Pierre-le-Grand, qu'aucun événement dont l'imagination même auroit pu concevoir l'idée.

Avec l'aide de la France comme alliée, lorsqu'elle étoit dans toute la plénitude de sa puissance, la Finlande fut arrachée à la Suède, et cette puissance rivale, qui sépare la Russie des côtes de la Norwège, fut dépouillée de la meilleure partie de son territoire. Ainsi disparut le grand obstacle à la conquête de ce royaume, et il est évident qu'il faut que la Suède et la Norwège fassent partie de l'empire russe, avant que le grand objet puisse être accompli.

Si la France, dans son pouvoir et sa grandeur augmenta le pouvoir de la Russie, elle en fit autan par sa chute.

Les armées russes, qui avoient acquis tant de gloire sous un empereur aussi ambitieux que ses prédécesseurs, mais qui leur est bien supérieur sous le rapport de la vertu et de l'humanité, obtinrent possession paisible de ce qui restoit de l'ancienne Pologne, dont les habitans se trouvèrent heureux de saluer, en qualité de roi, l'empereur Alexandre, qui réunissoit en sa personne un assemblage de bonnes et de grandes qualités, telles qu'on en avoit rarement trouvé auparavant, soit dans un souverain, soit dans un sujet.

En même temps que ces grands changemens physiques arrivoient, et tous à l'avantage de la Russie, il faut parler aussi de quelques changemens moraux qui faciliteront l'exécution du grand projet de cette nation.

L'empereur Alexandre, par ses qualités personnelles, est si élevé aux yeux de tout l'univers, et son pouvoir est si étendu, que la Russie est aujourd'hui sans rivale, et est reconnue comme la première puissance du continent de l'Europe.

L'ancienne dynastie de Suède n'existe plus; un étranger, un *soldat heureux*, occupe le trône; et la France, qui avoit coutume de soutenir ce royaume contre la Russie, n'a plus le pouvoir ni la volonté de le faire.

Privée de sa plus belle province et de son meilleur allié, ayant un étranger pour roi, souffrant une grande diminution dans son revenu, la Suède est hors d'état maintenant de résister à la Russie, devenue bien plus puissante qu'elle ne l'a jamais été.

Pour ajouter à tout cela, et comme si c'étoit pour frayer le chemin à l'exécution du plan de la Russie, la Norwège a été arrachée au Danemarck malgré lui, et réunie à la Suède, de sorte que les habitans de ces deux royaumes n'opposeroient que peu de résistance aux armes des Russes.

Il ne reste plus qu'à fixer l'attention sur une circonstance. L'usage moderne d'indemniser les souverains et de transmettre leurs sujets de l'un à l'autre, fait qu'il est fort aisé pour la Russie de s'emparer de la Suède d'une manière pacifique et régulière, en donnant à Charles-Jean, roi actuel, un équivalent dans quelque autre partie du continent.

A tout cela, on ne peut opposer qu'un argument : la vertu et la modération de l'empereur Alexandre. Mais il est aisé d'y répondre. Agrandir son pays est le devoir qu'on a enseigné à Alexandre dès son enfance, et la Finlande ainsi que la Pologne sont des preuves, non-seulement qu'il a bien appris cette leçon, mais qu'il sait la mettre en pratique quand il en trouve l'occasion.

Au fait, la puissance de la Russie ne sera complète que lorsqu'elle possédera les côtes de la Norwège. La Norwège et la Suède sont la trompe du grand éléphant du Nord, et jusqu'à ce qu'elle en soit maîtresse, son organisation physique sera imparfaite.

Les craintes de sir Robert Wilson pour l'Inde sont au moins prématurées ; car, jusqu'à ce que la Russie ait des ports sur le grand Océan (et la mer du Nord en fait partie), elle gagneroit bien peu de chose à faire des conquêtes dans l'Inde.

On peut objecter que la sainte alliance oppose une barrière à cet agrandissement ; mais le roi de Suède n'en est pas membre, et cependant Hambourg en fait partie, quoique cet état soit d'une importance bien inférieure. Pourquoi a-t-on laissé la Suède à part ? Quant à une paix durable, c'est une chimère, un futur état de choses tout-à-fait idéal, démenti par le passé, et que l'histoire du genre humain, depuis les siècles les plus reculés, nous donne tout lieu de croire qu'on ne verra jamais se réaliser ; car, quoique les intentions des souverains puissent en faire concevoir l'idée, comme les passions et les intérêts des hommes sont les mêmes aujourd'hui que par le passé, une paix perpétuelle est impraticable, quelque désirable qu'elle puisse être, quelque agréable que soit son apparence.

Il a paru dernièrement dans un journal suédois, qu'on dit être une sorte d'autorité semi-officielle, un article contre la sainte alliance, non en hostilité ouverte contre ses principes, contre son but avoué, mais pour démontrer qu'elle ne sera pas de longue durée. Cette circonstance prouve que la Suède a déjà pris l'alarme en voyant se former, entre des souverains, une alliance dans laquelle elle n'est pas admise comme partie.

Quant à l'alliance en elle-même, quel que soit son but, elle a été amenée très-adroitement.

D'abord ni la France ni l'Angleterre ne faisoient partie de cette ligue. La France ne fut pas invitée à y accéder, et l'Angleterre s'y refusa, dit-on. Cette proposition fut faite dans un moment où il n'y avoit point d'arrangemens à régler entre les nations; et entrer dans une ligue de cette manière, sans aucun but déterminé, auroit été tout-à-fait contraire à la conduite habituelle du gouvernement britannique.

Ce qu'on n'avoit pu effectuer ainsi, fut fait et accompli à Aix-la-Chapelle. Mais, quoiqu'on parvînt alors à rattacher cette sainte alliance à une affaire véritable, elle couvre cependant quelque chose de très-mystérieux; car il ne s'agissoit là véritablement que de rappeler de France l'armée d'occupation, après s'être assuré de la situation intérieure de ce royaume, et en avoir reçu des sûretés pour le paiement des sommes qu'il devoit payer. Mais ce ne fut point assez pour les souverains alliés. Après avoir terminé l'affaire véritable, après s'être déclarés satisfaits de l'état de la France, comme par une conséquence naturelle, et uniquement pour se garantir des mouvemens révolutionnaires, ils admirent ce pays même contre lequel ils avoient été ligués, à une nouvelle alliance, à cette même sainte alliance a laquelle l'Angleterre avoit refusé de se joindre. Ce traité qui, par sa nature même, ne peut subsister long-temps, fut publié à Aix-la-Chapelle, le 15 de novembre dernier, et voici un extrait de son contenu qui consiste en quatre parties bien distinctes.

La première est une note adressée au duc de Richelieu par les représentans des quatre souverains alliés, dans laquelle ils l'invitent à informer Sa Majesté très-chrétienne qu'ils ont pris des renseignemens exacts sur la situation intérieure de la France, et qu'ils en sont satisfaits; qu'elle a été fidèle à ses engagemens, et qu'ils engagent Sa Majesté à se joindre à eux et à devenir membre de l'alliance. Cette note, signée par les plénipotentiaires des quatre puissances alliées, est datée d'Aix-la-Chapelle, du premier novembre 1818.

La seconde pièce est la réponse du duc de Richelieu, disant qu'il avoit reçu de Sa Majesté l'ordre de témoigner sa satisfaction, et d'accepter l'invitation qui lui avoit été faite d'accéder à l'alliance. Elle est datée du 12 novembre, et est signée RICHELIEU.

La troisième pièce est intitulée *Protocole*. Elle annonce que l'objet de l'union des souverains est de maintenir la paix de l'Europe, sans aucune vue d'intérêts isolés ou particuliers, et que, dans ce dessein, ils s'assembleront, s'il est nécessaire, soit en personne, soit par plénipotentiaires, quand l'occasion pourra le requérir, le temps et le lieu devant être préalablement fixés. Mais quand ces réunions auront pour objet les intérêts *d'autres Etats* ne faisant point partie de l'alliance, elles n'auront lieu que par suite de la demande formelle de ces états, et à la condition expresse que l'état, ou les états, dont les affaires doivent être le sujet de l'assemblée, auront un représentant chargé d'assister aux délibérations.

Le protocole, après avoir établi l'objet de l'alliance, dit que la notification en sera faite à toutes les cours de l'Europe, et il est signé par les représentans de *cinq* puissances, la France signant comme étant devenue une des hautes parties contractantes.

La quatrième pièce, intitulée *Déclaration*, est adressée à toute l'Europe. Après avoir énoncé l'objet de l'union, tel qu'il est établi dans le protocole, elle finit par ces termes : « Les souverains ne cesseront de travailler à perfectionner l'œuvre qu'ils ont commencée : ils reconnoissent formellement que leurs devoirs envers Dieu et envers les peuples qu'ils gouvernent, leur prescrivent de donner au monde, autant qu'ils le peuvent, l'exemple de la concorde et de la modération. Heureux d'avoir le pouvoir, à l'avenir, de diriger leurs efforts pour protéger les arts et la paix, augmenter la prospérité intérieure de leurs états, et éveiller ces sentimens de religion et de morale dont ces temps malheureux n'ont que trop affoibli l'influence. » Elle est signée par les *cinq* puissances unies, à Aix-la-Chapelle, le 15 novembre 1818.

Ce protocole ne fut pas vu de bon œil à Paris. Les François ne regardèrent pas comme un honneur d'être admis dans l'alliance; ils y virent même un désavantage. Il leur sembla que le but en étoit de les maîtriser après le départ des armées alliées. Elle leur parut une ligue entre les monarques pour tenir leurs sujets dans l'asservissement et s'opposer aux plans que ceux-ci pourroient former. Dire que cette sainte alliance ne fut pas approuvée à Paris, c'est peut-être le plus grand éloge qu'on puisse en faire; mais, au fait, ce n'étoit qu'une manière gracieuse de terminer l'assemblée; car, d'après sa nature, il n'est nullement vraisemblable qu'elle dure, et elle est en elle-même fort incomplète. On auroit dû déclarer que les limites des états des parties contractantes resteroient telles qu'elles sont; qu'elles ne seroient pas reculées plus loin; que l'immense étendue de la Russie, et la réunion de la Pologne à son empire gigantesque, avoient l'approbation générale ; enfin, que les possessions de l'Angleterre dans les Indes orientales et occidentales ne donnoient pas d'ombrage aux autres puissances.

Or, on sait qu'il existe au contraire des dispositions toutes différentes. La réunion de la Pologne à la Russie est désapprouvée par toutes les puissances, excepté la Russie elle-même, et surtout par l'Autriche ; et l'on se plaint universellement des colonies et des conquêtes de l'Angleterre. Il n'existe pas une seule nation sur le continent qui ne les voie avec un sentiment d'envie et de mécontentement. Toutes pensent que la Grande-Bretagne jouit d'un monopole en possédant des contrées qui devroient être ou indépendantes, ou partagées également entre toutes les nations européennes.

La France en particulier se rappelle le temps où elle avoit, sur les deux hémisphères, des possessions plus riches que l'Angleterre. Il n'y a que soixante-cinq ans que l'Angleterre ne possédoit dans tout l'Orient que la petite île de Bombay, et il n'y en a que trente que la France étoit maîtresse de l'île de Saint-Domingue, qui, seule, lui envoyoit deux fois autant de produits que toutes les îles appartenantes à l'Angleterre.

Tout ce que nous venons de dire sur l'ambition de la Russie a circulé secrètement dans Paris, ce qui prouve que tout le monde n'est pas aveugle sur les dangers qui s'amassent dans le nord de l'Europe.

Les parties unies par la sainte alliance n'ont pas daigné expliquer pourquoi la Suède, le Danemarck, l'Espagne, Naples, la Bavière, le Wurtemberg et les autres princes indépendans d'Allemagne ont été exclus de cette sainte ligue; ils ont subi une sorte d'excommunication qui ne s'accorde pas tout-à-fait avec cet esprit de paix et de justice dont parlent les membres de l'union à la fin de la déclaration, et par lequel ils se prétendent guidés.

Certain vieillard, le Temps, nous fera voir bientôt au surplus ce qu'on doit en espérer; mais sans attendre sa décision, contre laquelle il n'y a point d'appel, on peut dire, sans craindre de se tromper, qu'en général on ne regarde cette déclaration en France que comme un protocole banal et insignifiant (1).

C'étoit le duc de Richelieu qui représentoit la France au congrès, et il fut honoré de l'ordre du Saint-Esprit par son souverain, pour les immenses services qu'il avoit rendus á la France, à Aix-la-Chapelle. Lorsqu'il cessa d'être ministre, ses ennemis prétendirent que c'étoit parce qu'on le regardoit comme soumis à une influence étrangère. Ces soupçons étoient injustes; mais s'ils eussent été fondés, c'en eût été assez sans doute pour motiver le changement du ministère (2). Si la France a commis des erreurs, les

---

(1) Peut-être M. Playfair donne-t-il ici l'opinion d'une portion d'individus pour celle de la majorité des François.
(*Note du Traducteur.*)

(2) Le noble caractère du duc de Richelieu répond pour lui aux insinuations perfides que la malveillance de ses

souverains eux-mêmes déclarent qu'elle les a réparées, et qu'elle doit reprendre son rang indépendant parmi les nations. Elle a donc raison de faire en réalité ce qu'elle ne feroit qu'en apparence, si elle admettoit autour de son roi une influence étrangère.

Quiconque pense qu'on peut conduire les François sans qu'ils s'en aperçoivent, reconnoîtra qu'il est dans l'erreur ; et quiconque pense qu'ils se laisseront conduire sciemment, se méprend encore davantage. La France ne manque ni de résolution ni d'énergie, elle saura soutenir ses droits, et il est nécessaire à la sûreté de l'Europe qu'elle le fasse.

Nous avons vu de notre temps comment la Pologne succomba sous ses divisions intestines et sous l'influence étrangère. Sa chute commença à déranger la balance de l'Europe. C'est pour toutes les nations une leçon dont nous espérons qu'elles se souviendront. Si ce n'est point par une noble fierté, que ce soit par intérêt qu'elles travaillent à maintenir leur indépendance.

Le pouvoir et l'influence de la Russie commencèrent à inspirer de la jalousie quand l'empereur Paul envoya Suwarow dans le midi de l'Europe. Cette jalousie se fit sentir également aux François, contre lesquels

---

ennemis cherche à répandre, et que la crédulité répète, au lieu de remonter à la véritable source de ces bruits que dément une vie passée dans l'exercice de toutes les vertus.

(*Note de l'Editeur.*)

il combattoit, et aux Allemands, dont il étoit l'allié. La retraite malheureuse de l'armée russe en fut alors une forte preuve. Elle fut trahie par les Allemands, et attaquée par les François avec une férocité qu'ils ne montrèrent dans aucune autre circonstance.

La seconde occasion dans laquelle la France fixa son attention sur les affaires de la Russie, et se montra jalouse de sa puissance, fut lorsque Buonaparte marcha contre elle en 1813; mais ce n'étoit rien en comparaison de ce qu'elle a éprouvé depuis que les Russes sont entrés deux fois dans Paris.

Il fallut toutes les qualités aimables d'Alexandre, sa modération, et même les flatteries qu'il prodigua aux François, pour empêcher cette jalousie d'éclater, quoique le danger qui en auroit été le résultat ait aussi contribué à le prévenir. Ce fut alors que cette jalousie, étouffée par la prudence, prit le voile de l'affection et de l'estime; mais cette métamorphose n'est que momentanée; elle est fondée sur ce qu'on sait que la France et la Russie sont les deux plus grandes puissances du continent, et que, par conséquent, elles sont naturellement et nécessairement rivales. La France a de la haine et de la jalousie contre l'Angleterre; mais ces sentimens ne sont pas si profondément enracinés dans son sein contre elle que contre la Russie, quoiqu'ils se montrent en ce moment plus à découvert.

La jalousie de la France contre l'Angleterre prend sa source dans la marine et dans le commerce; mais la France n'est une nation navale ou commerciale ni par goût, ni par caractère, ni par nature. Elle est, pour me servir de son expression favorite, *éminemment militaire.* Toute la nation, chaque individu qui en fait partie, est sensible à la gloire des armes, et à un tel point, que tout rival dans cette carrière devient l'objet de sa haine.

Avant la révolution, la grande distance, et l'état d'incivilisation de ce vaste empire, empêchoit la France d'être jalouse de la Russie ; mais le cas est bien différent aujourd'hui.

Les projets et les plans de Buonaparte sont encore chers aux François, comme le prouve clairement leur système anticommercial, et leurs sentimens à l'égard de la Russie sont à peu près ceux qui l'animoient. Buonaparte connoissoit parfaitement la puissance et l'ambition de ce gouvernement, et il désiroit les faire servir à ses vues et aux intérêts de la France.

Le roi de Prusse, qui avoit été si humilié et si maltraité par Buonaparte, est intimement lié à la Russie par intérêt et par reconnoissance ; on peut ajouter aussi par une alliance récente, et par une amitié personnelle entre ces deux monarques, dont la date remonte plus loin.

Nous ne savons que dire de la Hollande, quoique ce soit un royaume fondé par les puissances alliées et particulièrement par l'Angleterre. Le prince d'Orange est allié de près à l'empereur, cependant ce nouveau souverain n'est pas admis dans la sainte ligue.

Si pourtant il existe une puissance plus intéressée que toute autre à la continuation de la paix, c'est la Hollande ; et par conséquent ce monarque auroit été un de ses membres les plus sincères, quoique un des moins puissans.

Si néanmoins il existe quelque doute sur la sincérité du désir de la sainte alliance d'assurer la continuation de la paix, il prend une nouvelle force, quand on fait attention que la Russie, l'Autriche et la Prusse, qui la composoient originairement, maintiennent leurs armées sur le pied de guerre, même au milieu des embarras de leurs finances, embarras dont on peut se tirer, non par un fonds d'amortissement, non par un papier-monnoie, mais par la réduction des forces militaires. Chaque souverain sait qu'une armée nombreuse est un énorme fardeau; que toutes les autres dépenses sont peu de chose en comparaison de celles qui sont nécessaires pour la maintenir; et cependant aucun d'eux n'y fait de diminution.

Cela est d'autant plus remarquable que cette alliance auroit donné toute facilité, toute sécurité pour opérer une réduction proportionnelle dans les différentes armées. Les forces relatives auroient pu rester proportionnellement les mêmes, quoique moindres matériellement. Ce plan étoit si facile à trouver qu'il a dû se présenter. Pourquoi donc ne l'a-t-on pas adopté ? il n'y a qu'une réponse à faire à cette question. Les alliés étoient si jaloux l'un de l'autre, et avoient si peu de confiance l'un en l'autre, que quoiqu'ils se fussent volontiers concertés pour lire le *Riot-Act* (1) au reste de l'Europe, ils ne pouvoient consentir à rester sans être prêts à la guerre.

Nous ne pensons pas que cette jalousie prenne naissance dans des sentimens personnels. Jamais peut-être des souverains n'eurent plus d'amitié, plus d'estime l'un pour l'autre que les trois monarques dont nous parlons. Mais s'ils sentent en hommes, ils agissent en souverains. Ils savent que leurs intérêts ne sont pas tout-à-fait les mêmes, et ils veulent se tenir prêts à prendre une attitude hostile.

L'Angleterre, grande puissance sur mer, et quelquefois sur terre, a, pour la première fois, conservé son armée en temps de paix. Elle nous coûtoit deux millions par an pendant la dernière paix, maintenant elle en coûte près de dix, et cependant l'Angleterre est membre d'une sainte et pacifique alliance.

La France, dernier membre qui y a été admis, prépare ses armées avec toute la hâte convenable, et nous pouvons nous attendre à voir deux millions de soldats prêts à donner force au protocole quand l'occasion l'exigera.

S'il arrivoit que le roi de Bade, le prince d'Isen-

---

(1) Le *Riot-Act* est une proclamation qu'un officier civil doit faire au peuple, lorsqu'il arrive une émeute en Angleterre, pour l'avertir de se disperser. Ce n'est qu'une heure après cette lecture qu'il peut requérir la force armée.
(*Note du Traducteur.*)

bourg, Sa Sainteté le pape, ou quelque prince non compris dans la sainte ligue, voulût remuer, combien ne sera-t-il pas facile à ses membres, avec leurs deux millions de gendarmes, de le mettre à la raison !

Nous désirons voir la sainte alliance telle qu'elle eu dessein de se montrer, et alors nous pourrions espérer la paix de l'Europe, nous pourrions espérer de voir rétablir l'aisance et l'abondance. Mais tant que les souverains dépenseront les trois quarts de leurs revenus disponibles à maintenir leurs armées sur la défensive, nous ne pouvons la considérer sous ce point de vue.

On dira peut-être que les membres de cette alliance se tiennent prêts à la guerre, non par méfiance l'un de l'autre, mais par crainte de quelque autre puissance. Mais cette confédération, si elle est réellement fondée sur la confiance et l'amitié, rend impossible toute résistance, toute entreprise contraire à sa volonté. Les alliés ne peuvent avoir de crainte que l'un contre l'autre. Ils ne peuvent maintenir leurs grands établissemens militaires que par un esprit de méfiance mutuelle, et c'est pour cela que nous ne pouvons compter sur la déclaration des souverains qui font partie de cette alliance.

Il seroit assez curieux de chercher par quels motifs la Grande-Bretagne, qui avoit d'abord refusé d'accéder à cette alliance, s'est décidée ensuite à y entrer. La nature de la ligue a-t-elle changé, ou la manière de conduire cette affaire a-t-elle réglé la conduite du gouvernement anglois ?

Il semble que l'Angleterre ne se soucia pas de prendre la plume pour signer un concordat théorique, mais que l'ayant une fois en main pour une autre affaire, elle n'y trouva plus d'objection.

Les trois souverains qui conçurent le projet de l'alliance et qui en furent les fondateurs, sont maintenant sur le même pied que les deux autres qui y ont adhéré depuis ce temps, la France n'ayant pas pu, et l'Angleterre n'ayant pas voulu y être parties contractantes dans l'origine.

Quelques personnes ont dit que si les souverains conservent de si grandes armées, ce n'est point par méfiance l'un de l'autre, et que c'est par crainte de leurs propres sujets. Mais c'est la plus injuste de toutes les calomnies.

Pour commencer par l'empereur de Russie, il n'en a certainement aucun motif. Jamais monarque ne fut plus aimé de son peuple, et jamais monarque ne mérita mieux de l'être. La principale difficulté qu'il paroisse éprouver, c'est qu'il ne peut améliorer la situation des classes inférieures aussi promptement qu'il le voudroit. Ce n'est certainement pas pour se défendre contre ses sujets qu'il maintient une armée de près d'un million d'hommes.

Quant à la Prusse, le peuple seroit plus content si les taxes étoient réduites et l'armée diminuée. Si le roi de ce pays conserve sa nombreuse armée pour maintenir la paix intérieure, c'est un mauvais moyen d'y réussir.

L'Autriche peut à la vérité avoir quelques motifs pour garder sur pied une force considérable, parce que ses possessions sont éparses, mal jointes ensemble, et qu'une partie de ses sujets sont mal disposés, surtout en Italie; et cependant nous croyons que l'Autriche a fait quelques réductions dans ses cadres, et a montré le désir de les porter encore plus loin.

La France a perdu son armée dans les derniers troubles; elle a donc parfaitement raison de vouloir la remettre sur un pied respectable. Mais une chose à laquelle le reste de l'Europe ne s'attendoit pas, c'est que la conscription, qui fut abolie à la restauration, est encore en force, et que la France, si elle avoit besoin de lever une grande armée pour une cause qui plût au peuple, pourroit, en un mois, avoir un million de soldats.

On ne doit pas, comme avant la révolution, juger des forces militaires de la France par son armée actuelle, mais par les moyens qu'elle a d'en lever une.

De tous les changemens que la révolution a opérés en France, il n'en est pas de plus grand ni de plus important que celui de la loi sur le recrutement : il ne s'est pas étendu sur la loi seule, qui peut être impuissante, qui peut être changée, mais sur la facilité positive et éprouvée avec laquelle l'armée peut s'augmenter.

Ce fut un sentiment secret de la puissance que cette mesure donne à la France, qui fit que tous les rangs, tous les partis, concoururent à violer la constitution par le renouvellement de la conscription.

Quant à l'armée angloise, il seroit difficile de dire pourquoi on la conserve si nombreuse, si différente de ce qu'elle étoit pendant la dernière paix. Elle coûte plus que la totalité de l'immense armée russe ; mais cette différence même, pour le nombre et pour la dépense, devroit nous convaincre que, malgré les victoires que nous avons si glorieusement remportées, l'Angleterre ne peut jamais être formidable sur terre d'une manière permanente.

Sous tous les points de vue, nous n'apercevons, dans l'alliance formée à Aix-la-Chapelle, rien autre chose qu'une déclaration de ce qu'il seroit bien de faire, sans aucune preuve d'une intention sérieuse de l'exécuter.

L'opinion des François les plus instruits est que l'ambition de la Russie sera dangereuse à la liberté de l'Europe ; mais, au fond, il est évident que cette opinion est fondée sur la rivalité de la France, qui aspire à redevenir ce qu'elle avoit véritablement été jusqu'en 1813, la première nation du continent.

Deux circonstances ont prouvé récemment que, quoique peu de personnes examinassent cette affaire de très-près, ce sentiment n'en étoit pas moins général et naturel.

Lorsque la France fut invitée à accéder au traité d'alliance d'Aix-la-Chapelle, on auroit pu croire qu'elle devoit en être flattée. Elle s'étoit trouvée dans un état d'humiliation, et cet acte paroissoit l'élever de nouveau au rang qu'elle avoit occupé parmi les nations; on auroit pu supposer que la France auroit été satisfaite et flattée de cette circonstance; mais pas du tout, elle la regarda comme une chose toute simple qui devoit naturellement arriver. L'humiliation qu'elle avoit subie ne fut jamais considérée que comme un accident temporaire, et bien des gens ne l'envisagèrent que comme un de ces revers auxquels les nations belliqueuses sont toujours exposées.

Tout cela venoit sans doute en partie de ce que la France ne sentoit pas l'état de dégradation où elle se trouvoit; d'abord, pour avoir réuni contre elle toutes les nations par des actes d'agression injuste, et avoir été subjuguée; ensuite, pour avoir manqué à sa parole, et avoir été subjuguée une seconde fois; mais la grande cause en étoit que la France se sentoit une grande et puissante nation que rien ne pouvoit tenir long-temps dans cet état d'humiliation.

Sans quelque raison bien forte, jamais toutes les nations ne se seroient unies contre une seule. Mais c'est ce que les François ne voient point : ils pensent qu'ils ont été maltraités par les autres nations, et il n'entre pas dans leur tête de penser qu'ils aient jamais maltraité personne. C'est donc de l'indignation qu'ils éprouvent et non de la reconnoissance; et cela étoit si bien entendu, que, long-temps avant que les armées alliées quittassent la France, et lorsque bien des gens croyoient qu'il seroit imprudent de les en retirer, un

Anglois, qui étoit à Paris, envoya au ministère britannique une note pour lui démontrer qu'il y auroit plus de danger à continuer de les y maintenir qu'à les en rappeler. Telle étoit son opinion de la manière de penser des François.

Le mémoire qui fut présenté en avril dernier au cabinet britannique disoit que, quelles que pussent être les vues des différens partis en France, la seule marche que les alliés dussent suivre pour leur propre paix et pour leur sûreté, étoit d'éviter de s'en mêler, de retirer leurs armées, et qu'alors ils n'auroient rien à craindre.

La manière dont les armées françoises couvrirent l'Europe au commencement de la révolution, et la tinrent ensuite dans l'assujétissement, peut avoir inspiré une crainte qu'on n'a pas encore tout-à-fait secouée. Ce ne doit pourtant pas être une règle de conduite, car il n'y a point d'analogie entre la situation des nations à cette époque et dans le moment actuel.

1°. La France avoit alors un enthousiasme énergique qu'elle a perdu et qu'elle ne recouvrera probablement jamais, ou qui du moins ne renaîtra que si elle y est forcée pour sa défense personnelle.

2°. Les autres peuples pensoient à cette époque que le système françois de liberté leur procureroit le bonheur, et cette idée rendit leur résistance très-foible. Leurs soldats ne combattoient pas avec énergie, et dans tous les pays le peuple voyoit avec plaisir les triomphes des François. Aujourd'hui, c'est tout le contraire. Chaque nation sait que leurs plans de liberté étoient mal conçus; qu'au lieu d'appo ter le bonheur, ils ne firent qu'enfanter tous les maux, et qu'il en seroit encore de même, si les mêmes circonstances se représentoient.

3°. Chez les autres nations, notamment en Allemagne et en Hollande, il ne régnoit pas dans le peuple, en 1793, une unanimité de sentimens, et elle existoit en France. Aujourd'hui, il règne un concert parfait chez les autres peuples, et il n'en existe pas en France. La situation des choses est donc toute contraire.

4°. La France pensoit alors pouvoir conquérir l'Europe et y dominer en souveraine; elle en reconnoît aujourd'hui l'impossibilité.

Ainsi donc, tout bien calculé, l'Europe ne court aucun risque, pourvu que la France reste libre dans son intérieur; sinon la déclaration des alliés, quand ils prirent les armes en 1815, aussi bien que les droits inaliénables des nations, seront violés, et il pourra se faire qu'en traitant la France avec injustice, on y rétablisse l'unanimité et on la rende assez forte même pour prendre l'offensive, car les opérations offensives ne sont jamais si formidables que lorsqu'elles ont lieu par suite d'une défense légitime.

C'est par suite de la manière de penser particulière aux François qu'ils sont si difficiles à conduire et à comprendre. Tandis que toute l'Europe les considère comme déchus du rang qu'ils occupoient avant la révolution, ils pensent que la trahison a seulement fait échouer leurs projets.

Les difficultés contre lesquelles le roi actuel a sans cesse à lutter sont d'une nature peu commune et d'une grandeur extraordinaire.

La génération présente des François se compose des révolutionnaires ou de leurs enfans, qui ont été élevés dans la haine des Bourbons, nom presque identifié avec leurs crimes, avec leurs malheurs, et enfin avec leur défaite et leur humiliation (1).

Les vertus d'un prince de la maison de Bourbon ne sont pas frappées au coin qui passe aujourd'hui à

---

(1) Comme il est possible que cette traduction tombe sous les yeux de M. Playfair, je le prie de me permettre de lui apprendre que la révolution et les crimes qui en furent la suite ne furent pas l'ouvrage de la masse du peuple françois, mais d'un petit nombre d'individus qui s'étoient rendus puissans par la terreur qu'ils inspiroient, et qu'ainsi la population actuelle de la France ne se compose pas des révolutionnaires et de leurs enfans; que bien loin que cette génération ait été élevée dans la haine des Bourbons, des provinces tout entières, comme la Flandre, l'Artois, la Picardie, l'Anjou, etc., ont élevé leurs enfans dans l'amour et le respect dû à la race de leurs rois légitimes; enfin, qu'il s'en faut de beaucoup que ce nom auguste soit identifié avec les malheurs de la France, puisqu'il les a fait cesser, ou avec son humiliation, puisque c'est à lui qu'elle doit le rang honorable qu'elle tient encore parmi les puissances de l'Europe. (*Note du Traducteur.*)

Paris pour argent comptant. La guerre, les conquêtes, la gloire militaire, voilà ce qu'on y estime; mais on ne fait aucun cas de l'amour de la paix, du respect pour la religion, du désir d'obtenir l'estime des autres nations, et de la fidélité à remplir ses engagemens.

Les théologiens et les philosophes ont long-temps discuté la question de savoir si les principes moraux sont nés de ce que la justice éternelle a frappé du nom de bien et de mal, ou des lois et des habitudes qui président à l'éducation des hommes. Elle a été à peu près résolue en faveur des philosophes par la révolution françoise.

Si les théologiens avoient raison, la morale seroit immuable, et les principes dont elle consiste ne changeroient jamais; or, ils ont changé en France. Violer le serment de fidélité n'est regardé ni comme un crime ni comme une honte. Ney et Labédoyère sont des objets d'admiration pour bien des gens en France, et ils n'y excitent la haine et le mépris de personne. La même conduite, avant la révolution, y auroit été condamnée d'une voix unanime, et ceux qui s'en seroient rendus coupables auroient été regardés avec mépris et horreur (1).

Lorsqu'au mois de mai dernier des François accaparèrent l'emprunt de quatorze millions de rentes, et

---

(1) Dans les différens passages qui précèdent ou qui suivent, l'auteur nous a paru ne vouloir désigner qu'une certaine classe de François. (*Note du Traducteur.*)

souscrivirent pour douze fois la somme dont on avoit besoin, cette circonstance ne fit pas naître une sensation d'orgueil national; et quand on découvrit que ceux qui avoient fait de si amples souscriptions étoient si peu en état de payer, ils ne devinrent pas l'objet du mépris public. On n'attache de prix en France à aucune autre gloire qu'à celle des armes; tout le reste y est indifférent.

Le roi n'est pas aimé et admiré autant qu'il mériteroit de l'être, parce que ses vertus ne sont pas celles qu'on estime à Paris; et on ne le craint pas, parce qu'on sait que la sévérité n'entre pas dans son caractère.

Lorsque Louis XVIII arriva en 1814, la manière dont il fut appelé au trône par une députation de Paris, fit que son retour en France parut y être désiré. Il y avoit des gens qui regardoient l'invitation qui lui avoit été faite comme un acte de nécessité; mais, même en le supposant, les apparences furent sauvées, et l'amour propre national ne fut pas blessé.

Son second retour fut tout différent. Il eut l'air d'être dû à la force, et la nation la plus vaine de l'Europe fut humiliée d'une manière dont on citeroit à peine un seul exemple (1). Cette humiliation fut encore aug-

---

(1) Le deuxième retour de Louis XVIII fut un sujet de triomphe pour la grande majorité des François. L'humiliation ne fut le partage que du petit nombre de ceux qui avoient pris une part active à la révolte des cent jours.

(*Note du Traducteur.*)

mentée par le contraste qui exista entre la conduite des alliés lors de leur première entrée, et ce qui eut lieu en 1815. Il étoit sans doute injuste de faire un semblable rapprochement, mais il étoit pourtant assez naturel. Il étoit encore plus injuste d'attribuer cette différence dans leurs procédés au roi qui n'avoit aucun moyen de s'y opposer ; mais cependant il étoit impossible de séparer l'idée de cette conduite de celle du retour de Sa Majesté, et les sentimens du peuple en furent une conséquence naturelle.

Les François auroient dû considérer qu'ils avoient rompu le premier traité par l'accueil qu'ils avoient fait à Buonaparte, à son retour de l'île d'Elbe ; mais le peuple ferme les yeux sur ses fautes, et les ouvre sur le châtiment qui les suit, quand ce châtiment est infligé par la main d'étrangers.

Les alliés étoient à blâmer de n'avoir pas réclamé, lors de leur première entrée à Paris, les tableaux et les monumens des arts et du goût qui leur avoient été enlevés par la force ; car après cela, les François pensèrent que la possession qu'ils en avoient acquise, n'importe à quel titre, avoit été confirmée par les anciens propriétaires.

On regarda les Anglois comme la cause première de ce changement de conduite. Le véritable motif étoit de montrer les conséquences d'un manque de foi ; mais d'après la manière dont on conduisit cette affaire, on auroit dit qu'on avoit pour but de punir la nation de l'affront qu'elle avoit fait à son roi, plutôt que de lui faire voir le sentiment qu'inspiroit la violation de ses promesses.

La nation françoise prétend que le retour de Buonaparte ne fut secondé que par un petit nombre d'individus, et il est possible que cela soit. Mais alors pourquoi le grand nombre n'y opposa-t-il aucune résistance? Les autres nations ne pouvoient considérer comme le fait du petit nombre un événement auquel le grand nombre avoit acquiescé. Comment pouvoit-on concevoir qu'une nation belliqueuse qui, quelques années auparavant, avoit couvert la plus grande partie de l'Europe, et qui avoit eu des armées en Russie et en Espagne en même temps, se fût soumise à quelques milliers de soldats, et eût souffert qu'ils renversassent le roi de son trône pour y placer un usurpateur?

Quoi que puissent en penser les François, les alliés n'avoient pas deux manières de pouvoir envisager cet événement. Ils ne pouvoient le regarder que comme le fait de la nation. Acquiescer à la conduite du plus foible, c'est de la part du plus fort déclarer qu'il l'approuve : car on ne peut supposer, chez un peuple guerrier, que cet effet soit produit par la crainte, et il ne pouvoit l'être par la force.

Où étoient, quand l'usurpateur parut au mois de mars, toutes ces gardes nationales qui passoient de si belles revues, et qui faisoient une si fière contenance lors de l'arrivée des alliés en juillet? A Paris, sans doute. Eh! si la résistance eût entré dans leurs projets,

Buonaparte ne se seroit pas si tranquillement établi aux Tuileries.

On a répété maintes et maintes fois que les alliés, en exigeant pour condition préliminaire que Louis XVIII fût replacé sur le trône, avoient forcé la nation à le reconnoître pour roi; mais c'est envisager les choses sous un jour tout-à-fait faux. Si la majorité du peuple désiroit empêcher l'arrivée de Buonaparte, cette même majorité devoit aussi désirer le retour de Louis. Elle devoit désirer qu'il n'eût pas quitté un instant son trône. Les alliés firent donc ce qui étoit agréable à la majorité. D'ailleurs il est bon de faire observer que Paris, quoique capitale de la France, ne la gouverne ni ne la représente, et que quand même on eût fait la loi à Paris, ce n'étoit pas la faire à tout le royaume.

Mais on peut établir une autre hypothèse. Supposons que les alliés fussent arrivés à Paris assez à temps pour prévenir le départ de Louis XVIII et l'arrivée de Buonaparte. Quelle auroit été la différence ?

On peut dire que l'état des choses fut changé par la réunion ou l'assemblée qu'on appela *le Champ-de-Mai* (quoiqu'elle ait été tenue dans *le Champ-de-Mars*, pendant *le mois de juin*, ce qui prouve qu'elle fut mal nommée sous le rapport du temps et du lieu). Mais c'est ce qu'on ne peut admettre, car si elle changea l'état des choses, ce fut en faveur de la restauration, puisque tout ce qui se fit pendant les cent jours, fut une rébellion ouverte et évidente.

Si Louis avoit le droit de rester sur son trône, si

les alliés avoient celui de l'y maintenir contre quelques régimens mutinés, ils n'étoient pas moins autorisés à le replacer en juillet sur ce trône que ces rebelles l'avoient forcé de quitter.

On a reproché aux alliés d'avoir manqué de foi et d'honneur en rétablissant Louis XVIII sur son trône, après la bataille de Waterloo. La base de cette accusation est la déclaration qu'ils firent à Vienne lorsque Buonaparte arriva en France de l'île d'Elbe en 1815. Ils y déclarèrent, de la manière la plus solennelle, qu'ils n'avoient pas intention de forcer le peuple françois à se soumettre aux Bourbons, à adopter telle ou telle forme de gouvernement, ayant fait la guerre à Buonaparte seul, et non à la nation. La réponse du duc de Wellington fut que les chambres n'avoient autre chose à faire que de proclamer Louis.

Il a été affirmé depuis ce temps, et on ne l'a point contredit, que lorsque les armées angloise et prussienne approchèrent de Paris, après la bataille de Waterloo, la restauration de Louis XVIII fut la condition *sine quâ non*, ou indispensable, qui fut exigée pour traiter avec les commissaires envoyés de la capitale pour faire des propositions.

A la première vue, cette conduite paroît une violation de la déclaration de Vienne. On l'a présentée sous ce jour, et comme malheureusement ceux qui ont pour eux la force et la puissance se donnent rarement la peine d'argumenter, cette assertion est restée sans réponse.

Si cette réponse ne devoit servir qu'à appaiser quelques mécontens en France, il seroit peu important de la faire; mais le cas est tout différent, et voici le véritable aspect des choses.

Il est certain qu'on pense en général :

1°. Que la force a fait taire la justice, et que les alliés, qui sont de fait les plus grands souverains de l'Europe, ont manqué à leur parole d'honneur, et ont contrevenu à une promesse solennelle;

2°. Que la France a été traitée avec injustice, et est opprimée;

3°. Que si la France n'avoit pas été trompée, les alliés ne l'auroient pas vaincue.

C'est en vain qu'on espère une paix durable en Europe, si ces faits doivent être crus. Il est donc d'une importance générale de les contredire de manière à produire la conviction, et pour y réussir, nous devons commencer par examiner ce que signifie la promesse de ne pas intervenir dans le gouvernement de la France.

Il faut, pour cela, considérer d'abord quel étoit l'état des choses lorsque cette déclaration fut faite. La France étoit soumise à Louis XVIII, qui avoit été appelé au trône en 1814, et qui avoit gouverné d'après une charte ou une constitution convenue. Buonaparte, à la tête de quelques soldats rebelles, envahit la France, et la population du pays vit cette invasion avec mécontentement et consternation. A mesure qu'il approcha de la capitale, les troupes se joignirent à lui, et le peuple resta spectateur passif et épouvanté. Louis, abandonné par ses soldats, chercha sa sûreté sur les frontières, et tout ce qui se passa à Paris et en France, pendant le court espace qui s'écoula entre l'arrivée de Buonaparte et sa chute, ne put être regardé que comme la révolte de la soldatesque contre le gouvernement. La nation françoise, en général, n'y prit aucune part, resta immobile, comme frappée de stupeur, et se soumit à la force.

La déclaration faite par les alliés, qu'ils n'avoient pas intention de forcer la France à se soumettre aux Bourbons, n'a jamais pu vouloir dire qu'ils avoient dessein d'aider à les détrôner, et c'est en réalité tout ce qu'ils refusèrent de faire. Prétendra-t-on que les alliés dussent rester spectateurs paisibles, jusqu'à ce que quelque nouvelle farce d'élection eût été jouée par les mêmes hommes qui avoient aidé Buonaparte et les soldats ; par ces hommes qui, quoique en petit nombre, avoient usurpé une autorité temporaire sur la nation ?

On peut faire à ce sujet bien des raisonnemens, et tous à l'honneur des alliés. On peut dire par exemple : En 1814, la nation françoise d'un côté, et le reste de l'Europe de l'autre, firent certaines conventions, les François ayant volontairement invité à s'asseoir sur le trône Louis XVIII qui étoit alors en Angleterre, et qui en partit en conséquence de cette invitation. Un an ne s'étoit pas écoulé, quand un certain nombre de conspirateurs, ayant débauché l'armée, Buonaparte reprit une place qui le mettoit en état de recommencer ses déprédations dans toute l'Europe. Cette partie du monde avoit été depuis vingt ans cruellement harassée par la France; mais tout avoit été pardonné, et tout auroit été oublié, sans le retour de Buonaparte. Supposons que les alliés fussent arrivés à temps pour arrêter Buonaparte dans sa marche sur Paris, auroient-ils dû juger nécessaire de consulter la nation pour savoir si Louis devoit rester sur le trône? certainement non; et de fait, après l'arrivée de l'usurpateur à Paris, il ne se passa rien qui dût rendre cette mesure nécessaire. La force, la force seule avoit présidé à tout depuis la rentrée de Buonaparte en France jusqu'à sa défaite. Reconnoître comme légal ce qui s'étoit passé, c'eût été reconnoître que les armées avoient le droit de gouverner la France et de troubler la paix de l'Europe.

La seule manière de ne pas intervenir dans le gouvernement de la France, étoit de rétablir sur son trône le roi que le nation avoit choisi l'année précédente, et qu'une faction, une poignée de conspirateurs en avoient renversé. Les alliés seroient intervenus dans le gouvernement de ce royaume s'ils avoient refusé de coopérer au retour de Louis XVIII. Ils auroient pris part à l'insurrection, et la nation, en ce cas, auroit eu de justes motifs de se plaindre.

La nation françoise, en général, a toujours nié qu'elle ait favorisé le retour de Buonaparte, et quand elle fut convoquée pour envoyer des députés à l'assemblée prétendue nationale du Champ-de-Mai, il ne s'y trouva pas, malgré tous les efforts de ceux qui étoient alors en possession de l'autorité, plus du dixième de ceux qui y avoient été mandés; sur 20,000, 2,000 seulement s'y présentèrent. Etoit-ce là une représentation nationale? cela en avoit-il seulement l'apparence?

Les alliés ne pouvoient prévoir exactement de quelle manière et par quel concours de circonstances ils réussiroient à subjuguer Buonaparte; et quand ils déclarèrent qu'ils ne faisoient la guerre qu'à Buonaparte seulement, il est clair qu'ils y comprenoient ses fauteurs et adhérens; car des nations ne peuvent faire la guerre à un homme isolé. L'homme désigné en ce cas, est une sorte de dénomination commune qui comprend tous ceux qui l'assistent, et on ne peut l'entendre différemment. Ainsi donc tous ceux qui l'assistoient devoient être considérés comme rebelles, et il auroit été bien étrange de reconnoître des hommes qui n'étoient qu'en petit nombre, comme étant la nation françoise, comme la représentant, comme exprimant sa volonté. Si on l'avoit fait, la nation auroit eu des motifs très-sérieux pour se plaindre. Cependant il falloit le faire ou rétablir le roi; il n'y avoit pas d'alternative. Ceux qui calomnient les alliés, qui les accusent d'avoir manqué à une promesse formelle, soit par inadvertance, soit avec intention, ne réfléchissent pas aux conséquences qui auroient résulté s'ils avoient dit: « Nous voici: Louis que vous avez choisi l'année dernière est à Gand ; Buonaparte est vaincu ; choisissez pour roi qui vous voudrez, à l'exception de Buonaparte et des membres de sa famille. » D'abord, à qui auroient-ils adressé ce langage? Précisément aux adhérens de Buonaparte, aux hommes mêmes contre lesquels ils avoient pris les armes ; car ceux qui se joignirent à lui à Paris, doivent être regardés du même œil que ceux qui l'avoient joint sur la route. Ils auroient donc sanctionné l'insurrection qu'ils venoient comprimer ; ils auroient accordé à quelques rebelles le pouvoir de détrôner le roi légitime. La nation en ce cas auroit eu droit d'accuser les alliés d'intervenir dans son gouvernement.

Nous voudrions qu'on nous citât dans l'histoire l'exemple d'un souverain ou de souverains qui, obligés de prendre les armes et d'employer la force contre des conspirateurs, ont traité avec eux, après les avoir vaincus, sur le pied de l'égalité. Les adhérens de Buonaparte connoissoient si bien l'effet, le jeu théâtral, la manière de forger des rois, des représentans, des nations, qu'à la mascarade qu'ils nommèrent le Champ-de-Mai, ils donnèrent une nouvelle sanction à tout ce qui s'étoit passé ; mais ce masque ne changeoit pas les traits qu'il couvroit. Les rebelles étoient toujours des rebelles, et non les représentans du peuple françois.

On a dit que les contributions exigées de la nation

françoise sont injustes si l'on ne faisoit pas la guerre à la nation françoise, si on ne la faisoit qu'à Buonaparte et à ses adhérens. Nous répondons à cela que la nécessité avoit forcé les alliés à prendre les armes pour leur défense personnelle, et qu'ils n'agissoient pas librement. Ils avoient fait de grandes dépenses. Les conspirateurs qui les avoient rendues nécessaires, n'étoient pas en état de les rembourser (1), il fallut donc que ceux qui n'étoient pas coupables les payassent. En un mot les alliés avoient dépensé de grandes sommes, et ils n'en demandèrent pas plus de la moitié à la nation françoise, consentant à supporter eux-mêmes l'autre moitié. L'Angleterre seule avoit dépensé quinze cents millions de francs, et l'on n'en exigea de la France que dix-sept cents.

Il n'y avoit donc point à choisir. Ceux qui avoient fait le mal ne pouvoient le réparer; ainsi il falloit bien s'adresser à ceux qui l'avoient laissé faire. Oseroit-on dire que les alliés eussent pu, sans être injustes envers leurs propres sujets, céder davantage à la France?

On doit de la compassion à la nation françoise en général, comme on en doit à toute nation quand la

---

(1) Il parut dans le temps un ouvrage dans lequel on faisoit la répartition du montant des contributions imposées par les alliés, entre tous ceux qui avoient contribué au retour de Buonaparte. Cet ouvrage fut saisi par la police.

majeure partie de sa population est forcée de souffrir par la faute du petit nombre ; mais certainement il est encore bien plus dur pour une nation d'être obligée de payer les fautes commises par la minorité des individus qui en composent une autre.

Il y a quelque différence entre un paiement fait dans une circonstance fortuite, et celui qui a lieu après qu'elle n'existe plus. Les alliés payèrent par nécessité quand le cas fortuit se présenta ; les François paient par arrangement quand ce cas a cessé d'exister. Ce paiement paroît plus pénible, et la somme semble plus considérable. Mais examinons la situation des choses, et tirons des comparaisons. Faisons attention à l'étendue de la France, et aux contributions qu'on en exigea (1).

On peut à peine supposer que le système suivi maintenant à Constantinople, et qui le fut à Rome,

---

(1) Lorsque Buonaparte revint de l'île d'Elbe, toute la France fut frappée de surprise, et l'on croit généralement que, s'il avoit eu en lui-même autant de confiance qu'autrefois, il auroit eu à Waterloo une armée bien supérieure ; mais il sembloit sentir qu'il étoit un usurpateur à l'égard de la France, et un proscrit à l'égard des autres puissances. La voix de leur conscience avertissoit les François eux-mêmes qu'ils étoient des rebelles, et comme ils n'avoient pas oublié ce que c'étoit que de voir les étrangers maîtres de leur capitale, ils n'agissoient pas avec autant de confiance et de cordialité qu'avant la première chute de Buonaparte. Le règne des cent jours et les conséquences qu'il entraîna.

dans la décadence de l'empire, doive être regardé comme existant en France, et que des janissaires ou des cohortes prétoriennes y élisent et y détrônent des monarques. Au moins, nous ne pensons pas qu'on pût s'attendre que les souverains alliés dussent être les premiers à sanctionner une telle innovation, et à traiter avec de tels corps militaires.

Un écrivain françois dit que, par le moyen des télégraphes, de quelques gendarmes et de quelques émissaires de la police, établis sur les principales

---

occasionnèrent à la France et à l'Angleterre une dépense de cent millions sterling, d'après les calculs les plus modérés. Tout ce qui s'étoit passé jusque là, sous le point de vue de la dépense, n'étoit, comparativement, absolument rien. La guerre de sept ans ne coûta pas plus d'argent, et toutes les dettes laissées par Louis XIV ne montoient pas à plus de la moitié de cette somme.

Si la bataille de Waterloo avoit tourné différemment, les dépenses auroient excédé toutes bornes, et les nations auroient été environnées de dettes et de difficultés encore plus grandes. La dette nationale de la France fut plus que doublée par ces cent jours, et c'est une des meilleures leçons que les François aient reçues, s'ils veulent en profiter. Ils peuvent apprendre de là qu'on ne peut dévier de ce qui est juste, sans en porter la peine tôt ou tard. Si Buonaparte n'eut jamais quitté l'île d'Elbe, la France se trouveroit aujourd'hui dans une situation parfaitement heureuse, et le seul avantage qui puisse contrebalancer les maux qu'elle souffre, c'est la leçon qu'un peuple ne fait jamais le mal avec impunité.

rontes, toute faction qui s'empare des rênes du gouvernement peut gouverner la France.

Un homme ou quelques hommes, dit cet auteur, s'établissent dans le siége du gouvernement, et leur autorité est reconnue par toute la France. Paris est devenu, pour ce royaume, ce que le serail est pour la Turquie.

La nation françoise désavoue l'entreprise coupable et malheureuse de Buonaparte. Elle ne fut, dit-on généralement, que l'ouvrage du petit nombre. Mais s'il en est ainsi, Louis XVIII ne perdit un instant son trône que par la volonté du petit nombre ; par conséquent ce même petit nombre s'opposa seul à sa restauration, et ceux qui lui rendirent sa couronne ne firent qu'obéir au vœu de la majorité. Si les alliés avoient insisté pour placer sur le trône le fils de Buonaparte, son gendre Beauharnais, le duc d'Orléans, ou toute autre personne, c'est alors qu'on auroit pu les accuser ; mais ils se contentèrent de dire au petit nombre : « Vous êtes des rebelles ; voici votre roi, soumettez-vous à lui. »

Il se trouve des gens qui pensent qu'une nouvelle élection auroit dû avoir lieu. Les François se sont tellement habitués à toutes sortes de jeux de théâtre, aux effets de tragédies, de comédies, de pantomimes, que faire une élection, prêter un serment de fidélité, se soumettre un jour, se révolter le lendemain, sont devenus une affaire d'habitude. Ce sont des choses à la mode, et l'on ne peut se dispenser de suivre la mode.

La parodie d'élection du Champ-de-Mai, qui eut lieu malheureusement dans le plus malheureux des mois, celui de juin, n'étoit pas encore oubliée. Une seconde représentation de cette scène, au commencement de juillet, auroit agréablement terminé une affaire si agréable en elle-même. Mais tout se seroit borné là, car les alliés étoient de fait aux portes de Paris; aucune élection n'auroit pu être à l'abri de leur influence et parfaitement libre. Si cette farce absurde, injuste et ridicule d'élire un roi avoit été répétée, on auroit élu Louis XVIII, et les alliés auroient eu la honte de flatter la vanité de rebelles dignes d'un châtiment sévère, et d'aider à humilier un monarque dont la conduite méritoit des éloges.

Nous n'avons plus qu'une observation à ajouter : les alliés n'avoient pas choisi la situation où ils se trouvoient ; ils ne l'avoient même pas distinctement prévue. Ils n'avoient fait la guerre qu'à Buonaparte et à ses adhérens ; après les avoir vaincus, ils trouvèrent des rebelles en possession du palais du roi ; ils l'y rétablirent, et en agissant ainsi ils n'attaquèrent pas plus la liberté de la France, que si, étant arrivés à Paris avant Buonaparte, ils avoient maintenu le roi sur son trône.

Buonaparte et ses adhérens étoient les premiers jongleurs de l'Europe. Nous avons parlé de mascarades, la totalité de son règne de courte durée, après son retour, ne fut pas autre chose, et mérita d'être regardé comme tel. Si quelque blâme peut s'attacher aux alliés, c'est d'avoir eu trop d'égards pour tous ces charlatans. Mais il s'agissoit de sauver la masse du peuple, et ils savoient que la population de la grande cité de Paris étoit à la disposition de ces jongleurs. L'humanité parla, et ils voulurent bien traiter quand ils avoient le pouvoir de commander.

Tels étoient incontestablement leurs droits; mais il ne s'agit pas de discuter les droits, notre but est de montrer la manière dont le peuple regarda ces transactions, et la vérité nous oblige de dire qu'il se trouva blessé, qu'il se crut injurié, maltraité, opprimé. Ce n'est pas des droits, c'est des sentimens que nous avons à nous occuper; et après avoir démontré que les Parisiens ont tort de trouver quelque chose à blâmer dans la manière dont Louis XVIII fut rétabli sur le trône, nous devons convenir que différentes choses rendent leur mécontentement excusable jusqu'à un certain point, ou du moins naturel.

L'orgueil national est une vertu dans un peuple, et l'amour de l'indépendance est une qualité hautement louable. L'Angleterre et la France ont été rivales pendant des centuries, et la bataille de Waterloo, par sa fin brillante, a mis fin à toute rivalité de la manière la plus décidée, au moins pour un temps considérable à venir (1).

---

(1) Les Anglois aiment à oublier que beaucoup de gens prétendent que le sort de cette journée fut décidé par l'arrivée du corps prussien. Il ne peut y avoir de rivalité

Un général anglois devint le maître de la fière cité de Paris, qui, pendant le quart d'un siècle, avoit aspiré à devenir la capitale de l'Europe. Par quelques circonstances malheureuses, ou par un arrangement maladroit, il prit personnellement part à l'enlèvement, un peu forcé, des tableaux et des autres objets d'arts de la galerie du Louvre. Comme rien n'en avoit été pris à l'Angleterre, employer des soldats anglois pour s'emparer de ce qui auroit dû être livré, ressembloit assez à une insulte gratuite. Il est probable qu'on n'en avoit pas l'intention; mais dans une occasion aussi délicate, les apparences sont quelquefois plus importantes que la réalité.

S'il étoit convenu entre les gouvernemens que les ouvrages des arts seroient restitués, la France auroit dû en faire la livraison. Cet acte, paroissant volontaire, auroit été du moins plus gracieux, et sous tous les rapports plus convenable.

Une telle conduite étoit non-seulement offensante, elle avoit même l'air d'être l'effet d'une arrière-pensée, comme si l'on n'eût songé à exiger cette restitution qu'après que l'armée françoise s'étoit retirée derrière la Loire, et que Paris étoit entièrement au pouvoir des

---

d'armes entre l'Angleterre et la France, prises isolément, puisqu'en supposant le courage et la science semblables de part et d'autre, la population de la France est trois fois plus considérable que celle de la Grande-Bretagne.

(*Note du Traducteur.*)

étrangers. Nous n'avons pas les moyens de décider si ce soupçon étoit juste, mais il est certain que les apparences le confirmoient, et c'est sous ce point de vue que les François envisagèrent cette restitution, quelque juste qu'elle fût en elle-même.

Cette circonstance a laissé sur l'esprit des François une impression qu'il est impossible maintenant d'en effacer, et en conséquence ils ne manquent pas une occasion de montrer combien ils haïssent les Anglois; c'est pour eux qu'ils réservent toutes leurs malédictions, et ils espèrent qu'un jour viendra, à une époque peu éloignée, où il leur sera possible de se venger (1).

---

(1) Quand certains individus se croient en liberté de parler, ils n'hésitent pas à dire que la France toute seule est en état de faire face à toutes les armées de l'Europe; qu'ils ont été trahis en 1814 et en 1815; qu'ils n'ont pas été vaincus, et qu'ils seront bientôt en état de prendre leur revanche, surtout contre l'Angleterre et la Prusse. L'ouvrage impudent et ridicule du général Gourgaud les enchanta. Il dit, entre autres choses, que tout ce que les François firent pendant la bataille de Waterloo et auparavant étoit sage et bien combiné, mais que le hasard fit échouer leurs mesures; que le duc de Vellington commit des fautes sans nombre, mais que le même hasard les fit réussir; enfin que la marche sur Paris après la bataille étoit le comble de la folie, parce qu'il devoit prévoir la destruction de son armée, mais que le hasard lui assura encore un succès complet. Tout cela n'est que sottise, mais on y voit quelle est la disposition des esprits en France.

L'importation d'argent sous le règne de Buonaparte, opposée à la disette qui s'en fit sentir par suite du séjour de l'armée d'occupation, fut une autre source de mécontentement; et les François, toujours prêts à faire tous les calculs en leur faveur, n'ont jamais réfléchi à la manière dont ils ont opprimé les autres nations, quand ils en avoient le pouvoir.

Le nombre de riches Anglois qui allèrent à Paris, où tous les plus brillans équipages appartenoient à des Anglois, où les spectacles et les autres lieux publics étoient remplis d'Anglois, et l'opulence qu'ils y affichoient, n'ajoutèrent pas peu à cette irritation d'esprit qu'inspirent l'amour propre offensé, la vanité blessée, et l'ambition trompée dans ses projets.

De toutes parts le roi est assiégé de difficultés, et il n'a véritablement d'autre ressource, d'autre moyen de salut, que d'épouser fermement les intérêts de la France; mais même sur ce point il a bien des obstacles à surmonter. La charte, boussole sur laquelle il doit diriger sa marche, a été rédigée à la hâte; elle n'est ni d'accord avec elle-même, ni complète, comme nous l'avons démontré en traitant ce sujet. Quant aux lois, elles restent telles qu'elles étoient sous le despote Napoléon, et par conséquent elles ne sont ni fondées sur la charte, ni conformes à ses principes. Enfin, tous les préfets, tous les maires (et il y en a plus de vingt-cinq mille), sont autant de petits tyrans qui gouvernent leurs arrondissemens comme bon leur semble, et qui ne s'inquiètent ni de la charte ni des lois (1).

Les juges des cours de justice ne connoissent guères mieux leurs devoirs; les jurés sont absolument aux ordres des juges : et au milieu de cette masse de confusion, l'autorité royale est ouvertement méprisée ou secrètement éludée, au détriment de la généralité des sujets.

De là naissent une véritable détresse, le mécontentement, l'aigreur, ce qui, chez un peuple accoutumé depuis trente ans à changer de gouvernement à chaque instant, fait qu'on s'imagine qu'un nouveau changement soulageroit les maux qu'on éprouve, quoiqu'il puisse arriver qu'on en éprouvât alors d'autres qui sont inconnus aujourd'hui.

Une révolution remarquable s'est opérée depuis 1817, dans le commerce des Parisiens, soit entre eux, soit avec des étrangers. Il y a environ deux ans, quelle

---

(1) Les maires se permettent de faire telles lois et tels règlemens qu'il leur plaît dans leurs municipalités respectives, et l'on en cite de la nature la plus ridicule. Le maire de Lyon, par exemple, s'est arrogé le droit de fixer la largeur des tulles. Il auroit aussi bien fait de fixer la couleur des bas ou la forme des chapeaux; et comme il y a douze maires dans Paris, on y auroit pu voir des chapeaux de douze formes et de douze tailles différentes, de sorte qu'il auroit suffi de les regarder pour reconnoître dans quel quartier de la ville ils auroient été fabriqués.

que pût être leur confiance ou leur intimité, ils ne parloient d'affaires politiques qu'avec la plus grande réserve, et ne se hasardoient pas à tenir un propos qui pût déplaire au gouvernement. Aujourd'hui la chose est toute différente, et ils se donnent la plus grande latitude dans leurs discours. D'où vient ce changement? il n'est pas facile de le dire positivement, mais il existe, et nous croyons en avoir trouvé la cause.

En tout pays, un gouvernement doit montrer qu'il a non-seulement les moyens, mais aussi la volonté de se faire obéir; autrement il inspire le mépris et non le respect; mais c'est surtout à l'égard de la France que ce principe est vrai, et une malheureuse vérité, c'est que le gouvernement actuel n'y a pas déployé cette énergie uniforme qui est nécessaire.

Quand un gouvernement est une fois reconnu vigoureux, il trouve l'obéissance sans avoir besoin de l'assurer par la rigueur : au contraire, quand on lui suppose de la foiblesse ou de l'irrésolution, la plus grande sévérité peut à peine se faire obéir.

Quand le comte de Péterborough fut banni d'Angleterre, au commencement du règne de Georges Ier, il écrivit son *Esprit d'un roi patriote*, et il dit dans cet ouvrage, « que la rigueur étoit nécessaire à un roi de France, et que la première fois qu'un roi qui ne sauroit pas se faire craindre, porteroit la couronne dans ce pays, les François feroient tomber sa tête

comme nous avions fait tomber celle de Charles Ier. »
Nous avons été témoins de l'accomplissement de cette prophétie. L'infortuné Louis XVI fut le premier roi dont le caractère penchoit vers une indulgence qui tenoit de la foiblesse, dont le gouvernement manquoit d'énergie, et nous avons vu quel fut son destin.

Une des circonstances qui donnèrent le plus d'avantage à Buonaparte pour gouverner la France, fut que son caractère sans merci étoit bien connu. Personne n'osoit se rendre coupable de la moindre offense, parce que le châtiment étoit prompt et certain. Louis XVIII n'excite pas cette terreur, et il en résulte qu'il n'est pas obéi de la même manière. Si, par un miracle, Buonaparte pouvoit obtenir les vertus du roi actuel, tout en conservant ses propres talens, son énergie et son caractère despotique, il verroit peut-être qu'il lui seroit plus difficile d'obtenir l'obéissance, que lorsqu'il ne possédoit que ses qualités personnelles. La disposition à la soumission et la crainte de la désobéissance marchent ensemble ; quand la dernière n'existe point, la première ne se fait que foiblement sentir, et il ne paroît y avoir à cela qu'un seul remède.

Qu'on ait toujours les yeux fixés sur la loi constitutionnelle, et non sur le caractère personnel du monarque, et il n'y aura plus de difficulté. Si Charles Ier et Jacques II avoient respecté la loi du pays, avoient gouverné conformément à la grande charte, ils auroient trouvé de l'obéissance dans leurs sujets. Tous deux furent dans l'occasion sévères et despotes, mais ils n'inspiroient ni crainte ni respect, parce qu'ils avoient des momens d'indulgence et de foiblesse. Mais depuis la révolution de 1688, depuis que les rois ont gouverné d'après une charte constitutionnelle, l'obéissance ne dépend nullement de leur caractère personnel.

Louis XVIII n'a qu'à suivre la même marche, et il arrivera au même résultat. Autrement, on peut regarder comme très-douteux qu'il obtienne cette obéissance qui est nécessaire pour garantir la sûreté du gouvernement, et pour maintenir la nation dans un état de tranquillité intérieure.

Il est sans doute très difficile de se débarrasser des habitudes et des opinions qu'on a contractées depuis l'enfance jusqu'à la maturité de l'âge : mais ce qui est difficile n'est pas impossible, et l'on doit faire les derniers efforts pour se modeler entièrement sur la nature d'un gouvernement constitutionnel et représentatif.

Que signifient toutes ces ordonnances royales qui ont force de loi sans être lois, et qu'on promulgue en toute occasion ? Si l'on y contrevient, que doit faire le roi ? En vertu de la charte constitutionnelle, cette désobéissance ne peut être punie. Si donc le contrevenant en appelle aux lois, et que les cours de justice agissent comme elles le doivent, il résistera efficacement à Sa Majesté, et il en résultera que l'autorité royale sera moins respectée (1).

Que signifie la signature apposée par le roi aux contrats de mariage des personnes distinguées ? Est-ce un droit ou une faveur ? Si c'est un droit, il est contraire à la charte, et ce ne seroit que par erreur qu'on pourroit le considérer ainsi. Si c'est une faveur, on devroit le prouver en en étant moins prodigue. Il paroît pourtant que ce n'est ni un droit ni une faveur ; c'est une pitoyable imitation de l'ancienne prérogative des rois de France. On croiroit voir Buonaparte jouant la farce de tenir une cour à l'île d'Elbe (2).

Dans les anciens temps, les rois de France étoient

---

(1) M. Playfair n'auroit probablement pas écrit ce paragraphe s'il avoit lu avec attention l'article 14 de la Charte. Il y auroit vu que le roi a le droit de faire « les règlemens et ordonnances nécessaires pour l'exécution des lois et la sûreté de l'état. » L'obéissance à ces règlemens et à ces ordonnances devient donc un devoir, et les cours de justice n'agiroient pas comme elles le doivent, si elles laissoient les contraventions impunies. (*Note du Traducteur.*)

(2) M. Playfair ignore sans doute que c'est un usage généralement reçu en France de faire signer les contrats de mariage non-seulement par les parens mais même par les amis des parties. Quand le roi donne cette marque de bienveillance à un de ses sujets, il lui accorde donc une faveur, et lui reprocher de la prodiguer, c'est faire un

esclaves du cérémonial usité à leur cour. Comme tous les pouvoirs se concentroient en eux, ils étoient continuellement assiégés de courtisans supplians. Mais que signifie maintenant cette agitation perpétuelle qui règne à la cour ? Que résulte-t-il de ces réceptions des messieurs le matin, des dames dans la soirée ? De la fatigue et des inconvéniens de toute espèce pour toutes les parties, l'interruption des affaires véritables, et la ruine de tout bonheur et de toute tranquillité domestique.

A l'exception de quelques heures, une fois par semaine, ou tous les quinze jours, les rois d'Angleterre vivent en particuliers. Ni eux ni les personnes de leur cour ne sont, comme en France, harassés tous les jours d'un cérémonial inutile. Ces usages de l'ancienne cour ne méritoient ni d'être continués ni d'être imités. Ils étoient nécessaires quand le roi étoit le centre et la source de tout; mais même alors, les rois, vivant à Versailles comme ils le faisoient, n'avoient pas autour d'eux ce bourdonnement et ce cérémonial perpétuel qu'on trouve à présent aux Tuileries.

Que signifie, comme nous l'avons déjà demandé,

---

crime à un père d'avoir trop de tendresse et d'affection pour ses enfans. Ce n'est pas une prérogative royale qu'il exerce en ce cas, c'est une preuve d'intérêt paternel qu'il accorde. (*Note du Traducteur.*)

ce grand nombre de militaires autour du palais? S'ils sont destinés à défendre, à protéger le monarque, il est insuffisant : s'ils ne doivent servir qu'à maintenir l'ordre, il est beaucoup trop considérable.

On peut en dire autant de la nombreuse escorte qui accompagne le roi quand il sort pour prendre l'air ; et comme il n'existe aucun peuple dans l'univers qui saisisse le côté absurde et ridicule d'une chose plus promptement que le François, cet apparat est fort mal imaginé, et produit un effet qui n'est rien moins qu'avantageux.

Nous nous souvenons d'avoir vu l'empereur d'Allemagne voyager avec l'archiduc Charles dans la Flandre, en 1794, dans une voiture attelée de quatre chevaux. Ils n'étoient suivis que de deux dragons d'ordonnance à cheval, et la simplicité de cette escorte, la confiance dont elle étoit la preuve, faisoient grand plaisir au peuple (1).

Ce seroit un conseil fort sage à donner au roi de France actuel, que de l'engager à éviter, autant que possible, toute ressemblance inutile à l'ancienne cour. Sa Majesté adopte une marche contraire, et il en résulte que le peuple craint qu'il n'ait un grand

---

(1) Ils traversèrent ainsi Bruxelles, Gand et Anvers, quoique l'armée françoise n'en fût qu'à vingt milles. Les postes avancés étoient à un village nommé Vive-Saint-Eloy, qui n'est en réalité qu'à dix milles de Gand, où l'empereur et son frère couchèrent dans une auberge.

attachement à toutes les anciennes prérogatives de sa famille (1).

Les formes et les apparences extérieures ont toujours produit et produiront toujours un grand effet sur l'esprit de la multitude ; et lorsque la nature du gouvernement est changée, il est toujours à propos de prouver ce changement par des signes extérieurs. C'est le moyen le plus facile et le plus efficace de convaincre le peuple qu'il est réel, et non imaginaire.

Lors du premier retour de Louis XVIII, il étoit entouré d'émigrés qui sembloient lui être entièrement dévoués ; cependant, lorsqu'il fut attaqué, personne ne se présenta pour le défendre. Il partit, suivi de ses émigrés, qui ne montrèrent pas même le désir de coopérer à sa restauration. Ils restèrent à Gand, dans l'inaction, tandis que les alliés combattoient pour eux (2).

---

(1) Tout ce que prouve M. Playfair en blâmant la magnificence de la cour de France, c'est qu'il la voit avec des yeux anglois. Pourquoi n'y a-t-il ni faste ni pompe à la cour d'Angleterre ? pourquoi les palais des rois ne sont-ils jamais ouverts au peuple ? C'est parce que l'Anglois ne jette sur ses maîtres qu'un regard jaloux et envieux. Le François au contraire jouit de l'éclat qui environne ses souverains, et voit leurs demeures splendides et somptueuses avec le même plaisir qu'un enfant soumis et respectueux est témoin de l'opulence d'un père qu'il chérit tendrement.

(*Note du Traducteur.*)

(2) Si ces émigrés avoient joué un rôle actif en cette

Les troupes alliées ayant quitté la France, une nouvelle ère commence, et c'est donc un moment favorable pour suivre une nouvelle conduite. Jusqu'à présent, on ne peut accorder de grands éloges à tout ce qui s'est fait. Il est temps de commencer sérieusement à faire marcher la constitution d'un pas ferme et vigoureux, de manière à donner de la confiance à ses amis, et de mettre fin aux efforts de ses ennemis.

Les François doivent réfléchir à tout ce qu'ils doivent à Louis XVIII. Ils avoient outragé toutes les nations de l'Europe; ils avoient été réduits à traiter dans leur propre capitale; ils avoient manqué à ce traité; on ne pouvoit plus se fier à eux : mais ce monarque, parlant en faveur de la nation, obtint des vainqueurs qu'ils se fieroient à *lui*. On peut chansonner la légitimité et la famille des Bourbons; mais si la France n'avoit eu de pareils intercesseurs, elle ne seroit pas aujourd'hui en chemin de redevenir, et de redevenir très-promptement, une nation riche, heureuse et respectée.

Nous conclurons ce long article en disant que les François ont adopté une nouvelle espèce d'honneur, un nouveau code moral par lequel ils se jugent eux-

---

occasion, on ne manqueroit pas sans doute de leur reprocher, d'avoir porté les armes contre leur patrie et leurs concitoyens. (*Note du Traducteur.*)

mêmes, et qu'ils ne sentent pas que, dans les autres pays, les autres nations, qui conservent encore les notions du vieil honneur et de la vieille morale, se forment de leurs actions une opinion toute différente de celle qu'ils en ont eux-mêmes. L'accueil que Buonaparte reçut à son retour de l'île d'Elbe fut une rupture du traité de Fontainebleau, signé lorsque les alliés étoient maîtres de Paris. Que disent-ils, pour se justifier de ce manque de foi? — « Ce fut le fait d'un petit nombre d'individus. »

Soit : nous y consentons, pourvu que les autres conviennent qu'ils ont été des lâches; mais non, c'est ce qu'ils accorderont encore moins, car ils disent qu'ils auroient pu résister aux alliés après la bataille de Waterloo. Mais si cela est, pourquoi ont-ils souffert, trois mois auparavant, qu'une poignée de misérables fissent la honte de leur patrie, en rompant le traité de Fontainebleau? Les François voient que les alliés les traitèrent différemment à leur seconde entrée dans Paris ; ils prétendent que c'est une injustice, parce qu'ils ne voient, dans leur propre conduite, rien de honteux, rien de fautif, quoique tout le reste du monde pense tout autrement.

Ils croient que tout ce qui leur paroît juste doit passer aussi pour tel aux yeux de tout l'univers; mais, sans l'intervention de Louis XVIII, ils auroient payé bien cher cette erreur.

On peut citer l'exemple de Labédoyère, qui avoit violé son serment comme soldat, et qui étoit un traître de l'espèce la plus infâme. Lorsqu'il fut mis en jugement, il eut l'impudence de dire : « Prenez ma vie, mais respectez mon honneur. » C'est la même chose que si un voleur, convaincu et condamné à la potence, disoit en marchant au supplice : « Prenez ma vie, mais n'attaquez pas mon honnêteté. » Que penseroit-on de l'impudence de ce brigand? Ceux qui savent ce que c'est que l'honnêteté seroient surpris de cette absurdité, et si quelqu'un ne l'étoit pas, c'est qu'il ignoreroit en quoi elle consiste. Le peuple françois ne fut pourtant pas surpris de ce propos de Labédoyère, qui n'est regardé ni comme un fou, ni comme un insensé, ni comme un impudent.

Cela ne vient et ne peut venir que de ce qu'on ne comprend pas ce qui est honorable. Ce n'est pas que le François soit sans estime pour l'honneur, mais il ne l'envisage pas sous le même point de vue que les autres nations.

Tant que cet état de choses subsistera, le rétablissement d'une paix solide en Europe éprouvera plus de difficultés qu'on ne se l'imagine. Cette différence d'opinion, quant à ce qui est honorable ou non, causa la violation du traité de Fontainebleau, et elle peut faire violer de même celui dont il fut suivi. Si cela arrivoit, les François diroient que les alliés l'ont violé les premiers, en leur prenant les ouvrages des arts. Quand les François étoient vainqueurs, ils croyoient pouvoir prendre tout ce qui leur plaisoit; mais quand vint leur tour d'être vaincus, ils ne voulurent pas convenir que les alliés eussent le droit de reprendre ce qui leur avoit appartenu. Si les alliés avoient pris ce qu'ils n'avoient jamais perdu, s'ils avoient dépouillé les bibliothèques, les galeries de tableaux, ils n'auroient fait qu'exercer la peine du talion; mais c'est à quoi ils n'ont jamais songé. Les François répondront et répondent à cela qu'ils ont agi en vainqueurs, mais qu'ils n'ont jamais été vaincus, qu'ils ont été trahis.

Nous nions ce fait, mais quand il seroit vrai, Venise, la Sardaigne, l'Espagne, et même la Hollande, n'ont-elles pas été trahies?

Pour terminer, les François se regardent comme la partie injuriée, comme des opprimés plutôt que comme des oppresseurs, et par conséquent ils attendent l'occasion de se faire justice, suivant les idées qu'ils se forment de la justice.

Les alliés n'ont probablement pas fait assez d'attention à l'opinion publique; c'est la faute de tous les gouvernemens réguliers. Mais, puisqu'ils trouvent que la presse est un instrument puissant, ils devroient la faire servir à leur défense aussi bien que la poudre à canon. Combien il paroîtroit étrange que les rois renonçassent à employer cette matière formidable, et ne s'occupassent qu'à empêcher leurs ennemis d'en faire usage! Cette conduite ne seroit pourtant ni plus folle ni plus absurde que de persécuter ceux qui en appellent à l'opinion publique, et de se priver entièrement du même avantage.

Les nations attaquées par les François au commencement de la révolution, virent que les victoires de leurs ennemis étoient dues à une nouvelle manière de combattre et de faire la guerre ; mais elles persistèrent dans leur ancien système et furent régulièrement battues. Enfin elles adoptèrent les nouvelles manœuvres militaires, et elles réussirent. Peut-être en seroit-il de même de l'appel à l'opinion, si l'on y avoit recours de bonne foi ; car, avec cet appui et quelques modifications, il n'y a pas de comparaison à faire entre les avantages des gouvernemens réguliers et de tous ceux de moderne invention qui ont été proposés.

CHAPITRE VIII.

LITTÉRATURE.

Etablissemens littéraires et hommes de lettres. — Estime qu'on a en France pour les talens littéraires. — Facilité avec laquelle les étrangers sont admis dans la société à Paris. — Manière inconcevable dont les littérateurs ont attaqué la religion chrétienne. — Réfutation de M. Volney. — La religion chrétienne, fondatrice de la liberté. — Bibliothèque. — Etendue du commerce de librairie à Paris.

Les établissemens d'éducation à Paris sont aussi nombreux que bien conduits, et il est probable qu'il n'existe aucune partie du globe où l'on donne tant de soins à la culture de l'esprit.

A Paris, les littérateurs et les savans forment un corps très-important, et il en a toujours été de même depuis le siècle de Louis XIV. Leur situation y est bien différente de ce qu'elle est à Londres; ils y sont tout différemment traités par le public, et par une conséquence naturelle, ils y agissent tout différemment.

Le titre d'homme de lettres y est plus respecté que celui d'homme riche ne l'est en Angleterre; et un littérateur est reçu, dans la société, avec plus de plaisir, et souvent avec plus de respect qu'un opulent banquier.

Le contraire a tellement lieu à Londres, qu'on aura peut-être de la peine à nous croire. Cependant, rien n'est plus vrai, et en même temps, chez un peuple qui réfléchit, rien n'est plus juste. Quel profit tire une compagnie de la richesse d'un de ceux qui s'y trouvent ? cette circonstance ne peut servir qu'à flatter l'orgueil de l'ignorant, tandis que la conversation de l'homme instruit est agréable et utile.

Le savoir est plus cultivé en France que partout ailleurs. Autrefois les sciences, l'histoire et les belles-lettres attiroient exclusivement l'attention. Mais, depuis la révolution, la politique est devenue un objet d'étude général, et comme il est permis à chacun d'exprimer son opinion, et que les affaires publiques ont tant d'importance, il est tout naturel que des hommes qui ont du loisir et des talens, les consacrent à cette branche des sciences morales.

Rien n'est si aisé à un homme de lettres étranger que de se faire admettre dans la bonne société, et une fois qu'il y a été introduit, ce doit être sa propre faute, s'il ne continue pas à en jouir. Les littérateurs sont les hommes auxquels il est le plus facile d'être reçu chez les autres, sans qu'on exige d'eux qu'ils les reçoivent à leur tour.

Il y a bien des choses dans lesquelles les François sont supérieurs à tous les autres peuples ; mais c'est surtout en ce qui concerne le commerce de la société. Ils reçoivent les gens suivant leur caractère connu, et n'exigent pas d'eux qu'ils se conforment à ces plans réguliers d'amusement, qui ne font que trop souvent la règle des sociétés de Londres. On ne s'attend pas à voir un savant jouer aux cartes, ou se livrer à tel ou tel divertissement. La conversation est le seul tribut dont on désire que chacun paie sa part avec aisance. Il est vrai que souvent on a le talent d'obliger en quelque sorte à en faire les frais, les hommes qui ont la réputation d'être plus instruits que les autres dans quelque branche des connoissances humaines : mais on sait toujours le faire de manière, non-seulement à ne pas les offenser, mais à leur plaire ; c'est un hommage qu'on leur rend, et il est inspiré par le désir de s'instruire.

Un des effets de l'ouvrage de lady Morgan a été de nuire aux Anglois dans la société françoise. On y dit clairement qu'elle a été envoyée par un libraire, pour ramasser de quoi faire un livre, et qu'elle s'est introduite dans la société dans ce dessein, de même qu'un chiffonnier entre dans une rue pour y chercher des loques et des haillons (1). Les tablettes de cette

---

(1) Ceux mêmes qui ne sont pas fâchés de voir leur nom imprimé, trouvent qu'il est fort mal à elle de s'être introduite dans leur société avec ce projet. Que lady Morgan fît argent de son ouvrage, cela étoit fort juste, fort

dame étoient la hotte dans laquelle le pauvre chercheur de guenilles jette au hasard tout ce qu'il trouve, sauf à en faire le triage le plus tôt possible, pour pouvoir le vendre.

Au commencement de la révolution, les littérateurs jouèrent un rôle très-éminent; ils avoient travaillé depuis long-temps, les uns sans le vouloir, les autres avec intention, à amener ce conflit d'opinions qui renversa le trône et l'autel. Ils commirent de grandes erreurs, firent partager leurs égaremens à bien des gens, et plusieurs d'entre eux finirent par en être victimes eux-mêmes.

En parlant des littérateurs françois, il ne faut pas oublier une étrange inconséquence qui les caractérise. Ils étoient devenus, à très-peu d'exceptions près, violens partisans de la liberté et de l'égalité, et cependant ils ont attaqué la religion chrétienne avec un degré d'animosité contre laquelle la pureté de sa doctrine morale auroit dû la protéger, quand même elle eût été fausse.

Cette animosité, en certains cas, n'avoit ni prétexte ni excuse. C'étoit un esprit d'hostilité qu'on ne pouvoit expliquer dans des hommes faisant profession d'être amis de l'égalité des droits, qu'en supposant qu'ils ne connoissoient ni l'histoire du christia-

---

naturel; mais qu'elle déclare qu'elle avoit fait, avant son départ, un marché pour l'écrire, c'est porter à l'extrême la franchise d'un aveu. Cela montre quelles sont, en pareille matière, les idées de convenance de cette dame.

nisme, ni ce qui se passa dans le moyen âge, quand l'ignorance, le système féodal et l'intérêt personnel furent obligés de céder à la doctrine enseignée par le fondateur de cette religion sainte.

Il est malheureux que le plus grand nombre des défenseurs de la foi chrétienne aient adopté un système de défense dont il ne peut résulter que leur défaite et le triomphe de leurs ennemis.

Ceux qui attaquent ouvertement la véritable religion, ou qui en sapent les fondemens en secret, emploient le sophisme en élevant des doutes et en faisant des questions. Leurs adversaires, avec plus de zèle que de prudence, avec plus de candeur que de bon sens, cherchent à dissiper les uns et à répondre aux autres en en appelant à la raison, comme si la raison étoit ou pouvoit jamais être le fondement ou la défense de la religion révélée.

L'existence de la Divinité peut être maintenue par le secours de la raison, car la nature proclame à haute voix dans toutes ses œuvres qu'il existe un Dieu au-dessus de nous; mais la croyance à un être suprême est une religion naturelle, et l'on peut dire universelle, car toutes les nations anciennes ou nouvelles, sauvages ou civilisées reconnoissent une divinité. Il est vrai qu'il se trouve parmi les hommes corrompus par la civilisation, quelques êtres assez dépravés et assez méprisables pour prétendre à la réputation d'athées, mais il y a tout lieu de croire que ce ne sont que de vains sceptiques dont les idées sur ce sujet ne sont pas fixées, qui ne s'en sont jamais occupés sérieusement, et qui se disent athées parce qu'ils pensent que la marque d'un esprit supérieur est de ne point partager l'opinion générale du genre humain.

Les argumens de l'incrédulité, quand on les dirige contre l'existence de Dieu, à l'aide de sophismes et de subtilités métaphysiques, ne tendent qu'à faire naître le doute et l'inquiétude dans l'esprit des hommes ; mais quand ils attaquent la religion chrétienne, ils produisent un effet bien plus funeste encore (1).

Il peut être utile de citer ici un exemple de la manière dont les hommes sont induits en erreur par

---

(1) M. Hampden, petit-fils du fameux patriote, avoit été incrédule dans sa jeunesse. Dans un âge plus mûr, ses remords le portèrent au suicide. A l'instant même de le commettre, il écrivit une confession volontaire dans laquelle il dit « qu'il n'avoit jamais été athée, qu'il n'avoit prétendu l'être que par vanité, mais que, sous ce masque, il avoit fait des choses qu'il ne se pardonneroit jamais, et qui lui avoient rendu la vie un fardeau trop pesant pour qu'il pût le supporter. » Sous les rapports humains, M. Hampden étoit dans une situation digne d'envie; riche; d'un esprit indépendant, car il refusa la pairie ; ayant épousé, à la fleur de son âge, une femme aussi aimable que belle, étant lui-même un des plus beaux hommes de son siècle. Mais le remords que les avantages extérieurs peuvent cacher, mais non faire taire, rendit tous ces dons de la nature inutiles à celui qui les possédoit, et il mit fin à son existence.

ceux qui prétendent les instruire, les éclairer et leur enseigner la vérité.

M. Volney, un des plus savans et des plus zélés philosophes des derniers temps, qui se soient efforcés d'extirper le christianisme du cœur des hommes, donna au public, au commencement de la révolution françoise, des *Voyages en Syrie*, et un ouvrage sur les ruines des empires.

Dans une fable, ou allégorie, il représente le génie de la vérité, planant dans les airs, et s'adressant à tous les habitans de la terre assemblés pour recevoir ses instructions.

« L'or est-il plus pesant que le cuivre? » leur demande-t-il d'abord. On lui répond affirmativement à l'unanimité.

« Le fer est-il plus dur que le bois? » demande-t-il alors; et tous, sans exception, lui répondent encore par l'affirmative.

Le génie ayant ainsi obtenu les réponses auxquelles il s'attendoit, passe à une troisième question, et leur demande quelle est la véritable religion? Ici, adieu l'unanimité; mille réponses se font entendre : « Celle des chrétiens, » s'écrient les uns. « Celle de Mahomet, » dit un plus grand nombre. Les gentoux, les sectateurs du Lama, les adorateurs du soleil et des dieux de bois et de pierre, tous firent valoir leurs prétentions, et la discorde fut complète.

« Silence! » s'écria le génie. Chacun se tut, et il continua en ces termes :

« Vous voyez avec quelle unanimité vous m'avez répondu que l'or étoit plus pesant que le cuivre, et que le fer étoit plus dur que le bois, parce que ce sont des vérités; mais vous voyez combien peu vous avez été d'accord dans vos réponses, quand je vous ai demandé quelle est la véritable religion. La conclusion est évidente; vous ne le savez pas, et dans le fait vous ne pouvez le savoir, car il n'y en a aucune; elles sont toutes fondées sur l'erreur, etc. »

La conséquence tirée par le génie imaginaire a sans doute paru parfaitement correcte à la plupart de ceux qui ont lu ce livre dangereux, et probablement presque à tous. Cependant rien n'est au fond plus faux, plus absurde, plus futile, quelque ingénieux, quelque profond que cet apologue puisse paroître à un observateur superficiel.

Il n'est pas nécessaire d'avoir le savoir oriental d'un Volney, pour découvrir la fausseté de ses conclusions; car si le génie de la vérité avoit demandé : « Quel est le plus beau pays du monde ? » il auroit obtenu des réponses aussi variées. S'il avoit demandé : « Lequel des généraux de la révolution est le plus habile ? » il auroit également été étourdi de réponses différentes. Il n'auroit pourtant pas, dans ces deux cas, tiré la même conclusion; il n'auroit pas dit que tous les pays et tous les généraux sont semblables, ou ne valent pas mieux les uns que les autres, comme il le fit à l'égard des religions, quoique cette conclusion eût été aussi raisonnable.

Volney s'est-il trompé lui-même, ou a-t-il voulu tromper les autres ; c'est une question que lui seul peut résoudre ; mais elle est de peu d'importance, attendu qu'elle démontre avec quelle facilité l'erreur peut se propager, quand il s'agit d'attaquer la religion.

Il peut paroître étrange que le génie de la vérité, qui préparoit ses auditeurs à la liberté et à l'égalité, commence d'abord par attaquer la religion ; mais le génie savoit fort bien ce qu'il faisoit.

Pour porter les hommes à la rébellion, pour les disposer au pillage et au meurtre, il faut d'abord déraciner en eux tout principe religieux ; et par conséquent le génie imaginaire, quoiqu'il eût les yeux principalement fixés sur la religion chrétienne, avoit résolu de se débarrasser tout d'un coup de toutes les autres, et voilà ce qui explique sa conduite et son raisonnement (1).

---

(1) Ce n'est pas une petite consolation pour les hommes qui ne se sont pas laissé égarer par Volney ou par ceux qui lui ressemblent, de voir que lorsque Buonaparte, avec son bras vigoureux et son âme déterminée, portoit le sceptre impérial, tous ces gens-là étoient rampans et soumis. Le génie de la vérité ne se faisoit pas prier pour garder le silence et rester dans l'obscurité.

Les philosophes qui prétendoient qu'ils sacrifieroient tout à la vérité, et que leur conduite seroit toujours d'accord avec leurs sentimens, ne furent pas plutôt sous un maître sévère et inflexible, qu'ils sacrifièrent tout à leur intérêt et au soin de leur conservation.

Ces philosophes fiers et hardis qui s'étoient fait une gloire

Il est évident que la différence d'opinions relativement aux religions, aux pays, aux talens des généraux, résulte de la capacité et de la manière de voir de ceux qui ont à prononcer, et non du mérite intrinsèque des objets qu'ils ont à juger; et si les deux premières questions faites par le génie ont été résolues à l'unanimité, c'est parce qu'elles rouloient sur une matière, non d'opinion, mais de certitude physique. Si Volney avoit été aussi bon raisonneur que savant, il auroit vu cela, mais il est possible qu'il se soit trompé comme il a trompé les autres.

Quoi qu'il en soit relativement à Volney, c'est-à-dire, soit qu'il ait sciemment trompé les autres ou qu'il se soit trompé lui-même, la conséquence en est toujours la même, car c'est en général par ces faux argumens, par ces faux raisonnemens, qu'on attaque la religion.

Les hommes en général, et à très-peu d'exceptions près, si même il en existe, pensent qu'ils sont en état de porter un jugement sur toutes les questions qui leur sont présentées; et c'est maintenant une habitude, un usage, une mode (qu'on y donne le nom qu'on voudra) de refuser de croire ce qu'on ne comprend pas. Il ne peut exister une plus grande, une plus

---

de contrarier le bon Louis XVI, se disputèrent à qui seroit le plus lâche pour se courber sous le joug de Buonaparte. Telle fut la conduite des philosophes modernes, qui, dans le fait, déshonorèrent par là le caractère de l'homme.

fatale erreur, et c'est pourtant l'erreur qui prévaut aujourd'hui.

Comme nous sommes forcés par divers phénomènes de la nature, par des objets qui tombent sous les sens, de la vue, du toucher, de l'ouïe, de croire des choses que nous ne pouvons concevoir, nous ne devons refuser de croire aucune chose par la seule raison que nous ne la comprenons point.

Les causes de mille opérations journalières de la nature nous sont aussi inconnues que celles des plus rares phénomènes; cependant nous regardons les premières comme toutes naturelles, toutes simples, tandis que les autres nous paroissent renfermer quelque chose d'étrange et de surnaturel.

Trouvera-t-on plus facile d'expliquer cette sève qui monte de la terre pour former des cerises dont le noyau est dur comme une pierre, ou des raisins qui ne contiennent presque qu'une substance liquide, que ces pierres qui tombent des nues sans que nous connoissions ni leur formation ni leur origine?

L'écaille d'un œuf, une des substances les plus dures, se forme en très-peu de temps des mêmes alimens qui, pris par un animal d'une autre espèce, n'auroient formé qu'un excrément dégoûtant.

Nous ne devons donc pas refuser de croire une chose uniquement parce que nous ne la concevons point, et par conséquent nous ne devons pas refuser de croire la mission divine de Jésus-Christ, uniquement parce que nous ne comprenons pas les mystères dont la sagesse divine l'a entourée.

Ayant ainsi répondu à un des grands argumens de l'incrédulité, nous allons maintenant démontrer pourquoi nous devons croire.

L'existence de Jésus-Christ n'a jamais été révoquée en doute, et nous avons les preuves les plus convaincantes que la doctrine qu'il a enseignée est admirable.

Un homme né dans un pays obscur, au milieu d'un peuple grossier, illettré et ignorant, a donné au monde un code de morale supérieur, infiniment supérieur, non-seulement dans ses détails, mais dans son ensemble, à tout ce que les plus savans et les plus érudits des philosophes grecs ou romains, et de ceux de nos jours, ont jamais écrit! Comment cela a-t-il pu se faire, si ce n'est par quelque moyen surnaturel? En vérité, il est beaucoup plus facile de le croire ainsi que de chercher à l'expliquer par les moyens ordinaires.

Si nous suivons l'histoire du christianisme, nous trouvons, partout où il est établi, un peuple d'une race supérieure, par sa manière de penser et d'agir, et digne de gouverner le reste du monde.

Ce n'est point un argument contre la foi chrétienne que de dire que parmi ceux qui en font profession, il se trouve des hommes ambitieux, sanguinaires et adonnés au vice. Le christianisme a amélioré les penchans naturels de l'homme, mais il ne les a pas changés; et à ceux qui disent que des chrétiens gouvernent avec injustice d'autres chrétiens, nous répondrons que si d'autres que des chrétiens avoient le même pouvoir et les mêmes moyens, ils gouverneroient encore plus mal. Nous ne cherchons pas à établir la perfection des chrétiens; nous ne voulons que démontrer leur supériorité sur tous autres hommes placés dans les mêmes circonstances, et c'est une vérité que prouve l'histoire des nations, soit avant que le christianisme existât, soit depuis qu'il a répandu ses bienfaits sur une partie du globe, tandis que le reste en est encore privé.

Nous arrivons maintenant à une autre objection faite par ceux qui disent qu'il n'existe point de preuves positives de la mission divine de Jésus-Christ, ni des miracles qu'on dit qu'il a faits.

Sans essayer de lever le voile mystérieux dont il a plu au Tout-Puissant de couvrir ces événemens, nous avons à faire observer que comme l'esprit humain ne s'occupe jamais long-temps de ce qui est absolument positif et certain, et que l'histoire de cet Homme-Dieu étoit destinée à occuper l'esprit des hommes pendant tous les siècles futurs, il étoit nécessaire d'y laisser quelque degré d'incertitude, de manière qu'on ne cessât jamais de discuter et d'approfondir ce sujet. Pour maintenir l'attention de l'homme sur un objet, il faut qu'il réunisse un degré de certitude suffisant pour ne laisser aucun doute sur la réalité de la chose, et assez d'incertitude pour entretenir l'intérêt et un esprit de recherches (1).

---

(1) Pour donner des preuves incontestables de la vérité

Il n'est pas très-honorable pour les amans de la liberté et de l'égalité, de s'être montrés ennemis de la religion chrétienne, la seule qui ait donné aux hommes l'espèce de liberté et d'égalité dont ils doivent jouir. Ces savans si vantés ignoroient-ils les faits historiques qui prouvent que l'abolition de l'esclavage qui eut lieu pendant le moyen âge, fut due au christianisme? Le spirituel mais impie Voltaire et sa légion d'admirateurs, le savant d'Alembert et les académiciens ses amis, ignoroient-ils que c'est à l'esprit de la religion chrétienne que les hommes doivent la sorte d'égalité dont ils jouissent? C'est à la religion chrétienne qu'on doit l'abolition de l'esclavage, de cet état destructif des droits de l'homme; et partout où elle a répandu sa bénigne influence, l'homme s'est en quelque sorte élevé au rang d'homme; l'esclavage et la dégradation par différentes castes, ont cessé d'exister.

---

de cette assertion, il est bon de faire observer que la réputation et l'intérêt prolongé qu'obtinrent les lettres de Junius, eurent en grande partie pour cause le mystère dont l'auteur trouva le moyen de s'envelopper. Les affaires auxquelles elles ont rapport ont perdu depuis long-temps leur importance, et l'on a cessé de s'en occuper; mais les lettres et le nom de leur auteur sont encore l'objet d'une vive curiosité. Il en est de même du caractère de Marie, reine d'Ecosse, du nom de la ville qui donna naissance à Homère, et de beaucoup d'autres objets qui n'excitent l'attention et l'intérêt que parce qu'ils sont entourés de mystère et d'incertitude.

Sans recourir à un millier de preuves particulières, sans citer le fait général que les hommes doivent leur égalité, comme hommes, et presque tous les droits dont ils jouissent, à la religion chrétienne, il existe un décret formel du troisième concile de Latran, tenu sous le pape Alexandre III, qui déclare que tous les chrétiens doivent être exempts d'esclavage. Il existe aussi en Suède une loi, promulguée vers le milieu du treizième siècle, connue sous le nom de *Loi du roi Birger*, par laquelle la vente des esclaves étoit défendue expressément, à cause de l'injustice d'une telle pratique parmi des hommes que Jésus-Christ avoit rachetés de l'esclavage au prix de son sang.

Après le commandement qui nous a été fait de regarder tous les hommes comme nos frères, il n'étoit pas nécessaire d'avoir une grande force de raisonnement pour discerner que l'esclavage étoit incompatible avec une telle doctrine, quoiqu'il se soit passé bien du temps avant que les principes religieux pussent l'emporter sur l'intérêt personnel, et faire abolir la servitude. Mais ce ne fut pas seulement par l'abolition de l'esclavage que la religion chrétienne améliora la situation temporelle des hommes, car nous lui devons aussi, en grande partie, la chute du système féodal qui tiroit son existence de cet esprit de sang et de vengeance qui faisoit que le pauvre recherchoit la protection du seigneur féodal, dont en retour il étoit obligé d'épouser toutes les querelles.

Cet état de choses ne pouvoit durer parmi les

hommes professant la religion de Jésus-Christ ; en conséquence, vers la fin du dixième siècle, on promulgua un réglement qu'on appela *la Trêve du Seigneur*, pour ordonner aux hommes de se dépouiller de tout esprit de haine, à peine d'encourir le courroux du Tout-Puissant.

Cette trêve proclamée par l'évêque d'Aquitaine, fut suivie d'une paix générale de plusieurs années, et il fut ensuite convenu que les chrétiens ne s'attaqueroient pas les uns les autres, depuis le jeudi soir d'une semaine, jusqu'au lundi de la suivante, en mémoire de la résurrection de notre Seigneur.

Jusqu'à nos jours, partout où la lumière du christianisme n'a pas pénétré, la condition servile de la plus grande partie des hommes est une preuve évidente de leur état d'oppression, et si les réformateurs politiques du genre humain ignorent ces faits, on ne doit pas avoir une grande idée de leurs connoissances en histoire, car sans cela il est à peine possible que des enthousiastes tellement zélés pour les droits de l'homme aient montré pour la destruction de la religion chrétienne l'ardeur qui animoit la plupart des réformateurs françois. Mais si cette conduite est une preuve d'ignorance en histoire qui s'accorde mal avec la haute opinion qu'avoient d'eux-mêmes ces meneurs du parti démocratique, ce n'en est pas une moindre de la négligence, de l'indifférence, ou du peu de savoir de ceux qui désiroient défendre la religion chrétienne et l'ancien ordre de choses. Par l'ancien ordre de choses, nous entendons, non pas une forme particulière de gouvernement, mais tous les gouvernemens où l'on trouve une subordination convenable et une distinction dans les rangs, pour les distinguer de ceux qui sont fondés sur la base absurde qu'on a appelée les droits de l'homme, et sur l'égalité de toutes les conditions.

Ceux qui désirent de bonne foi le bonheur et la prospérité du genre humain, ne doivent écouter qu'avec beaucoup de précautions des hommes qui ont commis de si grandes erreurs; qui d'une main ont voulu élever un nouvel édifice pour la félicité de l'homme, en établissant l'égalité, et qui de l'autre s'efforçoient de saper les fondemens sur lesquels toute égalité étoit appuyée.

Sous quelque point de vue qu'on envisage ce sujet, les ennemis du christianisme devroient doublement rougir de leur ignorance et de leur dépravation, car la religion chrétienne seroit le plus grand bienfait qui pourroit nous être accordé en ce monde, quand même elle ne seroit pas le sentier par lequel nous espérons arriver au bonheur éternel dans un autre.

Il faut donc supposer que les philosophes françois ont ignoré les services que la religion chrétienne a rendus à la cause de la liberté, sans quoi ils n'auroient pas conçu contre elle cette haine invétérée.

Le nombre des établissemens littéraires qui se trouvent à Paris est sans exemple; et comme ils ont toujours été situés presque tous dans le même quartier, on a donné à cette partie de la ville le nom original de *Pays Latin*.

L'*Université royale de France*, fondée par Charlemagne, a été supprimée en 1792, et a été rétablie depuis ce temps sur une échelle plus étendue. Elle comprend autant d'académies qu'il y a d'arrondissemens de cours royales en France, et chacune d'elles se divise en facultés de théologie, de médecine, de droit, et des sciences et arts.

Il existe à Paris plusieurs *écoles centrales* qui possèdent de bonnes bibliothèques, une collection d'instrumens de mathématiques et de physique, et des jardins botaniques. Un grand défaut dans le plan qu'on y suit, c'est qu'on n'y enseigne ni la morale, ni la géographie, et que les écoliers n'y sont occupés que des sciences abstraites depuis quatorze ans jusqu'à seize, et de l'histoire, de seize à dix-huit.

On n'y enseigne pas les langues étrangères. Dans chaque école centrale, il n'y a qu'un professeur pour les langues anciennes, et l'on n'y consacre que deux heures par jour. La littérature ancienne paroît donc avoir été non-seulement oubliée, mais méprisée. Les professeurs ne font que débiter leurs instructions; ils ne dictent pas de thèmes aux écoliers qui par conséquent ne peuvent apprendre d'une manière avantageuse et régulière les élémens des sciences (1).

---

(1) M. Playfair ignore donc que les jeunes gens

On trouve près de Paris une excellente *école vétérinaire*. La cure des maladies dont les animaux domestiques sont attaqués, étoit négligée en France, ou abandonnée à des maréchaux sans expérience, jusqu'en 1764, époque où commença cet établissement que le gouvernement a hautement protégé. Des hommes instruits y donnent des leçons sur toutes les branches de l'art vétérinaire.

Chaque régiment de cavalerie peut y envoyer un élève, et chaque département, trois. Ils y sont nourris et instruits aux dépens du gouvernement. Un grand nombre d'autres élèves y sont admis à leurs frais. Il faut y avoir résidé cinq ans pour acquérir le droit d'exercer l'art vétérinaire.

Au grand nombre d'établissemens qui ont pour but l'avancement des sciences, on peut ajouter celui des *écrits périodiques* qui y sont consacrés. Indépendamment des journaux qui paroissent tous les jours, qui sont fort nombreux, et qui sont tous rédigés par des hommes de talent, il y en a beaucoup d'autres qui paroissent une fois par semaine ou par mois, et qui sont consacrés à la politique, aux sciences, aux

---

France passent six ans de leur vie dans des colléges où ils ne sont presque occupés qu'à l'étude du grec et du latin. Les écoles centrales ne sont pas destinées à enseigner les élémens, mais à perfectionner dans les belles-lettres et les sciences ceux qui en possèdent déjà les principes.

(*Note du Traducteur.*)

arts, et à presque tous les sujets qui offrent quelque importance.

En général, le nom des rédacteurs est connu, et l'on peut dire, à l'honneur de la littérature françoise, qu'on n'y trouve pas cette envie de nuire à un auteur, qui se fait remarquer dans plusieurs des feuilles périodiques angloises. Nous ne savons pas s'il faut en attribuer la cause à ce que le public, en France, encourage moins qu'en Angleterre cette critique amère, ou à ce que les rédacteurs eux-mêmes y trouvent moins de plaisir à juger avec une excessive sévérité, mais il est certain que les auteurs y sont traités plus honnêtement qu'en Angleterre par ceux qui, par état, doivent rendre compte de leurs productions.

Il seroit d'autant plus facile de citer un bon nombre de personnes connues dans le monde littéraire en France, qu'il y existe un dictionnaire biographique des auteurs vivans. Mais l'histoire des individus n'est pas celle de l'état de la littérature; c'est pourquoi nous nous abstiendrons d'entrer dans des détails qui ne sont ni utiles ni convenables.

Il n'y a pas moins de douze *bibliothèques publiques* à Paris, et toutes personnes mises décemment y sont reçues certains jours de la semaine, et même tous les jours dans quelques-unes. Il n'existe, dans tout l'univers, aucune ville qui procure une telle facilité pour l'étude, aucune où les amis des sciences et des plaisirs se trouvent plus dans leur centre.

La *Bibliothèque du roi*, rue de Richelieu, est la plus considérable et la première. Au milieu du quatorzième siècle, le roi Jean réunit une demi-douzaine d'ouvrages d'histoire ou de science, et trois ou quatre de théologie; son fils, Charles V, en ajouta environ neuf à cette petite collection qui étoit alors placée dans une tour du Louvre. Elle consiste aujourd'hui en environ 400,000 volumes imprimés et 80,000 manuscrits, dont plusieurs sont rares et curieux.

Des tables y sont préparées pour ceux qui veulent faire des notes ou prendre des extraits. Des bibliothécaires donnent tous les livres qu'on leur demande avec une promptitude et une civilité qu'on ne peut trop admirer.

Toutes les autres bibliothèques sont ouvertes de même au public, et il ne faut, pour y être admis, ni démarches ni recommandation.

L'estime qu'on a pour les hommes de lettres à Paris, et la facilité qu'ils y trouvent pour se livrer à leurs études, feront toujours de cette ville le séjour favori des hommes qui consacrent leur temps à acquérir des connoissances.

Le commerce de la *librairie* est très-considérable à Paris, et l'universalité de la langue françoise, jointe au prix modique du papier et de l'impression, donne à cette capitale un grand avantage sur toutes les autres. Les éditions d'ouvrages de mérite se tirent en général de deux à cinq mille, tandis qu'en Angleterre elles excèdent rarement mille ou quinze cents, et souvent même n'atteignent guères que la moitié de ce nombre.

Parmi les hommes de lettres qui existent actuellement à Paris, on ne remarque pas la même haine contre la religion chrétienne qui distinguoit ceux qui florissoient au commencement de la révolution. Au contraire, on en voit quelques-uns qui à de grands talens joignent un grand zèle pour la cause de la religion.

M. Kératry, nommé depuis peu membre de la chambre des députés, a fait un ouvrage de beaucoup supérieur à ceux du docteur Beattie, et de tous les auteurs qui ont écrit dans le même sens. Il est plus profond dans ses remarques et plus serré dans ses raisonnemens, dont quelques-uns sont très-ingénieux. La circonstance qu'il appartient à la classe des philosophes, titre presque équivalent à celui de sceptique, doit contribuer à relever l'importance de son ouvrage aux yeux de ceux qui ne sont ni philosophes ni théologiens.

L'*Institut* sert de point d'union aux hommes qui cultivent les lettres et les sciences, et qui avoient été dispersés par la révolution.

Pendant les premières années qui la suivirent, la grande occupation des François étoit d'établir l'égalité. Comme tout le monde ne pouvoit pas être roi, noble ou prêtre, ces rangs furent abolis. Les niveleurs ne tardèrent pas à réfléchir que la grande masse du peuple ne pouvoit être ni savans ni académiciens, et la chute des académies fut résolue. L'aristocratie du savoir et du génie individuel auroit partagé le même destin, s'il eût été possible.

Les académies des sciences et des belles-lettres, qui avoient si long-temps fait l'ornement de la France, furent rétablies au bout de quelques années, sous le nom d'Institut, titre qui, soit dit en passant, ne signifie rien, et qu'on a eu l'absurdité de copier en Angleterre où nous avons l'institution royale, et je ne sais combien d'autres institutions. Lorsque Louis XVIII monta sur le trône, il changea très-convenablement ce nom en celui d'Académie royale.

L'Académie royale, ou l'Institut, est donc la principale des sociétés savantes de Paris. Elle comprend non-seulement toutes les branches qui formoient autrefois les académies des sciences et des belles-lettres, fondées par Louis XIV, mais encore la logique, la morale et la politique. Son objet est de perfectionner les arts par des recherches non interrompues, par l'examen des travaux littéraires et scientifiques, et par une correspondance suivie avec les sociétés savantes étrangères.

Ces établissemens, et beaucoup d'autres, qui distinguent Paris de toutes les autres villes, méritent d'être cités dans un ouvrage qui a pour but de peindre LA FRANCE TELLE QU'ELLE EST. La plupart existoient avant la révolution, mais la vérité nous oblige à dire qu'ils ont subi depuis cette époque plusieurs changemens avantageux. Les François peuvent se tromper souvent quant à ce qui est *bien*, mais ils sont toujours pleins d'ardeur pour faire ce qui est *mieux*, quand ils savent une fois comment y réussir.

Ils regardent le soin de l'instruction comme une des choses les plus honorables pour leur pays, et ils n'épargnent ni peines ni argent pour les établissemens publics tendant à encourager le savoir. Même les hommes les plus ignorans apprennent à respecter les gens instruits et savans, et l'individu le plus dissipé, le plus dépravé, seroit honteux d'endommager un ouvrage de mérite, ou d'en traiter l'auteur avec une légèreté peu convenable.

Le caractère des classes inférieures est si différent en Angleterre que le public ne peut y jouir de semblables établissemens. Les plus belles choses seroient dégradées, et l'on voleroit les plus précieuses. En faisant cette observation, nous devons rougir pour notre pays dont nous avons lieu d'être si fiers sous d'autres rapports.

CHAPITRE IX.

ÉTABLISSEMENS PUBLICS.

Supériorité des établissemens de Louis XIV et de Louis XV sur ceux de Buonaparte. — Hôpitaux. — Bureau central d'admission. —Bureaux de bienfaisance. — Supériorité des établissemens charitables de France sur ceux d'Angleterre. — Hôtel des Invalides. — Jardin du roi. — Conservatoire des arts et métiers. — Si l'usage des machines est préférable au travail manuel. — Ecoles gratuites. — L'instruction plus aisément obtenue à Paris qu'à Londres. — Causes de la perfection des beaux-arts en France. — Ponts et chaussées. — Ecole normale. — Caractère françois toujours le même. — Edifices et monumens publics. — Cimetières. — Abattoirs. — Architecture. — Spectacles. — Construction des maisons.

Les nombreux et admirables établissemens qu'on voit en France, et dont la plus grande partie existoient avant la révolution, donnent un démenti formel à ce que dit lady Morgan de l'état de dégradation de cette contrée avant cette époque, et aux injures dont elle se plaît à charger l'auguste dynastie des Bourbons.

Nous avons parlé assez librement des abus qui existoient autrefois, et de ceux qui existent encore aujourd'hui, pour espérer que nous ne serons pas soupçonnés d'être prévenus trop favorablement pour Louis XIV et Louis XV. Mais si l'on compare les établissemens qu'ils formèrent, les édifices qu'ils élevèrent, tout ce qu'ils firent, en un mot, avec ce que fit Buonaparte, on reconnoîtra que, eu égard au temps où les travaux ont été faits, et aux moyens qui existoient pour les effectuer, c'est bien à tort qu'on donne la préférence à ceux de l'usurpateur.

Quant à cette partie de la révolution pendant laquelle il n'existoit ni ordre ni administration régulière, et quand chaque individu se vantoit d'offrir en sa personne une fraction du souverain, c'étoit alors que les principes libéraux brilloient dans toute leur gloire. Malheureusement, semblable à celle de Jupiter, cette gloire mit le feu à la maison, et au lieu de pouvoir célébrer cet événement par la naissance de Bacchus, la France vit près de vingt millions d'êtres qui avoient été honnêtes et humains, se changer en monstres tels qu'on n'en avoit jamais vus, en un mot, en jacobins.

La révolution doit être divisée en quatre périodes : la première, depuis l'ouverture de l'assemblée nationale, jusqu'au règne de l'anarchie sous la convention ; la seconde, depuis cette époque jusqu'à la chute de ces hommes de sang qui gouvernoient sans aucune règle, et qui jonchoient la France de cadavres, comme si, en agissant ainsi, ils ne faisoient que jouir de la liberté naturelle à des hommes qui ne connoissent aucun frein ; la troisième, sous l'imbécile directoire jusqu'au consulat de Buonaparte ; et la quatrième, pendant tout le temps que dura la puissance de celui-ci, soit comme consul, soit comme empereur, période pendant laquelle le gouvernement de la France fut toujours le même, c'est-à-dire, en sens inverse des principes du républicanisme ; c'étoit un retour du gouvernement de la populace au gouvernement impérial ou royal, porté au *nec plus ultrà* du despotisme.

Malheureusement la France, débarrassée du despotisme de Buonaparte, a conservé son code de lois, et plusieurs de ses institutions. Nous avons donné dans le chapitre précédent des échantillons assez complets de ces institutions qui subsistent encore, ou qu'on appelle le système du gouvernement, et que peut-être nul autre que Buonaparte, qui vouloit que tout dépendît de lui seul, n'auroit pu inventer ou imaginer.

Il est des gouvernans qui aiment le repos, et qui par conséquent ne se soucient pas d'être le pivot sur lequel tout roule ; mais Buonaparte aimoit le travail et la fatigue ; il ne connoissoit pas d'autres plaisirs, et il ne permettoit à aucun de ses ministres de goûter un moment de repos. De là vint qu'un paysan ne pouvoit construire une chaumière sans qu'on lui fît un rapport. Nous devons donc attribuer une grande partie des maux que la France souffre encore, à son ambition infatigable et insatiable.

Nous avons rapporté assez de preuves du manque de liberté en France. Prouvons maintenant, par les établissemens qui s'y trouvent, que les anciens souverains, et l'ancien gouvernement de ce pays, ne négligeoient rien pour l'élever au plus haut point de gloire. Notre but est de démontrer, non pas que la France étoit libre avant la révolution, mais que le peuple y étoit heureux, et que les rois se faisoient gloire de rendre la France l'envie des autres nations, en même temps qu'ils étoient charitables, et qu'ils cherchoient à assurer le bonheur de leurs sujets, d'après leur manière d'envisager les choses.

Nous commencerons par les institutions charitables.

Tous les *hôpitaux* de Paris sont soutenus et défrayés exclusivement par le gouvernement. En général, ils sont vastes, et conduits sur de bons principes. Les pauvres malades ou infirmes qui y sont reçus n'ont à souffrir ni de la faim, ni du froid, ni du manque d'air, et la propreté n'y est nullement négligée.

Ils sont au nombre de dix-neuf, et sont administrés par un conseil général composé de magistrats et de personnes distinguées par leurs talens et leur philanthropie, qui inspectent tout ce qui a rapport aux dépenses et au traitement des malades qui reçoivent les soins d'habiles médecins et chirurgiens.

Une administration composée de sept membres veille aussi à ce que les pauvres malades reçoivent à leur domicile les secours dont ils ont besoin.

La dépense totale et annuelle de ces hôpitaux n'excède pas, dit-on, 6,000,000 de francs, mais ce calcul n'est probablement qu'un aperçu fort vague. Parmi ces établissemens, il en est qui sont devenus célèbres, soit par leur utilité immédiate, soit par l'esprit philanthropique auquel ils doivent leur naissance. De ce nombre sont les institutions pour l'éducation des sourds-muets et des aveugles travailleurs.

L'hôpital des enfans trouvés a été exécuté sur un plan aussi grand que libéral. Les orphelins privés de leurs parens par la mort, ou qui en sont abandonnés, y sont reçus sans recommandation, sans questions ni recherches : ils y sont bien nourris, convenablement élevés, et enfin mis en état de suivre quelque métier, quelque profession, et ils y sont placés aux dépens du public. Ils passent leur enfance dans l'hôpital ; à un certain âge, on les envoie à la campagne pour y respirer le bon air, et ils y reviennent ensuite pour compléter leur éducation. Le nombre n'en est pas limité.

Indépendamment des enfans qu'on reçoit ainsi, on y admet les femmes enceintes pour faire leurs couches. Quand elles sont rétablies, elles peuvent emmener leurs enfans, ou les laisser dans la maison, mais en ce dernier cas, il ne leur est plus permis de les voir. Nous voudrions pouvoir dire qu'il existe un tel établissement en Angleterre; mais, malheureusement, il faut en ce pays des protections, des sollicitations pour faire ouvrir la porte de l'hôpital des enfans trouvés, et par conséquent ceux qui ont le plus grand besoin de secours, sont ceux qui ont le moins de chances d'en obtenir.

Une des institutions les plus admirables de Paris est le *bureau central d'admission dans les hôpitaux*. Un blessé, un malade n'a autre chose à faire que de s'y présenter. Il n'est pas nécessaire, comme à Londres, de chercher à obtenir la protection d'un magistrat, d'un administrateur, ou de quelque personne en crédit, pour être secouru. Hélas! le pauvre et le malade n'en ont pas souvent le moyen, et c'est une honte pour l'Angleterre de se laisser surpasser ainsi par la France dans un objet qui tient de si près à l'humanité. Ce bureau se trouve Parvis Notre-Dame, c'est-à-dire au centre même de Paris. Un comité permanent de médecins et de chirurgiens, après avoir examiné celui qui se présente, décide à quel hôpital il doit être envoyé, ce qui se règle d'après la nature de sa maladie. Cet établissement fait plus d'honneur à la France que tous les grands édifices qui lui ont coûté tant d'argent.

Depuis la révolution, Paris est divisé en douze arrondissemens dans chacun desquels est un *bureau de bienfaisance*, où l'on tient un registre de tous les pauvres et infirmes qui ont besoin de secours. Le nombre en monte à environ cent mille, ce qui fait un sixième de la totalité des habitans de Paris. Ils reçoivent du pain, de la viande, du linge, des médicamens, et sont visités par un ecclésiastique du quartier, et par des médecins. On va chercher les malheureux jusque dans les réduits les plus obscurs pour les soulager. Un ordre admirable règne dans la manière dont est conduit tout cet établissement. Et qui en sont les administrateurs? De respectables particuliers, dont les fonctions sont gratuites, et qui les remplissent avec la plus louable attention.

Vers le milieu du seizième siècle, le gouvernement fonda un établissement à peu près semblable, sous le nom de *Régime paternel*. La révolution le renversa, et l'on y substitua une institution dont les administrateurs étoient payés, et devoient leurs places à la brigue et à l'intrigue. Les intérêts des pauvres étoient sacrifiés, et cette administration tomba dans un tel discrédit que personne ne voulut donner ni prêter d'argent pour la soutenir. Il fallut en revenir à une association volontaire, celle dont nous venons de parler.

Cet admirable établissement ne se trouve pourtant qu'à Paris. Si le même système s'étendoit à toute la France, il ne laisseroit rien à désirer, et les autres pays pourroient l'imiter. Mais malheureusement, dès qu'on sort de Paris, on ne voit plus rien de semblable. Dans quelques grandes villes on trouve encore quelques traces d'anciens établissemens de charité, mais qui ne servent qu'à prouver leur existence passée, et les infortunés sont entièrement réduits aux secours capricieux, incertains et insuffisans que leur accorde la bienfaisance des particuliers.

Il n'est pas possible de parler d'un tel sujet, sans faire quelques remarques sur les taxes pour les pauvres, et sur les charités volontaires d'Angleterre.

Les taxes pour les pauvres, dont le montant est si énorme, sont administrées par des officiers de paroisse sans discernement, qui ne savent ni augmenter le prix d'un bienfait par la manière de l'accorder, ni diminuer les frais en accordant des secours partiels, ce qui est plus agréable et souvent plus efficace que d'enfermer toute une famille dans la maison des pauvres, et d'avoir à fournir à toutes ses dépenses.

Quand la dépense est excessive, ceux qui sont soulagés deviennent misérables, et comme ils réclament, à titre de droit, ce qu'ils obtiennent ainsi, il existe un état complet de haine et d'hostilité entre ceux qui secourent et ceux qui sont secourus. Il y a en cela quelque chose, probablement beaucoup de choses qui partent d'un principe vicieux. La charité a perdu ses plus beaux attributs, et l'on ne voit que colère et ressentiment où l'on devroit trouver humanité d'une part et reconnoissance de l'autre.

Quant à nos charités volontaires, elles ne profitent qu'aux administrateurs qui, en général, vivent dans le luxe, et, en trompant le charitable donateur, volent ceux qu'il a dessein de secourir. Cet abus est moins difficile à réformer. Il naît de ce que les donateurs se contentent de donner : mais qu'ils sentent davantage la nature du cas dont il s'agit, qu'ils suivent l'emploi de leurs charités, et il disparaîtra. Il faut qu'ils ne se laissent pas tromper et aveugler par ceux qu'ils emploient, et qui généralement sont aussi vils et aussi rampans à l'égard du donateur, qu'insolens envers le malheureux objet de sa bienfaisance.

La véritable essence de la charité et de l'humanité est une humilité condescendante qui sait entrer dans les malheurs qu'elle soulage. La plupart de nos souscripteurs aux associations de bienfaisance ne connoissent pas ce sentiment. Ils donnent avec libéralité, avec dignité, quand ils devroient s'appliquer à donner avec utilité, et s'assurer que ce qu'ils donnent est employé convenablement, et comme l'humanité l'exige.

Les inconséquences des François sont une source intarissable et surprenante de contradictions. Infiniment ingénieux dans bien des cas, comme, par exemple, dans leur manière de secourir les infortunés, ils sont, en d'autres circonstances, les êtres les plus insoucians, les plus imprévoyans, les plus maladroits, dans ce qui a pour objet leurs propres aises. Mais qu'ils agissent avec sagesse ou non, ils agissent, dans tous les cas, avec humanité; le malheur est regardé, chez eux, comme sacré, et cela seul suffit pour faire pardonner une multitude de fautes.

Par-dessus tout, nous savons gré aux François de soulager celui qui a besoin de secours, sans s'informer sur quelle paroisse il est né, et dans quel lieu il a son domicile, et bien moins encore s'il a quelque magistrat ou quelque homme riche pour protecteur.

On ne peut parler avec trop d'éloges de l'*institution royale des jeunes aveugles*, et de celle des *sourds-muets*. Leurs séances publiques sont toujours suivies avec empressement, par une foule de personnes curieuses de voir jusqu'à quel point de perfection l'instruction a été capable de réparer en leur faveur l'infortune qui sembloit les condamner à une vie inutile et indigente.

Henri III conçut le premier l'idée d'ouvrir une retraite aux vieux soldats de son armée, qui languissoient sans asile, sans pain, sans secours, dans le sein même du pays pour lequel ils avoient répandu leur sang et épuisé leurs forces. Henri IV commença l'exécution de ce projet, en faveur de ces braves guerriers qui avoient suivi son panache blanc, en leur ouvrant, en 1595, la petite maison royale de la Charité-Chrétienne, dans le faubourg Saint-Marcel. Peu de temps après, cet établissement étant trop petit pour sa noble destination, Louis XIII le transféra au château royal de Bicêtre, dont on n'avoit pas encore fait une prison et un hôpital. Louis XIV, accoutumé à donner une grandeur et une magnificence singulière à tous les établissemens qu'il formoit, trouva cet établissement trop mesquin pour servir de retraite à la valeur guerrière ; ordonna, en 1671, à l'architecte Bruant d'ériger un monument qui fût digne de lui, et digne des guerriers dont il vouloit récompenser les services ; et l'*Hôtel royal des Invalides* s'éleva tel qu'on le voit encore aujourd'hui.

Au premier étage du pavillon du milieu se trouve une bibliothèque de vingt mille volumes, qui est ouverte tous les jours, depuis neuf heures jusqu'à trois, pour charmer les loisirs des braves gens retirés du service, en rappelant à leur souvenir les hauts faits des guerriers qui les ont précédés dans les sentiers de l'honneur. Voilà ce qui peut s'appeler traiter les hommes qui ont servi leur patrie avec la considération qu'ils méritent.

On avoit suspendu sous le dôme les drapeaux conquis sur différentes nations. Le nombre en excédoit trois mille. C'étoit une idée sublime que de faire, de l'asile de ces braves vétérans, le dépôt des plus brillans trophées de la guerre. En se promenant sous ces bannières ondoyantes, dépouilles qu'ils avoient peut-être conquises eux-mêmes, ils se rappeloient chaque exploit glorieux auquel ils avoient participé. Ils oublioient leurs blessures, ils oublioient leur âge, ils combattoient encore en imagination pour leur patrie, et poussoient de nouveaux cris de victoire. Quand les alliés furent sur le point d'entrer dans Paris, ces braves invalides arrachèrent ces étendards et en firent des feux de joie, afin qu'on ne pût jamais dire qu'ils avoient été repris.

Un maréchal de France est gouverneur de cet hôtel, qui contient cinq mille braves. Ces vieux guerriers trouvent, dans cet asile, une nourriture saine et abondante, sont couverts d'excellens vêtemens, et sont traités conformément au grade qu'ils occupoient dans l'armée, et suivant ce qu'exigent leurs blessures et leurs infirmités. On n'épargne rien pour adoucir leurs peines, consoler leur vieillesse, et leur procurer un repos exempt de troubles.

Tout est intéressant dans cet établissement. Un ordre parfait y est observé, et l'on y traite avec le respect qu'ils méritent d'anciens soldats couverts de gloire et d'honorables blessures qui rappellent leurs vertus guerrières et leurs exploits.

Le *Jardin du Roi* doit sa naissance à Guy de la Brosse, médecin de Louis XIII, qui conseilla à ce monarque de former cet établissement pour y cultiver les plantes médicinales. Il fut commencé en 1636, et alla toujours en croissant depuis cette époque. Mais ce fut aux soins de M. le comte de Buffon, cet illustre naturaliste, qu'il dut son plus grand lustre. Tous les savans, tous les voyageurs, de toutes les parties, et dans toutes les parties du globe, se faisoient gloire d'ajouter à un établissement auquel présidoit l'homme qu'ils reconnoissoient pour leur maître. L'art de conserver les objets qui n'exigent que des soins y a fait de grands progrès, et toutes les plantes exotiques y sont cultivées de la manière et sous la température qu'elles exigent.

La révolution, qui a détruit tant d'autres établissemens, n'a pas été défavorable à cette vaste collection de presque tout ce que la nature offre de grand et de curieux. Il s'y trouve une ménagerie dans laquelle on peut voir toutes sortes d'animaux beaucoup plus avantageusement que dans aucun autre lieu de l'univers, car une grande partie sont en plein air et presque dans un état de liberté.

Le *Cabinet d'histoire naturelle*, qui est ouvert au public deux fois par semaine, est la plus riche collection de ce genre qui existe dans le monde entier. Là sont réunis les échantillons des trois règnes de la nature qui ont fait l'objet des études de Tournefort, de Buffon, de Lacépède, de Haüy, et d'autres hommes célèbres.

La bibliothèque de cet établissement est presque entièrement composée d'ouvrages sur l'histoire naturelle. Elle le cède pourtant, à cet égard, à la magnifique collection de sir Joseph Banks (1), qui, pendant le cours d'une vie longue et bien employée, n'a laissé échapper aucune occasion d'acheter tous les ouvrages estimés et curieux sur les sciences auxquelles il est si vivement attaché.

---

(1) Compagnon du capitaine Cook dans son premier voyage, président de la société royale de Londres, homme aussi recommandable par sa modestie que par son savoir.
(*Note du Traducteur*)

Cinq grandes salles sont consacrées à la minéralogie et à la géologie, mais on ne peut faire de grands éloges de leur arrangement. Suivant le défaut ordinaire des grandes collections, certains objets sont placés si haut qu'ils échappent aux meilleurs yeux, et d'autres se trouvent si bas qu'il faut se courber pour les considérer. La classification est faite suivant la méthode de Haüy, le célèbre cristallographe, et est le résultat de quarante ans d'application à son étude favorite. Quoique cette collection soit riche et nombreuse, elle paroît avoir beaucoup trop de doubles des minéraux communs. Pour les spaths calcaires, nous connoissons deux cabinets particuliers de Londres qui peuvent rivaliser avec elle, et quant aux pierres précieuses, elle est surpassée de beaucoup par plusieurs collections de la même ville.

Le cabinet d'anatomie comparative se trouve dans un grand bâtiment près de l'amphithéâtre. C'est là que demeure Cuvier, qui, par son génie et son savoir, a opéré des miracles dans cette branche des sciences.

Le *Conservatoire des arts et métiers*, rue Saint-Martin, contient une collection curieuse, considérable et précieuse des machines mécaniques inventées dans tous les pays, et qui sont conservées dans le plus grand ordre et dans le meilleur état. Ce dépôt a peut-être été plus utile aux nations étrangères qu'aux François; mais n'importe qui en a fait son profit, la gloire n'en appartient pas moins exclusivement à la France.

Un appartement est presque entièrement rempli des inventions de M. Vaucanson, un des hommes les plus ingénieux qui aient jamais existé. Il étoit surintendant de cet établissement, il y a environ soixante ans. On y voit une quantité de métiers à tisser, la fameuse machine pour dévider la soie, et d'autres pour faire de la tapisserie. On cite à cet égard une anecdote assez curieuse. Les Lyonnois ayant cherché à tourner en ridicule les inventions de Vaucanson, celui-ci, pour se venger, imagina un métier à tapisserie qu'un âne faisoit mouvoir. S'il avoit employé pour agent l'eau, l'air ou la vapeur, il auroit causé beaucoup moins de dépit à ses imbéciles détracteurs. On voit encore un échantillon du travail de l'âne.

On trouve dans d'autres salles des modèles de bâtimens, parfaitement exécutés, de machines hydrauliques, de tous les instrumens d'agriculture et d'outils de toutes espèces.

A cet égard, le fait est que les François sont encore infiniment loin de la perfection dans leurs outils. Par exemple, il n'y a pas une bonne scie-à-main qui soit d'un usage commun à Paris, et un compagnon menuisier anglois a dans sa caisse une plus grande variété d'outils qu'on n'en trouve dans toutes les boutiques de Paris. De bons outils sont pourtant nécessaires pour travailler bien et vite. Ils produisent le même effet que les machines, ils abrègent le travail.

L'usage des machines a produit les plus grands avantages ; mais aujourd'hui une secte de prétendus réformateurs s'occupent à persuader au peuple que ce sont elles qui ont occasionné la détresse des classes inférieures. C'est une doctrine très-dangereuse, et l'on ne peut trop se hâter de la réfuter.

M. Owen, de Lanark, homme qui jouit d'une réputation excellente, qui a les meilleures intentions, et qui lui-même emploie des machines mécaniques, a soutenu sur ce point les opinions les plus absurdes, et a avancé, comme des faits, des choses qui sont absolument impossibles.

Dans une assemblée qui avoit pour but d'obtenir une souscription pour fonder une de ses manufactures pastorales, un de ses villages de mille habitans, il dit « que le coton filé aujourd'hui en un an, dans ce pays, occuperoit, si l'on n'employoit pas de machines, soixante millions de personnes travaillant à leur rouet, et que la quantité d'ouvrages de toute espèce, fabriqués à l'aide de machines en Angleterre, exigeroit, sans ce secours, le travail de quatre cents millions d'ouvriers. »

Nous respectons M. Owen pour ses intentions humaines et philanthropiques; mais il ne faut pas pour cela laisser passer comme vérité une erreur si dangereuse, et nous ajouterons si absurde et si extravagante.

D'abord, qu'entend M. Owen par l'expression *machine*? Un simple rouet est une machine, et une machine ingénieuse, quoiqu'elle ne soit pas compliquée.

Quant aux quatre cents millions d'ouvriers, supposons que chacun d'eux ne gagne que 6 pences par jour (12 sous de France), ce qui est le taux le plus bas qu'on puisse supposer, leur travail vaudroit 10,000,000 de livres sterling par jour, c'est-à-dire 3,130,000,000 par an, à cause des jours de repos. Or, si ce calcul étoit juste, il en résulteroit que les marchandises fabriquées excéderoient de beaucoup cette valeur, qui n'est que le prix de la main-d'œuvre, sans comprendre celui des matières premières. Cependant, tous ceux qui connoissent quelque chose en cette matière savent que nos marchandises fabriquées ne montent pas, en total, au vingtième de cette somme. Mais supposons que M. Owen ait raison, n'auroit-on pas grand tort de se plaindre de la pesanteur des taxes payées pour le gouvernement et pour les pauvres, puisque dix jours de produit de nos machines suffiroient pour les payer, et même les dépenses du clergé.

Un chariot est une machine, et tous les outils, en ce qu'ils rendent le travail plus facile, ressemblent aux machines les plus compliquées.

Quatre cents millions d'hommes, situés comme Robinson Crusoé, fabriqueroient certainement peu de chose en un jour ; mais fournissez-leur des outils et des machines, comme on en employoit il y a cinquante ans, sans donner lieu à aucune plainte, et d'après la valeur actuelle de l'argent, chacun d'eux gagneroit certainement plus de 6 pences par jour. M. Owen a donc fait une des plus grandes erreurs de calcul qu'ait jamais pu faire un homme de bon sens connoissant les premières règles de l'arithmétique.

Si nous n'avions pas des machines, et des machines perfectionnées, nous ne pourrions fabriquer des marchandises pour l'exportation. D'ailleurs, si le nombre de personnes à employer dans les manufactures est l'objet qu'on a en vue, nous trouverons qu'on y en emploie trois fois plus que du temps d'Edouard III, qui fit venir des tisserands de Flandre, et deux fois autant que dans l'âge d'or de la reine Elisabeth.

Le fait est, probablement, que trop de gens ont renoncé à l'agriculture. Mais quelle que soit la cause qui fait que nos ouvriers manquent d'ouvrage, envisageons l'effet. Supposons que nous revenions à l'ancienne et coûteuse méthode de filer et de tricoter, les autres nations se servent des machines que nous cesserions d'employer, par conséquent elles nous fourniroient des marchandises à meilleur marché que nous ne pourrions les fabriquer nous-mêmes, et, après avoir brisé nos machines, nous resterions dans l'inaction, nous donnerions notre argent aux étrangers, et bien loin d'être mieux, nous nous trouverions plus mal que nous ne sommes.

Les théoristes sont des guides très-dangereux, et ceci est une preuve de cette vérité. Il n'y a nul doute que M. Owen n'ait de bonnes intentions, mais il en étoit peut-être de même de Marat et de Robespierre; bien certainement, du moins, plusieurs révolutionnaires françois en avoient de bonnes; ils n'en firent pourtant pas moins de mal pour cela, et plus on connoissoit leurs bonnes intentions, plus on se laissoit aisément égarer par leur exemple. Si des réformateurs radicaux déclamoient contre l'usage des machines, il ne seroit pas nécessaire de leur répondre; mais quand un M. Owen, de Lanark, commet une pareille erreur et la rend publique, il est indispensable de la réfuter.

Que diroient ces imprimeurs et ces éditeurs si disposés à donner de la publicité à des sottises si ridicules qui n'ont de mérite qu'une bonne intention, si l'on comprenoit leurs presses et leurs caractères dans la condamnation prononcée contre les machines qui ont pour objet d'abréger le travail. M. Owen, dans ses calculs extravagans, prétend que l'usage des machines dans les manufactures n'emploie qu'un homme au lieu de cent, mais par le moyen de l'imprimerie, quand on tire un certain nombre d'exemplaires, un seul fait plus que l'ouvrage de mille. Ainsi donc, nous pensons en toute humilité, et par principe de justice, que lorsqu'on préférera les voies les plus lentes de travailler, afin d'occuper plus de bras, les presses des imprimeurs sont ce qu'il faudra d'abord condamner au feu.

Un établissement admirable est l'*École spéciale gratuite, pour les jeunes personnes*, rue de Touraine. Elles y apprennent à dessiner toutes sortes d'animaux, des fleurs, et des ornemens de toute espèce. On fait tous les ans une exposition de leurs meilleurs ouvrages, et l'on distribue des médailles à celles qui ont le mieux profité des leçons qu'on leur donne.

C'est sur de pareils établissemens, et sur plusieurs autres du même genre qu'on trouve à Paris, que les étrangers doivent réfléchir. Il n'est pas étonnant que les arts fleurissent en France, et que les artistes y soient si nombreux. L'Angleterre s'est rendue célèbre par sa charité pour les infortunés, mais elle néglige malheureusement les moyens de mettre les gens à portée de se secourir eux-mêmes.

En Angleterre, il n'existe aucun moyen d'avancement pour les jeunes gens des classes inférieures; sans des frais qu'il leur est impossible de faire. C'est donc avec raison et vérité que beaucoup d'écrivains ont dit que chaque pays a ses mœurs particulières, ses avantages et ses désavantages.

Les établissemens gratuits d'éducation, pour aider les jeunes gens à pouvoir vivre de leurs talens, sont admirables et en grand nombre à Paris; mais nous regardons celui dont nous parlons comme celui qui mérite le plus d'éloges.

Les beaux-arts y fleurissent d'une manière qui distingue cette ville de toutes les autres. Non-seulement les artistes y sont habiles, mais ils sont en grand nombre, et leurs ouvrages ne sont pas chers. La supériorité de Paris à cet égard doit être attribuée en grande partie aux facilités qu'y trouvent ceux qui veulent étudier les principes et les élémens.

Les jeunes gens des classes inférieures qui désirent

se livrer à des études de ce genre, sont ordinairement peu chargés d'argent. A Londres, si un ouvrier veut apprendre les principes qui doivent le diriger dans ses travaux, les mathématiques, par exemple, les élémens de la mécanique ou du dessin, quel moyen a-t-il d'acquérir ces connoissances ? La jeune fille qui veut étudier l'art des costumes, la broderie, le dessin, les ornemens, comment y parviendra-t-elle á Londres ? elle ne peut y réussir, même en payant. A Paris l'un et l'autre trouvent des écoles gratuites où on leur apprend tout ce qui leur est nécessaire.

C'est dans ces établissemens qu'il faut chercher la grande cause qui fait qu'en matière d'ornement et de goût, Paris est la première ville du monde, et cependant la dépense de ces établissemens si honorables à la nation, si utiles aux particuliers, n'est comparativement qu'une bagatelle.

Bien des gens qui font un voyage en France, retournent chez eux, sans avoir beaucoup gagné du côté de la morale et de la régularité de leur conduite. Ils y gagneroient quelque chose s'ils cherchoient à découvrir par la réflexion comment un peuple si léger a réussi à porter les beaux-arts à un degré de perfection qui fait l'admiration de toute l'Europe. Ils verroient qu'il s'en faut de beaucoup que les François s'amusent toujours et qu'ils ne soient jamais sérieux, mais qu'au contraire c'est à force d'industrie et d'adresse, et par des efforts bien dirigés, qu'ils arrivent à ce point de supériorité. Ce n'est qu'en rendant l'éducation peu coûteuse qu'on peut répandre les connoissances, quoique, sans contredit, les progrès dans une branche particulière dépendent beaucoup du goût et des dispositions de l'individu qu'on instruit.

Dans bien des cas, il est difficile de distinguer la cause de l'effet, ou du moins de reconnoître comment l'un est souvent lié à l'autre. Une éducation peu coûteuse est la cause qui fait qu'une nation est instruite, et par degrés cette nation devient enthousiaste des talens dans lesquels elle excelle, de sorte qu'enfin l'aptitude ou la disposition à apprendre devient une aussi grande cause de succès que la facilité des moyens auxquels est due l'éducation.

Les jeunes gens élevés sur les côtes de la mer font de bons marins, et l'on n'en trouve que de maladroits et de mauvais parmi ceux qu'on tire de l'intérieur d'un pays; et c'est ainsi qu'à Paris, les peintres, les musiciens, tous ceux qui suivent un état qui exige du goût dans les costumes, les décorations, les ornemens, les édifices, etc., apprennent à y exceller avec une facilité qui n'est connue dans aucun autre pays.

Ce n'est pas l'affaire d'un jour, pour que l'Angleterre puisse rivaliser la France dans les beaux-arts; mais elle y parviendroit avec le temps, si elle établissoit des moyens d'instruction à bon marché.

Une question assez curieuse est de savoir lequel est le plus humain d'apprendre aux hommes dans leur jeunesse à gagner leur vie aisément, ou de les secourir quand ils sont vieux. Nous n'entrerons pas dans la question de l'humanité, mais celle de l'avantage général est facile à résoudre. Donner de l'instruction aux jeunes gens est infiniment plus avantageux, et coûte en général beaucoup moins. Mais en parlant d'instruction, nous devons faire observer que nous n'entendons que celle qui met l'individu qui la reçoit en état de gagner sa vie, et nous évitons avec soin de discuter une question bien importante, mais qui n'entre pas dans le plan de cet ouvrage, et qui est : si la connoissance générale de la lecture et de l'écriture rendra le genre humain plus heureux et plus vertueux.

Le temps et l'expérience décideront probablement seuls cette grande question; mais l'éducation qu'il importe de disséminer, est celle qui est utile en pratique, et les avantages qui en résultent n'ont pas besoin de démonstration.

Pendant que nous sommes sur le sujet de l'éducation, il est bon de remarquer que jusqu'à ce que la philanthropie de la race actuelle se fût développée dans les écoles de Bell et de Lancaster, par un système que les François nomment *Enseignement mutuel*, quoiqu'ils fussent très-jaloux d'avoir des écoles convenables pour tous les arts et pour toutes les branches de connoissances, il ne leur étoit jamais venu dans l'esprit de former des établissemens d'instruction pour les gens de la classe du peuple que la nécessité condamne à passer leur vie dans de pénibles travaux, et qui ne se trouveront probablement pas plus heureux quand les livres les auront mis en état de comparer leur situation avec celle des classes supérieures.

Il existe quelques branches de connoissances humaines dans lesquelles on paroît avoir fait de grands progrès sans le secours d'écoles régulières.

L'Ecole des ponts et chaussées en France ne vaut pas le mode suivi en Angleterre. Si Brindley avoit reçu une éducation méthodique, il n'auroit jamais exécuté le canal du duc de Bridgewater. Il se seroit probablement mis à l'ouvrage régulièrement et à grands frais, et auroit ruiné le duc. Des hommes élevés ainsi deviennent attachés superstitieusement à ce qu'ils ont vu pratiquer, et ils regardent presque comme un crime de s'en écarter; aussi n'avancent-ils pas vers la perfection. On ouvrit des canaux sur un grand plan en France, presque avant qu'ils fussent connus en Angleterre, mais aujourd'hui nous battons complètement les François sur ce point, et nous pouvons en dire autant des ponts et chaussées. Une discussion sur cet objet nous entraîneroit trop loin; nous retournerons donc aux établissemens existans.

Le *Conservatoire*, école pour la musique et la déclamation théâtrale, compte de nombreux élèves; mais on a remarqué qu'il n'en est jamais sorti un grand acteur, ni un professeur de musique distingué.

L'école Normale, dont le but est de former des professeurs pour les répandre sur toute la surface de la France, est un établissement très-important. Le gouvernement doit veiller avec grand soin à la manière dont il est conduit, car il exerce une influence générale sur tout le royaume. La politique ne faisoit pas autrefois partie des études dans les écoles, mais les choses sont bien changées aujourd'hui, et empêcher qu'on ne grave de fausses notions politiques dans l'esprit de la génération naissante, doit être un des soins les plus importans d'un gouvernement.

Combien de temps les gouvernemens préféreront-ils la force à la persuasion? Combien de temps aimeront-ils mieux réprimer le mal que de le prévenir? Tant qu'ils suivront leur système actuel, ils trouveront leurs sujets constamment en guerre avec eux, car aucun gouvernement ne pourra satisfaire un peuple élevé dans l'habitude de la résistance à l'autorité, ou dans l'idée qu'on doit lui résister.

C'est dans la république moderne d'Amérique que se trouve le peuple le plus turbulent et le plus mécontent, et les anciennes républiques de la Grèce et de Rome étoient loin de goûter la paix et le bonheur: ce n'est donc pas le degré de liberté dont jouit une nation qui la rend heureuse et satisfaite, et c'est ce qui rend plus nécessaire la surveillance sur l'éducation.

En matière de goût et de mode, ce sont les riches qui donnent le ton, mais quant à l'opinion, ceux qui la dirigent se trouvent dans les classes mitoyennes qui se consacrent à l'étude; et s'il existe un point d'où elle puisse recevoir une impulsion, c'est sûrement l'école où sont instruits ceux qui doivent instruire les autres.

On peut dire au surplus que Paris est une école générale. On peut y voir pour rien tout ce que cette ville offre de rare, de curieux et d'intéressant, et y étudier sans frais tous les arts et toutes les sciences.

Quelle différence à Londres, où tout est mis à prix ! On seroit tenté de croire que l'ange chargé de garder l'arbre des connoissances a déserté son poste à Paris, et qu'il monte double garde dans la capitale de l'Angleterre, car à chaque porte qui pourroit être ouverte à l'instruction, la consigne est : « On ne passe pas ici. »

Indépendamment des hôpitaux publics, ou pour mieux dire nationaux, on trouve en France un grand nombre d'autres établissemens de charité dûs à la piété ou à la bienfaisance des particuliers ; mais ce qu'ils offrent de plus digne de notre attention, c'est l'esprit qui anime ceux qui les fondent et ceux qui les administrent.

En Angleterre on fait la charité de la même manière qu'on jette du grain devant des pourceaux : en France, on ménage la sensibilité, on a égard aux circonstances, ce qui vaut beaucoup mieux que de se borner à donner de l'argent ou des alimens.

Dans toutes les institutions charitables de la France, on ne perd jamais de vue l'économie ; mais en même temps on fait la plus stricte attention à rendre le secours qu'on accorde aussi efficace que possible, et à ne pas en faire un sujet d'offense.

Ce mot *offense* peut paroître étrange quand on l'accouple à celui de *secours*; mais le fait est que l'offense la plus complète, la plus impardonnable, c'est d'accorder un bienfait d'une manière dure et inconvenante. Nous péchons sur ce point en Angleterre, au delà de tout pardon, et il en résulte que les plus grands ennemis de la société sont ceux à qui la société accorde des secours.

Il n'en est pas de même en Ecosse; il n'en est de même dans aucune autre contrée que l'Angleterre, la plus généreuse et la plus éclairée de toutes. C'est un objet de la plus grande importance pour notre nation, et nous espérons qu'on y réfléchira, car les taxes pour les pauvres sont bien plus formidables pour elle que ne le furent jamais ni la flotte de Boulogne de Buonaparte, ni aucun des dangers qui aient menacé notre pays.

Dans tous les cas importans, on ne devroit jamais dévier de ce qui est juste et naturel. Il est certain que le vieillard, l'aveugle, l'infirme, celui qui est sans ressources, ont des droits sur la société; mais ces droits sont limités, ou du moins doivent l'être, à ceux qui ont réellement besoin de secours, et quand on leur en accorde, il faut le faire de manière à ne pas encourir l'inimitié de ceux qu'on soulage. En Angleterre, nous n'avons ni guide ni règle; nous donnons avec prodigalité, mais avec dureté, d'où il résulte que ceux qui reçoivent maudissent ceux qui leur donnent; et en même temps il arrive souvent que ceux à qui l'on accorde des secours ne méritent pas la compassion autant qu'une partie de ceux qui sont forcés d'y contribuer.

Au total, on ne peut s'empêcher d'admirer les établissemens qu'on voit en France, soit pour l'instruction, soit pour l'exercice de la charité; et comme presque tous ont été formés sous l'ancien gouvernement, nous ne pouvons admettre que ce gouvernement n'ait pas songé au bien-être du peuple, et que, sous l'ancien régime, les riches aient été sans humanité.

La révolution n'a pas changé le caractère originaire des François; ils sont ce qu'ils ont toujours été, braves, humains, hospitaliers, doués d'un excellent cœur; et ceux qui, comme lady Morgan, flattent la race actuelle aux dépens de celle qui l'a précédée, ne savent ni ce qu'étoit la France autrefois, ni ce qu'elle est aujourd'hui.

Tous les siècles amènent des changemens, mais le grand caractère national ne change pas pour cela. Quoique le costume, les mœurs, et en bien des cas les opinions, ne soient pas les mêmes que dans le siècle de Louis XIV, le caractère national est resté invariable. Gais, généreux, braves, passionnés pour la gloire, tels sont les François aujourd'hui, et tels ils étoient sous Louis XIV.

La preuve que le François rit encore comme autrefois, même quand il est dans le chagrin et la détresse, peut se tirer de la plaisanterie suivante qui circula en manuscrit dans Paris à l'époque ou MM. Baring et autres banquiers de Londres éprouvoient des difficultés relativement à l'emprunt ouvert pour payer les puissances alliées. Le but en étoit de tourner en ridicule les prêteurs anglois. Le ridicule réussit quelquefois où la raison échoue. En 1720, on proposa à Londres une telle foule de projets que le peuple étoit comme en délire. Anderson, dans son *Histoire du commerce*, en compte près d'un cent. En vain on en démontroit l'absurdité par le raisonnement, le nombre en augmentoit chaque jour. Entre autres, on en publia un pour convertir la sciure de bois en bois bien solide. Mais cette sciure de bois ouvrit les yeux des dupes; ils virent l'absurdité du projet dont ils avoient déjà acheté des actions, et l'illusion cessa. Cervantès, dans son admirable *Histoire de Don Quichotte*, donna, d'une manière supérieure, le coup de mort à la chevalerie errante; et comme les prêts d'argent d'un pays à l'autre sont une pratique dangereuse, il peut se faire que la plaisanterie en question produise un bon effet.

« *Etablissement proposé pour secours mutuel.*

» Attendu que les Anglois ne savent que faire de leur argent, et n'ont d'autre but que de le prêter à très-haut intérêt, sans s'inquiéter beaucoup si le capital leur rentrera ou non; et attendu que les François de leur côté ont désir d'emprunter, sans s'inquiéter beaucoup s'ils pourront rendre; rien ne seroit plus avantageux pour les deux nations que de former un établissement qui auroit pour objet de mettre les Anglois en état de prêter leurs fonds à haut intérêt, et de faciliter aux François les moyens de les emprunter.

» Cet établissement seroit d'autant plus utile et agréable aux Anglois, qu'ils ont tout récemment insisté pour être exclusivement chargés de faire un prêt à la France, sans permettre à un François d'y prendre part pour un seul franc. On en étoit presque venu à des hostilités pour savoir quels seroient les prêteurs ; mais la contestation se termina sans effusion de sang, et les fiers Anglois eurent les honneurs du triomphe. Pour prévenir la répétition de ces scènes ridicules, on fournira aux Anglois les moyens d'employer leurs fonds, pour telle somme qu'il leur plaira.

» Les objets pour lesquels il leur sera permis en ce moment d'avancer leur argent consistent en ce qui suit :

» Vingt-cinq millions pour finir les Tuileries et le Louvre.

» Quinze millions pour la fontaine de l'Eléphant sur l'emplacement de la Bastille.

» Cent cinquante millions par an pendant dix ans, pour ouvrir soixante-dix canaux dont on a grand besoin en France.

» Cent millions pour réparer les églises, et y replacer les cloches, les orgues et les vases d'argent dont la révolution les a dépouillées.

» L'intérêt sera payé sur le pied de $9\frac{3}{4}$ pour cent, et les différens ouvrages entrepris serviront de garantie pour le paiement. En cas de déficit, les maires et les préfets trouveront les moyens d'y suppléer.

» Comme la France manque d'artillerie, et qu'il faudroit à Paris des tuyaux pour la conduite des eaux, les Anglois fourniront ces deux objets, et recevront l'intérêt de leurs dépenses, au lieu d'être payés en espèces.

» Comme la marine françoise est considérablement diminuée depuis la bataille de Trafalgar, on a en contemplation de permettre aux Anglois de prêter mille millions pour équiper une flotte de cinq cents vaisseaux de différens ports ; mais ce projet n'est pas encore mûr.

» Quand tous ces travaux seront terminés, on offrira une prime aux membres de l'établissement pour la découverte de quelques nouveaux moyens d'employer les capitaux anglois ».

Que la France ait été depuis long-temps un pays dans lequel on cultivoit les arts, et où l'on respectoit tout ce qui étoit rare, curieux ou antique, c'est ce qui est évident d'après le soin qu'on y a toujours pris de recueillir et de conserver les monumens des arts, et si l'on en voit peu à Paris qui remontent à une antiquité très-reculée, il faut en accuser les ravages des Normands dans le dixième siècle. Ce soin n'a cessé d'exister que sous le règne du jacobinisme, et dès qu'il a été renversé, les François sont revenus à leurs anciens goûts, à leurs anciennes habitudes, et ont cherché à restaurer tout ce qui n'avoit pas été entièrement détruit. Le couvent des Augustins est le sanctuaire où l'on a déposé ces précieux restes de l'antiquité qui, après la suppression des nombreuses maisons religieuses, ont échappé par miracle à la fureur brutale des brigands politiques, ou qui y ont été dérobés par adresse.

Le *Musée du Louvre* a été rouvert au public en janvier 1816. La collection qui s'y trouve est presque aussi nombreuse que celle qui y existoit avant la restitution faite aux alliés en 1815, et quoiqu'elle ait souffert des pertes irréparables, aucune autre dans toute l'Europe ne peut encore lui être comparée.

Le *Palais des Tuileries*, commencé en 1564, et auquel Henri IV, Louis XIII et Louis XIV firent successivement travailler, offre, malgré le mélange des divers ordres d'architecture, un ensemble magnifique et frappant.

Le projet de réunir le vieux Louvre aux Tuileries, du côté de la rue Saint-Honoré, est-il sage ? Nous sommes loin de le penser. Le Louvre ne peut être trop isolé : qu'il tienne par un coin, et le moins possible à la grande galerie, cela doit suffire. Ce seroit alors le plus bel édifice quadrangulaire qui soit en Europe ; c'est sa destination naturelle et convenable.

C'est la galerie transversale des Tuileries qu'il faudroit construire, pour faire de ce palais un carré parfait, et certainement le plus beau de l'Europe. Il faudroit placer dans cette galerie la bibliothèque du roi. Alors le palais des Tuileries seroit complet, et il posséderoit les deux plus nobles dépendances de l'habitation d'un roi, la plus belle galerie de tableaux et la plus belle bibliothèque de l'univers.

Marie de Médicis acheta, en 1612, le terrain sur lequel fut construit le *Palais du Luxembourg*. Il fut changé en prison pendant les troubles révolutionnaires ; le directoire s'y établit ensuite. C'est aujourd'hui le lieu des séances de la chambre des pairs. Ce monument, distingué par la noblesse de son architecture, forme un carré presque parfait.

Bien des personnes préfèrent ce jardin, pour la promenade, à celui des Tuileries. Il est plus spacieux, plus retiré. Le vaste enclos des Chartreux, devenu une superbe pépinière, et n'en étant séparé que par un mur à hauteur d'appui, semble en doubler l'étendue.

La manière dont les Chartreux devinrent propriétaires de ce terrain est aussi singulière que ridicule. C'est un exemple frappant de la crédulité superstitieuse de nos ancêtres, et de l'adroite cupidité des anciens moines.

Le château de Vauvert, bâti par Robert II, fils de Hugues-Capet, ayant été abandonné, le bruit se répandit que des démons innombrables y avoient établi leur domicile ; que toutes les nuits on y voyoit des apparitions effrayantes, et qu'un bruit épouvantable s'y faisoit entendre. Personne n'osoit en approcher après le soleil couché, et les habitans des maisons voisines fuyoient de leurs demeures.

Les Chartreux du monastère de Gentilly, qui désiroient s'agrandir, surmontèrent aisément la terreur qu'inspiroient les mystérieux habitans du château; peut-être même auroient-ils pu en rendre bon compte. Quoi qu'il en soit, ils demandèrent à saint Louis de leur faire concession de l'édifice abandonné et de ses dépendances, promettant de si bien exorciser les démons, que le voisinage seroit délivré de ces perturbateurs de son repos. Les moines en prirent possession avec les formalités les plus imposantes; les démons furent requis de quitter à jamais les domaines qui se trouvoient alors consacrés au service de Dieu; ils tremblèrent, obéirent, et ne troublèrent désormais ni les veilles des saints pères, ni le sommeil des villageois superstitieux.

Comme il existe à Paris un grand centre de plaisir et de gaîté, de vices et d'intrigues, qui n'a son pareil dans aucune autre ville, nous ne peindrions pas LA FRANCE TELLE QU'ELLE EST, si nous n'en parlions pas. Depuis le commencement de la révolution, le *Palais-Royal*, qui n'avoit alors que depuis peu de temps sa forme actuelle, a toujours été le centre des intrigues politiques.

Qu'on se promène sous ces arcades, à quelque heure du jour que ce soit, on y trouvera toujours de quoi s'amuser et de quoi réfléchir. Tous les besoins véritables ou factices, tous les désirs du luxe et tous les souhaits de l'esprit peuvent y être satisfaits à l'instant même qu'on les forme.

Le Palais-Royal vous offre toutes les choses nécessaires à la vie, sans aucune exception; toutes les inventions du luxe le plus recherché; tous les plaisirs des sens et presque toutes les jouissances de l'esprit; les moyens de devenir en quelques heures un Crésus ou un mendiant; un théâtre élevé à Melpomène, et des temples consacrés à Vénus, mais non pas à Vénus pudique; des cabinets de lecture et des maisons de jeu; des virtuoses aveugles et des filous clairvoyans; des tables somptueuses pour le riche, d'autres à un prix modéré pour les fortunes modiques. Les productions de toutes les contrées de l'univers s'y trouvent rassemblées, et sont étalées sous les yeux de la foule qui va et vient comme le flux et le reflux de l'Océan.

Peu accoutumée à voir des bâtimens si magnifiques distribués en boutiques pour le commerce, l'imagination est vivement frappée en voyant cette masse de bâtimens, en contemplant ces arcades prolongées, en reconnoissant que tous les produits de l'industrie humaine s'y trouvent concentrés. Jamais le commerce, et surtout le commerce en détail, ne s'est trouvé si splendidement logé.

Le *Palais de Justice* fut commencé par Eudes, dans le neuvième siècle. Robert, saint Louis et Philippe-le-Bel y firent aussi travailler. Charles V le quitta pour habiter l'hôtel de Saint-Pol qu'il avoit fait construire, et depuis ce temps ce fut le lieu des séances du Parlement. Il fut rebâti en 1618, et une grande partie des bâtimens ayant été détruits par un incendie en 1776, on construisit la façade actuelle qui est véritablement imposante. La cour est séparée de la place du palais par une magnifique grille en fer, dont les portes centrales sont peut-être les plus majestueuses et les mieux exécutées de toute l'Europe. C'est là que sont placées maintenant toutes les différentes cours de justice : cette réunion dans un seul édifice, vaste, commode, et placé dans un point central, mériteroit bien d'être imitée à Londres.

Lady Morgan semble avoir prodigué ses adorations aux *Boulevards* de Paris et aux promenades des environs de cette ville. Les boulevards présentent certainement une variété qu'on chercheroit en vain ailleurs ; mais quant aux promenades des environs de Paris, ou des villages qui en sont voisins, elles sont aussi inférieures à celles des environs de Londres, qu'il est possible de se l'imaginer.

Les boulevards entourent Paris de toutes parts, dans une étendue d'environ 6,083 toises. Les anciens boulevards sont au nord, et ils furent commencés en 1636. On y trouve tout ce qui peut amuser l'oisif et le désœuvré, des spectacles, des musiciens, des danseurs de corde, des cafés, des restaurateurs et des vauxhalls. Là un savoyard étend sa ficelle d'un arbre à l'autre et y attache de mauvaises petites gravures, des chansons, des rébus imprimés pour l'amusement des badauds, de vieux plans de la ville, en un mot tous les rebuts de boutique qu'il peut se procurer ; à côté de lui est une femme qui vend des bonnets de nuit, des caleçons et d'autre linge de hasard, et qui en même temps raccommode et rapièce des bas. Près d'elle est un sorcier, un distributeur de numéros heureux. Il ne lui faut que deux sous et la première lettre de votre nom, et quoique ce soit un pauvre diable qui de sa vie n'a fait un bon repas, et dont le dos n'a jamais été couvert d'un habit neuf, il va vous donner en un instant le moyen de gagner un terne à la loterie.

Cette promenade, qui devient de jour en jour plus à la mode, étoit presque déserte immédiatement avant la révolution. Aujourd'hui, grâce aux boutiques élégantes et aux spectacles de toute espèce dont elle est remplie, elle attire un concours prodigieux. Cependant, par une prédilection dont il seroit difficile de rendre raison, le public s'obstine à donner la préférence aux plus désagréables des boulevards, à ceux des Italiens et du Panorama, où l'on ne trouve pas d'ombre. Par le même caprice, le café de Tortoni, où l'on peut à peine respirer, est constamment rempli de monde, tandis que d'autres infiniment plus commodes sont cruellement dédaignés.

De quelque côté qu'on tourne les yeux, sur les boulevards, on est sûr de rencontrer une multitude d'objets amusans. En y entrant par la porte Saint-Honoré, on a une belle vue de la rue de la Paix et de la place Vendôme. Un peu plus loin, on arrive au boulevard des Italiens, remarquable par les bains Chinois, par de nombreux cafés, un excellent restaurateur et un des plus beaux théâtres de Paris. A quelques pas de là, on se trouve sur le boulevard du Panorama, qui doit une partie de sa réputation au célèbre théâtre des Variétés. Passant deux rangées de superbes maisons, on arrive à la porte Saint-Denis, qui est un des plus beaux monumens de la capitale. Sur le boulevard suivant, la porte Saint-Martin et le théâtre qui en porte le nom attirent l'attention. Bientôt le murmure des eaux invite à s'asseoir devant le château-d'eau du boulevard de Bondy. Vient enfin celui du Temple, où de nouvelles scènes et de nouveaux plaisirs vous attendent : à votre gauche, vous ne voyez que des spectacles de toute espèce, des cabinets de curiosités, des fantasmagories, des ménageries, etc. etc. etc. Tous ces divers amusemens vous engageroient à borner là votre course; cependant vous n'êtes plus séparé que par un court espace de la place Royale, où l'on s'amusoit tant autrefois, et de celle de la Bastille, où l'on s'amusoit si peu.

Des boutiques de livres de hasard et de jouets d'enfans; des vendeuses de gâteaux et de bonbons; des marchands de cannes, d'éventails et de parapluies; des carrioles contenant des cosmoramas et d'autres curiosités; des enfans qui font des tours de force; des joueurs de gobelets; des charlatans qui vendent des poudres et des teintures merveilleuses; des orateurs pérorant pour vendre des systèmes de l'univers à deux sous; des gens qui vous enseignent des secrets pour graver des paysages sur une coquille d'œuf, et pour faire des portraits en piquant un papier avec des épingles et en le frottant de noir de fumée; des boutiques de gravures, de modes et de tout ce qu'on peut s'imaginer; tout cela se succédant sans interruption le long d'une avenue d'environ deux milles de longueur, large en proportion, embellie par de nombreux équipages qui passent sur la chaussée, et ornée de beaux arbres, d'hôtels, de jardins et de mille choses que la mémoire ne peut retenir; si le lecteur peut arranger tout cela, avec un certain ordre, dans son imagination, il pourra se faire à peu près une idée du spectacle qu'offrent les boulevards de Paris.

Pour ajouter à ce tableau vivant des boulevards, là, comme dans les autres promenades, il est d'usage de passer une partie de la soirée, assis à converser. Tout à Paris est autorisé ou prohibé par le gouvernement, jusqu'à la faculté de louer de vieilles chaises; en conséquence vous trouvez des gens qui ont acheté le droit de vous en louer à quatre sous la paire, car il est du bon ton de s'asseoir sur l'une et d'appuyer ses pieds sur une seconde.

Une grande partie des boulevards sont bordés d'une double et d'une triple ligne de gens assis et causant de cette manière. Vers la fin de la soirée toute cette foule commence à se mettre en mouvement. C'est le moment où il est agréable de se promener. Vous voyez les pieds et vous entendez les langues se disputer de vitesse, mais celles-ci sont sans contredit les plus agiles.

Un des changemens qui font le plus d'honneur au nouveau Paris, est celui qui a eu lieu dans les *cimetières*. Cette ville populeuse n'est plus encombrée de cette multitude de sépultures qui en rendoient le séjour malsain, et les cimetières, au nombre de quatre, placés hors de son enceinte, sont plantés d'arbres qui semblent annoncer leur destination mélancolique.

Une promenade dans le cimetière du Père Lachaise fait plus d'impression que même celle qu'on pourroit faire dans l'abbaye de Westminster. L'esprit disposé à une mélancolie solennelle est plus à l'unisson avec les objets qu'il vient considérer, quand il est entouré des arbres et des arbustes que l'imagination se représente comme les plus propres à orner la dernière demeure de ceux qui nous étoient chers.

Nous sommes sûrs que cette idée n'est pas une illusion. Si tous les monumens des grands hommes qu'on voit dans l'abbaye de Westminster, au lieu d'être enfermés entre des murailles où l'on respire un air épais et malsain, étoient dispersés sous des arbres touffus dont l'aspect seul dispose l'ame à la contemplation, et la remplit d'un respect mélancolique, il en résulteroit une impression plus forte qu'on ne peut se l'imaginer. Quoique ce terrain ne serve à cet usage que depuis environ vingt ans, et qu'il lui manque par conséquent cet effet que l'antiquité seule peut donner; quoique les tombeaux n'y soient pas encore très-nombreux, il produisit sur nous une impression que nous n'éprouvâmes jamais ailleurs, et il paroît agir de même sur les habitans de Paris qui vont le visiter les dimanches.

Avant la révolution, on étoit dans l'usage d'enterrer les morts dans les églises, ou dans des cimetières situés dans l'intérieur des villes, et cet usage est encore suivi dans beaucoup de grandes cités.

La France a souvent donné l'exemple aux autres nations. Dans tout ce qui concerne l'art militaire, elle a toujours pris les devans ; elle s'est distinguée dans les arts de la paix, et en matière de goût et de modes, elle a depuis bien long-temps dicté des lois. De même elle a adopté pour la sépulture des morts un système digne d'être imité.

Les anciens déposoient les cendres des morts à une certaine distance de leurs villes, et ils choisissoient en général quelque endroit silencieux et retiré, comme le plus convenable pour cette destination.

Les Romains furent le premier peuple de l'ancien monde qui abandonna cet usage. La vanité, l'amour de la gloire et de la renommée engagèrent ce peuple orgueilleux à enterrer ses morts près des routes les plus fréquentées qui conduisoient à la grande ville qui s'arrogeoit le nom d'éternelle. La voie Appienne se distinguoit par-dessus toutes les autres par le nombre de monumens érigés sur ses deux côtés, et qui s'étendoient à plus d'une lieue de la cité impériale.

Il est évident que c'étoit le moyen d'exposer davantage à la vue du public les monumens érigés aux personnages illustres, et par conséquent de satisfaire le plus complètement l'orgueil de leur famille. Mais en cela les Romains montroient moins de goût, moins d'égard à ce qui est convenable aux circonstances, que dans la plupart de leurs usages et de leurs institutions publiques. Le silence et la solitude nous aident à concevoir ces impressions mélancoliques, mais utiles et agréables, qui naissent à la vue des monumens élevés à la mémoire de la grandeur ou des vertus qui n'existent plus. La sensibilité finit par s'émousser, par une répétition trop fréquente des objets qui l'excitent d'abord.

Les François, depuis la révolution, paroissent avoir adopté la méthode la plus sage pour honorer les vertus de ceux qui, pendant leur vie, furent chers à leurs amis et estimés de leurs concitoyens.

L'usage d'enterrer dans les églises et dans les cimetières qui en étoient voisins, avoit été établi pendant bien des siècles dans les grandes villes de France comme chez les autres nations; mais, en 1773, le parlement de Paris, alarmé des maladies contagieuses occasionnées par les vapeurs méphitiques et les exhalaisons qui s'élevoient de ces réceptacles de la mort, ordonna qu'on cessât d'enterrer dans le cimetière des Innocens, et quelques années après, cette prohibition fut étendue à tous ceux situés dans l'intérieur de la ville. Peu de temps s'étoit écoulé, quand des mains impies, dans leur fureur barbare, renversèrent les mausolées, brisèrent les cénotaphes, ouvrirent les tombes renfermées dans les églises et dans les monastères, sans rien respecter, et jetèrent confusément les dépouilles des morts les plus illustres dans des fosses profondes creusées pour recevoir les restes de l'indigent.

Huit ans après, la piété filiale put transmettre à la postérité la mémoire d'un père vertueux, dans les cimetières de Mousseaux, de Montmartre, de Popincourt et de Sainte-Catherine; l'amour conjugal, exprimer ses regrets pour la perte d'une épouse dont les tendres soins faisoient le bonheur de sa famille; la tendresse maternelle, orner de roses et de myrthes la tombe modeste d'une fille chérie. Enfin l'immortalité décora la sépulture de l'homme de symboles annonçant ses plus hautes espérances, et des saules pleureurs baissèrent leurs branches mélancoliques sur sa dernière demeure.

Tous les dimanches, quand le temps est beau, ces cimetières sont très-fréquentés, et le 2 de novembre, jour de la fête des morts, on y fait une sorte de pélerinage qui remplit le cœur d'attendrissement. On y chercheroit en vain alors la gaieté, la légèreté des Parisiens: elles ont fait place à ce mélange de sentimens religieux, de regrets affectueux, de sensibilité intérieure, qui se font remarquer sans le vouloir, et qui sont bien loin de l'affectation du chagrin.

L'idée d'orner un cimetière, comme on l'a fait à l'égard de celui du Père Lachaise, fait honneur aux Parisiens, et peut finir par devenir utile. On doit chérir la vertu et chercher à la pratiquer quand on voit la mémoire des hommes vertueux honorée dans un lieu qu'on peut fréquenter sans répugnance et contempler avec une sorte de respect religieux et de plaisir mélancolique.

Beaucoup d'épitaphes sont admirables par leur élégance et par le sentiment qui les a dictées ; mais nous avons remarqué, dans quelques-unes, un ton de légèreté qui ne convient ni au lieu ni au sujet.

Quoique la plupart des étrangers aillent voir les Catacombes, et qu'on puisse supposer qu'elles inspirent la terreur et le respect, cependant tous ceux qui savent analyser leurs sentimens conviennent qu'elles ne produisent pas cette sensation profonde et religieuse que fait naître la vue de ces cimetières.

La plupart de ceux qui ont visité les Catacombes disent que le sentiment dominant en eux étoit l'horreur, et non la piété. Sous l'ombre des cyprès du cimetière du Père Lachaise, l'esprit est plus disposé à réfléchir sur la vanité des grandeurs humaines que sous les voûtes où sont déposés confusément les restes de tant de milliers d'hommes.

Une régularité monotone, une sorte d'impatience de quitter ces caveaux obscurs, l'ignorance où l'on est si les dépouilles mortelles qu'on a sous les yeux sont celles d'un héros, d'un homme de génie, d'un être vertueux ou d'un homme ignoré, d'un sot, d'un criminel, tout contribue à empêcher l'esprit de se livrer aux sentimens auxquels on croiroit que devroit donner naissance la vue des restes de ceux qui ont été ce que nous sommes, et à qui nous devons bientôt ressembler.

La vue des tueries est peut-être ce qu'une grande ville offre de plus dégoûtant ; le voisinage des lieux où elles sont placées est malsain et désagréable, et les animaux qu'on y conduit mettent souvent en danger la vie des passans.

L'érection d'*abattoirs*, ou tueries, hors de la ville, est donc encore une des innovations utiles qui ont eu lieu à Paris.

Il seroit difficile de dire lequel est le pire de cet amas de tueries réunies, qu'on trouve dans les environs des marchés, dans les quartiers les plus populeux d'une ville, ou de ces tueries isolées qu'on y rencontre presque dans chaque rue.

L'établissement des abattoirs est honorable et utile; il écarte des yeux le spectacle cruel d'animaux qu'on massacre ou qu'on va massacrer, spectacle qui fait la honte de Londres, qui tend à rendre féroces les classes inférieures, ou du moins à amortir en elles le sentiment de l'humanité.

On ne voit point à Paris des troupes de bœufs, qu'on force à courir vers les boucheries, qui jettent la terreur parmi les gens honnêtes, et qui sont suivis par une bande de filous et de brigands. Le cœur n'est pas corrompu, les yeux ne sont pas blessés, la santé n'est pas altérée par les tueries qui se trouvent dans tous les quartiers d'une grande ville, comme cela arrive généralement en Angleterre, et surtout dans la capitale ; spectacle honteux et funeste dont il est à désirer qu'on nous délivre bientôt.

L'*architecture* n'a pas fait de progrès en France depuis le règne de Louis XIV ; peut-être devrions-nous même aller encore plus loin, et dire qu'elle a rétrogradé. Nous avons parlé des arcs de triomphe des portes Saint-Denis et Saint-Martin, dont le dessin est magnifique et la sculpture admirable ; plusieurs ouvrages du même genre ont été exécutés depuis la révolution ; mais ils y sont évidemment inférieurs.

Le plus remarquable est l'arc de triomphe situé sur la place du Carrousel, en face de la grande entrée des Tuileries. Les détails en sont parfaitement exécutés et soutiennent l'examen le plus rigoureux ; mais l'ensemble en est mauvais, la situation en est mal choisie, et sa petitesse au milieu d'une place immense, entourée de bâtimens très-élevés, fait que ce monument ressemble à un de ces modèles en miniature, artistement travaillés, qu'on met sous verre pour décorer un grand salon.

Quoique la France ait des écoles régulières pour les ponts et chaussées, elle est à cet égard fort en arrière de l'Angleterre, et elle paroît même encore avoir suivi une marche rétrograde. Le canal du Languedoc est de la plus grande beauté et proclame la science de celui qui l'a ouvert, mais ceux qu'on a creusés depuis quelques années n'offrent ni beautés ni preuves de savoir. Quant aux ponts, aux quais et aux fontaines, on n'y voit rien qui annonce la science. Il n'existe point à Paris un pont nouvellement construit qu'on puisse comparer à ceux de Waterloo, de Southwark et du Vauxhall, à Londres. Il y a trente ans quelques-uns des anciens ponts de la capitale de la France étoient encombrés de maisons, ce qui les rendoit si étroits qu'il étoit difficile d'y passer. Il en étoit de même autrefois du pont de Londres, et l'on ne peut concevoir aujourd'hui quel motif avoit pu déterminer à construire des habitations dans de pareilles situations.

L'habitant de Londres, où chaque maison est abondamment fournie d'eau par des tuyaux séparés, trouve que des fontaines sont assez inutiles dans une ville, quoiqu'on doive convenir qu'elles contribuent à l'orner (1).

On compte à Paris quatre-vingts fontaines dont un certain nombre sont de construction moderne. Parmi celles-ci une des plus remarquables sera celle de l'Eléphant, sur la place de la Bastille, et dont on montre

---

(1) L'habitant de Londres auroit tort de regarder l'établissement de fontaines comme inutile dans une ville, puisque, malgré les tuyaux qui portent de l'eau dans chaque maison, on a cru devoir établir à Londres, à des distances assez rapprochées, un grand nombre de pompes publiques qui y sont de la même utilité que les fontaines à Paris, mais qui, au lieu d'orner les rues et les places, ne servent qu'à les déshonorer, en offrant aux yeux à chaque instant un poteau qu'on pourroit prendre pour un pilori.

(*Note du Traducteur.*)

un modèle près de cet endroit. L'animal sera d'une telle taille qu'on montera dans la tour qu'il portera sur son dos, par un escalier pratiqué dans une de ses jambes. Elle aura l'avantage de ne pouvoir être aisément volée, comme la fontaine *si décente* de Bruxelles.

Comme les anciens ne savoient pas que l'eau conduite dans des tuyaux regagnoit toujours son niveau, ils n'avoient d'autre moyen de la conduire d'un lieu élevé à un autre, que de construire une sorte de pont qu'on nomme aquéduc. On voit encore les ruines de celui que fit élever l'empereur Julien qui résida long-temps à Paris, pour amener de l'eau d'Arcueil jusqu'en son palais, dont la boutique d'un tonnelier offre quelques restes, rue de la Harpe.

Dans le treizième siècle on établit les aquéducs de Romainville et de Belleville qui fournissent de l'eau à la fontaine des Innocens et à plusieurs autres.

Il est aussi curieux qu'intéressant de voir avec quelle facilité on se procure aujourd'hui les agrémens et les besoins de la vie, par comparaison avec le temps passé. Un empereur romain refusa une robe de soie à son épouse, parce que le prix en étoit trop cher. Henri IV, roi de France, et Élisabeth, reine d'Angleterre, furent les premiers qui portèrent des bas de soie tricotés. On ne peut contempler les anciens aquéducs et les machines nouvellement inventées, sans être frappé des effets merveilleux de l'industrie humaine.

Le canal de l'Ourcq est encore un aquéduc, un

établissement commercial pour le transport des marchandises, et c'est aussi un rendez-vous de promenade et d'amusement.

Avant la construction du beau bassin de la Villette, l'art de patiner étoit à peine connu à Paris. Le peu de jeunes gens qui le pratiquoient étoient réduits à l'exercer sur les bassins des Tuileries ou à la Gare. Il n'en est plus de même aujourd'hui. L'hiver, si fécond en amusemens, en a produit un nouveau auquel prennent part toutes les classes de la société. A peine le vent du nord commence-t-il à souffler, que les amateurs de ce divertissement consultent leur thermomètre, et les plus circonspects ont à peine la patience d'attendre que la glace ait atteint quelques pouces d'épaisseur. C'est alors que, de tous les points de la capitale, la jeunesse des deux sexes vient se réunir sur les bords du bassin. Les femmes, couvertes de riches fourrures, avancent avec précaution leurs pieds tremblans sur la surface glissante, tandis que le sexe plus hardi la parcourt avec la légèreté de Zéphire. Ici une mère cherche à rejoindre sa fille qu'un galant adroit est parvenu à en séparer; là, un vieux routier, voulant se surpasser lui-même, fait une chute et regagne le bord en boitant. Plus loin une jeune grisette, les joues cramoisies de froid, cherche à glisser, en appuyant le bras sur celui d'un bon ami. D'un autre côté, une femme distribue, sous une tente, des gâteaux, des cervelas, de l'eau-de-vie, tandis que son mari aide les amateurs à mettre leurs patins. On rit, on se pousse, on tombe, on tire des traîneaux; cependant la nuit vient, et chacun se dispose au départ, la femme à la mode dans son équipage, le petit maître dans son wiski, le citoyen aisé dans un fiacre. L'étudiant en droit se cotise avec son camarade pour prendre un cabriolet, et le grand nombre s'en vont à pied, songeant avec satisfaction au froid qu'ils ont eu le plaisir d'éprouver, au vin qu'ils ont bu sans avoir de droits d'entrée à payer, et au dîner ou au souper qui les attend à leur retour.

Parmi les établissemens publics dont on doit admirer l'utilité, il ne faut pas oublier les marchés. Ils sont remarquables par leur étendue et par leur construction. Ils sont tous d'une date récente, et la plupart ont été établis depuis quatorze ans. J'en ai compté seize principaux. Il est humiliant pour un Anglois de songer que tandis qu'on voit tant de beaux marchés à Paris, nous ne faisons encore que parler de supprimer celui de Smithfield, qui est petit, et incommode sous tous les rapports.

Les François ont certainement reçu de la nature le goût des *spectacles*; mais il n'est pas besoin de recourir aux ressources du charlatanisme pour les y attirer. La pièce suffit pour remplir la salle et pour intéresser l'auditoire, sans qu'on soit obligé de sacrifier les convenances à l'effet théâtral, et sans qu'un directeur insulte la vérité et l'opinion publique par des affiches pleines d'une ridicule emphase. La vue seule d'une affiche de spectacle à Paris, qui ne contient que l'annonce des pièces qu'on doit jouer et le nom des acteurs, doit faire rougir l'Anglois qui y compare celles qu'il a vues dans son pays (1).

C'est un contraste mortifiant avec l'impudent charlatanisme et les prétentions mensongères qu'on remarque en majuscules et en italiques sur les affiches de nos deux théâtres nationaux. Le Théâtre-François, c'est-à-dire le spectacle qui porte ce nom par distinction, est exclusivement consacré aux pièces du haut genre. On ne souffre pas que les ouvrages des meilleurs auteurs soient profanés, en les faisant accompagner de pantomimes ou de pièces dans lesquelles on donne un rôle à de vils animaux. Les grâces du chant paroissent même incompatibles avec la dignité de ce temple consacré aux enfans légitimes de Melpomène et de Thalie.

Un Anglois est surpris de voir ce peuple si léger écouter dans un profond silence, et sans paroître faire un effort de patience, de longues conversations entre deux acteurs, sans le secours des processions, des changemens de décorations et des costumes les plus brillans. Les acteurs et les actrices ne consultent, à ce dernier égard, que la plus stricte convenance. Ils font, avec le secours des savans membres de l'Institut, les recherches les plus laborieuses sur les habitudes et les manières du temps et du peuple dont il est question dans la pièce qu'il s'agit de représenter, et leur résultat sert de base pour les décorations et les costumes. Mais on

---

(1) Voyez l'ouvrage intitulé : *Londres en* 1819, 1 vol. in-8°. A Paris, chez Gide.

ne pense pas un instant à ce qui est si essentiel pour assurer le succès d'une pièce en Angleterre, l'éclat et la pompe. Si les faits et la convenance exigent cet appareil, on s'y conforme; sinon, personne n'en regrette l'absence. Le casque et le bouclier brillant et bien poli de M. Kemble dans Coriolan, feroient rire le parterre de Paris et exciteroient la sévérité des critiques.

Rarement on voit en France plus de deux acteurs en même temps sur le théâtre; les unités de temps et de lieu sont strictement observées, et les décorations, quoique classiques et parfaitement adaptées à la pièce, ont peu d'éclat et de variété. Je n'ai pas besoin de dire qu'il faut en excepter l'Opéra.

On peut ne pas être d'accord sur la nécessité d'un décorum si sévère, mais on ne peut nier qu'il ne soit une preuve irrécusable du goût exquis des François en matière de spectacle. Il est évident qu'il est bien supérieur aujourd'hui à celui des Anglois, qui a été corrompu par des directeurs avides et ignorans, dont la rapacité et la folie ont été protégées par des priviléges exclusifs, aussi absurdes qu'injustes.

Même sur les théâtres du second ordre, où l'on joue de petits opéras et des mélodrames, les pièces sont montées avec une discrétion digne d'éloges, et qui prouve qu'on a confiance dans le goût dramatique du public.

On ne connoît les demi-prix dans aucun de ces spectacles (1). Les directeurs n'y ont pas des réduits

---

(1) L'usage en Angleterre, lorsque le spectacle est à

destinés au triomphe des mauvaises mœurs, et ils ne partagent pas la profession et les profits des êtres méprisables qui tiennent des mauvais lieux au Palais-Royal. Il en résulte que le local dans lequel se trouve une salle de spectacle n'a que l'étendue nécessaire pour contenir la portion du public qui se livre d'ordinaire à ce genre d'amusement. Les salles se remplissent régulièrement dès le commencement du spectacle, et ceux qui ont payé leur entrée peuvent jouir du droit qu'ils ont acheté de voir et d'entendre.

Le jeu des acteurs dans la comédie est excellent; il est mauvais dans la tragédie. La tragédie en France se ressent des défauts de la haute poésie; elle tombe dans l'erreur de regarder la nature comme incapable de traiter des sujets élevés sans monter sur des échasses, et lui donne un air guindé qui la laisse sans nerfs et sans moyens d'émouvoir.

La réputation de la comédie françoise régulière est parfaitement soutenue par M. Damas et Melle Mars. Ce sont des acteurs qui appartiennent à ce qu'on appelle en Angleterre l'ancienne école, qui faisoit impression par la force de la vérité comique, et non par le ridicule des caricatures.

L'Opéra françois se distingue particulièrement aux yeux des Anglois par la splendeur des décorations et des ballets. Les chanteurs n'y sont pas du premier

---

peu près à moitié, est de laisser entrer à toutes places en payant demi-prix. (*Note du Traducteur.*)

mérite, et il paroît que nous avons attiré à Londres quelques-uns des meilleurs danseurs françois.

L'Opéra-Comique est un spectacle délicieux. On n'y trouve pas des chanteurs comme M. Braham, des cantatrices comme miss Stephens (1) mais presque tous les acteurs y sont excellens, et l'on y chante d'une manière fort agréable. Cette réunion de talens forme un ensemble qui donne plus d'effet et de charmes à une représentation que n'en pourroient donner une couple d'acteurs du premier mérite, placés à côté de misérables histrions qui ne peuvent faire naître que le dégoût et l'ennui. A tous leurs spectacles, les François trouvent, dans la comédie, une réunion complète de bons acteurs. Très-peu restent derrière les autres. Chacun joue, d'après nature, l'emploi dont il est chargé, et nul n'est déplacé à côté de son voisin.

Les théâtres subalternes possèdent trois excellens acteurs comme mimes, bouffons et farceurs, dans Brunet, Potier et Joly. Ils attirent tous les soirs des chambrées complètes, et les François parlent de leur jeu avec enthousiasme.

La manière dont les salles de spectacles sont éclairées en France est très-avantageuse, et infiniment

---

(1) Nous n'essaierons pas de contredire ici M. Playfair, quoique nous puissions le faire avec avantage.
Note du Traducteur.

supérieure au mode que nous avons adopté de placer des candélabres entre chaque loge.

Dans ces lieux de divertissement, on apporte la plus stricte attention au décorum. Si une compagnie loue une loge, on place sur la porte un écriteau pour annoncer qu'elle est louée, et l'on n'y laisse entrer que ceux à qui elle appartient pour la soirée, quand même elle ne seroit pas remplie en totalité.

En sortant du spectacle, il n'y a ni bruit, ni confusion, ni difficulté, personne ne pouvant appeler une voiture avant que ceux à qui elle appartient soient à la porte, et quand elle y est arrivée, le cocher est obligé de partir à l'instant.

Les dépenses des grands théâtres de Paris sont défrayées, pour plus de moitié, par le gouvernement. Nous avons vu dans un journal, il y a peu de temps, que la recette de onze spectacles, pendant un an, n'a produit que 4,500,000 francs, ce qui n'est guères plus que la recette ordinaire de Covent-Garden ou de Drury-Lane. Il est d'autant plus difficile de rendre raison de cette différence, quand on fait attention à leur nombre, aux prix des places, et à la foule qui les fréquente; qu'ils sont ouverts toute l'année, au lieu que les nôtres ne le sont que pendant huit mois (1).

---

(1) Il ne faut que lire l'ouvrage de lady Morgan pour se convaincre que son but a été de flatter la vanité françoise : rien ne prouve donc mieux combien elle connoît

Il n'existe peut-être pas deux choses qui démontrent plus complètement les avantages et les inconvéniens qui sont attachés à tout, que les bâtimens de Paris et de Londres, qui forment un contraste parfait. A Paris, les bâtimens sont si solides que cinq cents ans sont le terme de la durée ordinaire d'une maison ; mais, pendant ce temps, elle devient

peu le caractère françois, que ses attaques contre Racine, Corneille et Molière, et contre la manière dont leurs ouvrages sont représentés sur le théâtre. Eût-elle écrit cinquante volumes à la louange de toute autre chose en France, ce ne seroit pas une compensation suffisante pour cette bévue inexcusable, qui est un péché sans rémission.

Tout en condamnant les remarques de lady Morgan sur les auteurs et les acteurs françois, on dit en France qu'elles n'ont pas même le mérite de la nouveauté, et que ce n'est qu'un renfort à cette légion d'Hérules, de Goths, de Huns et de Vandales qui ont conspiré si long-temps contre le théâtre françois.

M. Dupin, un des premiers avocats de France, a écrit à ce sujet un volume de 140 pages contre lady Morgan.

La *Quotidienne* l'a attaquée vigoureusement dans ses numéros des 25 juillet et 8 août 1817.

Elle a été traitée plus sévèrement encore dans un ouvrage intitulé : *Observations sur la France, par lady Morgan*, dont il nous a été impossible de nous procurer un exemplaire en Angleterre (*).

Enfin tous ceux qui ont fait des observations sur son livre, le regardent comme une sorte de roman historique.

(*) Un vol. in-8°., prix : 3 fr. Chez H. Nicolle.

antique, elle n'admet pas des améliorations modernes, et elle ne donne pas d'occupation aux ouvriers. A Londres, une maison est vieille et tombe en ruines au bout d'un siècle, et pendant ce temps, on a plus dépensé pour la réparer que sa construction n'avoit coûté. Excepté dans les quartiers de Paris nouvellement bâtis, tout y a un air, je ne dirai pas seulement de vieillesse, mais de décrépitude, et l'on n'y voit pas faire de nouveaux changemens. A Londres, les ouvriers sont constamment et régulièrement employés; à Paris, ils manquent tellement des moyens d'exercer leur industrie, qu'un des principaux moyens que Buonaparte employa pour chercher à se rendre populaire, fut de leur procurer de l'ouvrage. Les Parisiens furent enchantés de ses projets de finir le Louvre, en le joignant aux Tuileries, de construire un nouvel hôtel des Postes, une nouvelle Bourse. Ils disoient que c'étoit là encourager l'industrie, et se vantoient de voir embellir Paris aux dépens des autres nations. Aujourd'hui, ils sont assez inconséquens pour blâmer Louis XVIII de ne pas faire marcher les travaux publics avec la même activité; mais ils ne songent pas qu'il ne pourroit le faire sans augmenter les contributions; or, comme le roi a pour son peuple plus d'affection que n'en eut jamais Buonaparte, il suit une autre marche. On devroit donc lui savoir gré de sa bonté, et non lui reprocher de la parcimonie.

CHAPITRE X.

Le crédit considéré sous divers points de vue. — Necker. — Madame de Staël. — Dons patriotiques et assignats. — Scène curieuse à la trésorerie en 1793. — Retour aux paiemens en numéraire. — Or et argent frappés depuis 1804 jusqu'en 1817. — Sur la circulation de l'argent en France. — Funestes effets des longs crédits. — Exemples tirés de l'Angleterre. — La bêche et la charrue. — Projet des libéraux. — Abus de l'administration. — Centralisation des affaires. —Exemples des conséquences qu'elle entraîne. — M. Decazes. — Nécessité d'une réforme.

LA révolution françoise prouva de la manière la plus éclatante, que le crédit dépend de la fidélité à remplir ses engagemens, et que pour que les emprunts soient efficaces, il faut qu'ils soient volontaires, et qu'on puisse offrir au créancier des sûretés suffisantes.

Les États-généraux furent assemblés pour rétablir le crédit et examiner l'état des finances, et ils ne firent ni l'un ni l'autre.

Avant de les convoquer, M. Necker avoit réuni les notables du royaume, pour les consulter sur le nombre de membres dont les états-généraux devoient être composés, ainsi que sur le mode de délibération. Le parlement, en enregistrant le décret pour la convocation, avoit stipulé qu'ils s'assembleroient dans l'ancienne forme, c'est-à-dire que les trois ordres délibéreroient séparément. Les notables avoient demandé également que les États fussent convoqués comme ceux de 1614; en même-temps le clergé et la noblesse avoient déclaré renoncer à tous leurs priviléges, et consentir à contribuer à toutes les charges publiques.

« Ici plus d'excuse pour le premier ministre, dit M. Hennet, dans son estimable ouvrage: il avoit atteint son but; il devoit déférer à l'avis de ceux qu'il avoit consultés...... Oui, M. Necker fut coupable de mettre son vœu en balance avec celui des notables, et de le faire prévaloir au conseil; et comme il m'est impossible de ne pas croire à la pureté de ses intentions, à la droiture de son cœur, je le regarde comme le ministre d'état le plus faible, le plus imprévoyant, le plus maladroit qu'ait jamais eu la France; je le regarde comme la cause, sinon criminelle, au moins bien funeste de tous les maux qu'a entraînés la double représentation du tiers-état. »

Voilà comment parle l'admirateur de M. Necker, et en effet ce ministre commit trois fautes; deux qu'un homme d'honneur n'eût pas commises, et une troisième qu'un homme foible ou un révolutionnaire pouvoit seul commettre. Il y alloit de son honneur de ne pas agir contre la volonté du parlement de Paris, puisque c'étoit rompre une stipulation. Etranger, il convoque les notables d'une grande nation qui lui avoit accordé toute sa confiance, pour leur demander leur avis; les notables le donnent, supposant qu'il seroit suivi. Il ne le suit pas, et il ne donne même aucune raison pour expliquer cette conduite.

Quant à la double représentation du tiers-état, si les trois corps devoient voter par ordre, elle étoit inutile: c'est-à-dire, si chaque ordre ne devoit avoir qu'un seul vote, il étoit assez indifférent qu'il fût composé d'un nombre de membres plus ou moins considérable; si au contraire ils devoient voter individuellement, et que chaque vote dût être compté, la double représentation mettoit tout entre les mains du tiers-état.

Madame de Staël a écrit nombre de volumes pour démontrer la sagesse et les vertus de son père. Elle voudroit l'élever au-dessus des foiblesses auxquelles la nature humaine est sujette. Mais M. Hennet, en quelques lignes, indique d'une manière si frappante les fautes de M. Necker, que cinquante volumes ne sauroient les pallier.

Lorsque les Etats-généraux furent assemblés, la première chose qu'ils firent fut de s'emparer de toute l'administration, et ils décrétèrent un emprunt de 30,000,000 de livres, à 4 pour cent. Cet emprunt ne produisit rien. Ils en décrétèrent un autre de

80,000,0000 de livres, à 5 pour cent, mais il ne produisit que vingt-trois millions.

Il fallut avoir recours à de nouveaux moyens pour avoir de l'argent. Les femmes de vingt et un artistes se présentèrent au milieu de l'assemblée, et firent le don volontaire de leurs bijoux. L'assemblée applaudit. Un membre donna ses boucles, un autre sa montre, etc. On ne négligea rien pour exciter l'enthousiasme; cependant la valeur de ces offrandes ne s'éleva qu'à 2,600,000 livres; encore, lors de la vente, cette somme baissa-t-elle de près de moitié.

Les particuliers furent ensuite invités à porter leur argenterie à la monnoie où ils recevoient en échange des bons de la trésorerie portant intérêt; mais ce moyen ne rapporta encore que 11,256,000 livres.

Il fallut alors en venir à un emprunt volontaire; il fut fixé au quart de la fortune de chaque individu. Chacun devoit faire la déclaration de ses biens sur son honneur, mais il ne devoit pas y avoir de vérification; et cet emprunt, qui auroit dû produire 500,000,000 de livres, ne monta qu'à 9,721,000 livres.

Le clergé avoit accumulé des biens-fonds depuis le règne de Clovis; on le supposoit en possession d'un cinquième du sol de la France, ou d'environ 200,000,000 de livres de revenu, ce qui, à 4 pour cent, représentoit un capital de 5,000,000,000 de livres.

M. Necker forma le projet, et l'assemblée le ratifia, de lever de l'argent sur cette grande propriété; et les assignats furent alors créés d'abord jusqu'à concurrence de 400,000,000 de livres.

On fit en 1790 l'évaluation de la totalité de la dette nationale, et elle se trouva monter à 4,633,800,000 livres, portant un intérêt de 283,700,000 livres.

Les assignats une fois créés et remplaçant l'argent, comme toute la France se trouvoit dans un état d'insurrection, les impôts ordinaires ne se percevoient pas; et plus on augmentoit le nombre des assignats, plus leur valeur diminuoit.

Après le 10 août 1792, lorsque le roi fut détrôné, et que la plupart des grands propriétaires de France émigrèrent, leurs biens furent confisqués, et on déclara qu'ils seroient mis en vente, et que le prix de l'acquisition seroit payable en assignats qui, aussitôt après leur rentrée, seroient brûlés en présence de commissaires nommés à cet effet.

En 1793 il se passa à la trésorerie une scène dont M. Hennet, en qualité de secrétaire, fut le témoin, et qui mérite d'être racontée.

M. de Tournelles, jacobin prononcé, fut nommé ministre des finances. Les premiers commis des finances attendoient le nouveau ministre dans son cabinet. Le ministre arriva, en redingote sale, à demi chaussé, se plaça sur le fauteuil, et, une aiguille à la main, raccommoda un de ses bas, en faisant l'éloge de la simplicité des mœurs républicaines, tandis qu'un secrétaire lui lisoit un rapport sur les moyens de faire rentrer un arriéré de 500,000,000 de livres.

Le bas fini et chaussé, il prit le journal de Marat, qui proposoit de couper cinq cent mille têtes pour le bonheur des François, et pendant qu'il lisoit, il invita le secrétaire à continuer le rapport ; puis, après la lecture, il dit qu'il l'avoit très-bien entendu, et qu'il en adoptoit les conclusions ; et il se mit ensuite à signer des lettres circulaires adressées aux cinq cents directoires de districts pour presser la confection des rôles.

M. Cambon arriva dans ce moment, et, avec son accent provençal, il proposa la formation d'un grand livre de la dette publique, et demanda que chaque créancier fût tenu de rapporter ses anciens contrats ou autres titres, et qu'on le créditât ensuite sur le grand livre en un seul article et sous un seul numéro. Ce plan fut adopté, et telle fut l'origine de ce grand livre, sur lequel les rentes des créanciers du gouvernement françois ont été inscrites depuis lors.

A cette époque, on avoit déjà créé pour quinze milliards d'assignats ; mais ils perdoient alors 97 pour cent. La perte étoit chaque jour de 50,000,000 de liv.

La totalité des assignats mis en circulation monta jusqu'à 28,000,000,000 de livres, et le louis d'or se vendit 6000 livres en papier. Pour mettre un terme à la création de ce papier inutile, on finit par décréter que les planches en seroient brisées.

Pendant long-temps le gouvernement avoit vendu aux habitans de Paris, en assignats, du pain et de la viande que lui-même achetoit en écus. Cette dépense, la dernière année, s'étoit élevée à 84 millions en numéraire; pressés par la nécessité, mais non pas sans de vives appréhensions, les législateurs firent cesser cette distribution.

Leurs alarmes étoient dénuées de tout fondement; le changement n'occasionna pas le plus léger désordre, et la vente du pain et de la viande reprit son cours ordinaire.

Cet exemple doit rassurer la banque d'Angleterre sur la crainte de revenir trop brusquement au numéraire. L'or et l'argent avoient disparu pendant sept ans, tant que le papier avoit eu cours. Mais dès que le papier fut supprimé, l'or et l'argent reparurent aussitôt, et l'événement prouva combien on avoit eu tort de croire que toutes les espèces métalliques étoient sorties du royaume.

On forma divers projets pour créer sous un autre nom un nouveau papier-monnoie; on voulut même en mettre quelques-uns en exécution; mais ces tentatives n'eurent aucun succès. Le rêve étoit fini, et certes le réveil avoit été terrible.

Il est aisé de voir, d'après ce court aperçu, que les premiers acquéreurs de ce qu'on appelle biens nationaux, ont dû les acheter beaucoup au-dessous de leur valeur, puisque le prix de la vente étoit payable en assignats.

L'une des conséquences durables de ces ventes, c'est qu'il se passera bien des années avant qu'on puisse établir solidement le crédit en France. Il est pénible de voir des gens qui, il y a trente ans, étoient dans l'opulence, réduits aujourd'hui à la misère, non par suite de leur mauvaise conduite, ou de malheurs personnels, mais seulement par la diminution de la valeur du papier qu'ils recevoient en paiement de ce qui leur étoit dû.

Avant l'entière suppression des assignats, on voulut essayer de rétablir insensiblement, et par degrés, les paiemens en numéraire. Le gouvernement voyant que les ports de lettres, payés en assignats, ne défrayoient pas la poste de la centième partie de ses dépenses, décréta que les ports au-dessous de vingt sous seroient payés en argent, et ceux des gros paquets au-dessus de vingt sous en assignats. Qu'arriva-t-il? on ne fit que de gros paquets, les malles furent surchargées, mais le trésor resta vide.

Il fallut en revenir entièrement et sans restriction aux paiemens en numéraire.

Ce fut après la suppression des assignats qu'on frappa des pièces de cinq francs et de vingt francs, et depuis ce moment on cessa de compter par livres. Autrefois on se servoit indifféremment des mots *livre* et *franc*; aujourd'hui, si l'on parloit de livres, on passeroit pour être de l'ancienne école, pour vouloir conserver les usages existans avant la révolution.

L'argent qui reparut à la suppression des assignats, pouvoit suffire à la circulation intérieure pendant environ sept ans. En 1803 Buonaparte fit frapper de nouvelles monnoies.

Voici le tableau de l'argent frappé depuis 1803 jusqu'en 1817.

Pièces de 20 et de 40 fr.	670,000,000 fr.
—— de 5 fr.	950,000,000
—— de 2 fr.	25,000,000
—— de 1 fr.	32,000,000
—— de 1/2 fr.	14,000,000
—— de 1/4 de fr.	296,000
Total. . .	1,691,296,000 fr.

Comme on ne voit presque plus de pièces de l'ancienne fabrique, et qu'une grande partie de celles qui ont été nouvellement fabriquées ont dû passer dans d'autres pays, les personnes le plus en état de décider cette question estiment que la somme que la France possède aujourd'hui en numéraire, s'élève à peu près à 11 ou 12 cents millions.

Comme l'argent ne circule pas en France avec la même rapidité qu'en Angleterre, c'est une somme peu considérable pour une population de vingt-neuf millions d'âmes, puisque le taux moyen n'est que d'environ 45 francs par personne. Plus des deux tiers de cette somme dorment pendant plusieurs mois dans les caisses des particuliers, et lorsqu'ils en sortent, c'est pour passer dans quelque autre coffre-fort, où ils restent dans le même état d'inaction pendant plus ou moins de temps, suivant les circonstances.

En France, la personne qui a un paiement à effectuer est libre de le faire en or ou en argent, à sa volonté.

Notre gouvernement, au contraire, veut que tous les paiemens au-dessus de quarante schellings soient faits en or, et c'est peut-être la plus grande absurdité que puisse commettre une nation qui émet du papier et qui désire en encourager la circulation.

On voit peu de fausse monnoie en France, ce qui n'est pas étonnant. En Angleterre, l'argent passe de main en main; on ne le reçoit que pour le transmettre aussitôt à un tiers; on s'inquiète peu de sa valeur pourvu qu'il passe. Mais les François ne sont pas guidés par le même sentiment. Ils ne regardent pas l'argent qu'ils reçoivent comme une espèce de billet de convention qu'ils peuvent transmettre à l'instant même, mais comme un équivalent précieux reçu en échange de ce qu'ils vendent; aussi leur faut-il la valeur intrinsèque. Cette conduite n'est pas étonnante après les funestes effets des assignats; mais il en étoit de même avant la révolution. On vouloit des espèces sonnantes; c'est-à-dire on regardoit l'argent comme une valeur véritable, et non pas comme un signe ou comme une mesure.

Peut-être la banque de M. Law fut-elle la première cause de la préférence donnée à l'argent sur toute espèce de papier; mais, quel qu'en fût le motif, cette préférence étoit générale et très-prononcée.

Il ne se commet pas à beaucoup près autant de vols en France qu'en Angleterre, et par conséquent il y a moins de danger à garder de l'argent chez soi. De la multiplicité des vols vint l'usage de déposer son argent chez un banquier sans en retirer d'intérêt, tant il est vrai de dire qu'il n'y a point de mal d'où il ne résulte quelque bien.

Si le manque d'un système de crédit convenable fait en France beaucoup de tort au commerce, c'est, d'un autre côté, un avantage immense pour les marchands qui n'ont à leur disposition que de modiques capitaux.

Qu'un homme veuille prendre un commerce quelconque, il faut qu'il soit déjà riche pour pouvoir s'établir en Angleterre; en France, il ne lui faut presque rien. D'où provient cette différence? c'est une question importante sur laquelle il n'est pas inutile de nous arrêter quelques instans.

Prenons quelques exemples. Il n'y a guères que dix à vingt pour cent de différence dans le prix du blé en Angleterre et en France. Cependant le pain coûte le double en Angleterre; le poisson, rendu au marché, coûte beaucoup moins au marchand de Londres qu'à celui de Paris, cependant il le vend beaucoup plus cher au consommateur. On peut en dire autant de presque toutes les denrées; quelle en est la cause?

On l'attribue généralement en Angleterre à l'élévation des impôts; elle y contribue sans doute, mais sans en être pourtant le principal motif. Autrement, l'inégalité seroit aussi grande en proportion dans le prix du blé que dans celui du pain, puisque c'est sur le blé et non sur le pain que pèsent toutes les taxes.

Le fermier vend 80 schellings un quart de froment (environ huit boisseaux). Le boulanger en fait 120 liv.

de pain, et il retire pour sa peine et pour son bénéfice 21 schellings, ce qui fait en tout 101 schellings ou 10 sous par pain (20 sous de France). Cependant, lorsque le blé est à ce prix, le pain coûte 13, 14, et même quelquefois 15 sous la livre. En France, elle n'eût coûté que 10 sous.

En France, et autrefois en Angleterre, le boulanger vendoit son pain argent comptant, et c'étoit aussi argent comptant qu'il payoit sa farine ; de sorte qu'avec un capital égal aux rentrées de deux ou trois semaines, il pouvoit soutenir aisément son petit commerce ; mais, depuis cinquante ans, le boulanger anglois fait de longs crédits à toutes ses riches pratiques ; il faut par conséquent qu'il achète aussi à crédit, et qu'il paie jusqu'à vingt et trente pour cent plus cher qu'autrefois.

Le grand mal est que le pauvre, qui n'obtient pas de crédit, paie le même prix que le riche, qui ne paie qu'au bout d'un an ; et le prix du pain augmente celui de toutes les autres marchandises.

Le prix des livres est exorbitant ; pourquoi ? parce que le libraire fait crédit. Il faut que l'imprimeur paie ses ouvriers comptant, le libraire ne le paie qu'au bout de dix-huit mois. Tous ces crédits augmentent le prix des livres de près de cinquante pour cent.

Il n'est pas douteux que, quelque augmentation que les taxes puissent faire subir à une denrée, à une marchandise quelconque, elle n'est rien auprès de celle que le crédit rend nécessaire, et les riches en sont la seule cause ; car ce n'est pas celui qui est pauvre, et qui auroit besoin qu'on lui fît crédit, qui l'obtient ; c'est au contraire celui qui est riche, celui qui, s'il le vouloit, pourroit aisément payer comptant.

Il n'existe pas d'usage plus ruineux, et heureusement il n'est pas établi en France. Ce n'est pas que les François refusent d'accorder un crédit raisonnable, mais il est rare qu'on le demande ; en un mot, ce n'est pas l'usage.

Nous prions le lecteur de bien faire attention que nous ne parlons pas ici du crédit que les commerçans se font entre eux, et sans lequel il seroit impossible de faire le commerce ; nous voulons seulement parler de celui qu'on accorde au consommateur, parce que c'est l'origine et la cause de tout autre crédit, et parce que c'est la raison qui empêche de réussir dans aucune profession, à moins qu'on ne possède des capitaux considérables.

Nous avons entamé un sujet qu'il seroit intéressant d'approfondir ; mais nous sommes forcés de nous renfermer dans les bornes que nous nous sommes prescrites, et nous l'abandonnons aux réflexions de la classe riche et opulente. Nous ajouterons seulement que, sous ce rapport, la France nous donne un exemple que nous devrions nous empresser de suivre : chacun y paie généralement comptant ce qu'il achète, et cet avantage seul fait plus que compenser les inconvéniens qui résultent de la lenteur avec laquelle l'argent circule de main en main.

Comme la révolution a certainement donné une nouvelle énergie au peuple françois, et l'a comme affranchi d'un grand nombre de vieux préjugés, qui le forçoient à rester en quelque sorte stationnaire, il se peut qu'à la longue il en résulte quelque amélioration sensible ; mais on ne peut s'empêcher d'être surpris, en quittant l'Angleterre, de retrouver Calais et toutes les villes qu'il faut traverser pour arriver à la capitale, exactement telles qu'on les avoit vues il y a plus de trente ans. En voyant le même costume, les mêmes mœurs, les mêmes habitudes, on seroit presque tenté de croire que, semblables à *la Belle au bois dormant*, dont on nous entretenoit dans notre enfance, les paysans sont tous restés immobiles à leur place, dans un état d'engourdissement et de torpeur, tandis qu'autour d'eux tout étoit dans le trouble et dans la confusion. L'imagination pourroit à peine concevoir qu'il se soit opéré une révolution si terrible, s'il n'en restoit de loin en loin, sur la route, des vestiges qu'il faudra bien des années pour effacer.

Nous avons déjà dit et nous croyons avoir démontré que, jusqu'à présent, il n'étoit résulté aucun avantage de la révolution : que par la suite les résultats puissent en être plus favorables, c'est ce qui n'est pas impossible, si la subdivision des terres n'augmente pas la population à l'infini, et n'oblige pas le malheureux cultivateur à traîner une existence misérable, en réalisant le portrait que M. de la Borde nous en a tracé.

Ce sont surtout les nouveaux systèmes contre lesquels il faut se mettre en garde. C'est ainsi que, maintenant, on voudroit nous persuader qu'il est plus avantageux de se servir de la bêche que de la charrue pour cultiver la terre. Nous ne serions pas plus surpris d'entendre recommander à l'homme de marcher à reculons comme l'écrevisse, au lieu de marcher en avant.

Nous conseillerions aux partisans de cette nouvelle méthode de lire Robinson Crusoé ; ils y verroient combien il est agréable de se trouver dépourvu de toute espèce d'outils ou d'instrumens. Il faudroit alors, il est vrai, six mois à un homme pour faire une table, mais aussi tout le monde seroit employé. Ainsi, pour l'agriculture, lorsque la bêche cessera d'occuper tous les bras, que les laboureurs la jettent, et qu'ils se mettent à planter le blé grain à grain, en creusant la terre avec leurs mains.

S'il s'agissoit de décider de quelle manière il faut cultiver un petit terrain pour qu'il produise le plus, point de doute que la bêche ne fût préférable à la charrue ; mais opposons la dépense au rapport, voyons quel temps et quelles peines exige chacun de ces genres de culture, et le résultat sera bien différent. Que se propose, et que doit se proposer le cultivateur ? de retirer le plus de profit qu'il peut de son travail. Tel est le but de tous les hommes en général ; tel est le mobile de leurs actions et de leur conduite. Il doit donc chercher la manière la plus facile et en même temps la plus économique de cultiver la terre; car s'il peut vendre à plus bas prix que les autres, il obtiendra la préférence, et c'est tout ce qu'il désire. Aussi la bêche ne remplacera-t-elle jamais véritablement la charrue, parce que le laboureur n'y trouvera pas son profit, et qu'il s'inquiète fort peu du perfectionnement de l'agriculture s'il ne doit en retirer aucun avantage.

La précipitation avec laquelle tout a été fait en France, est cause que tout y est incomplet; aussi est-il difficile de prévoir les changemens qui seront commandés par la nécessité de rectifier ce qui a été exécuté imparfaitement.

Les sentimens des peuples sont sujets aux mêmes variations que la santé de l'homme. La mortification est le premier sentiment qu'un peuple éprouve après une guerre malheureuse: puis, succède généralement un moment de calme que le sentiment de sa foiblesse, le besoin de repos et le souvenir de ses souffrances contribuent à prolonger; mais à mesure qu'il recouvre ses forces, de nouveaux sentimens s'éveillent, sa fierté se ranime, il retombe dans ses premiers excès, et il suscite de nouvelles guerres. En général cette succession de sentimens s'est reproduite tous les huit à dix ans, parmi les nations modernes; c'étoit la durée ordinaire de la paix. Il se passera sans doute encore plusieurs années avant qu'on puisse savoir quelle conduite les François seront disposés à tenir, c'est-à-dire s'ils voudront maintenir ou rompre la paix. Le mécontentement des François, il y a deux ans, étoit très-naturel ; le désir de recommencer les hostilités ne le seroit peut-être pas moins. Mais ce qui est naturel n'est pas cependant inévitable. Les François, au lieu de chercher à se venger, pourront avoir le bon esprit d'entretenir des relations amicales avec les autres peuples, de vivre en bonne intelligence avec eux. Voudront-ils au contraire laver dans leur sang l'affront qu'ils ont reçu ? Il faut encore quelques années de paix avant de pouvoir décider quelle sera leur conduite, lorsqu'ils auront recouvré leurs forces.

S'il est quelque chose qu'on puisse ne pas approuver dans le système adopté par le roi, c'est le pouvoir excessif qu'il accorde aux libéraux. Ils feignent d'être dévoués à la charte, mais on se méfie d'eux généralement, et on redoute leurs manœuvres : lorsqu'ils auront le pouvoir en main, ils attaqueront la charte, dont ils ne sont pas contens. Ils la trouveront trop monarchique et trop peu républicaine; il est donc impossible de prévoir quel tour les affaires prendront. Il est certain que l'ancien gouvernement ne sera jamais rétabli tel qu'il existoit avant la révolution ; mais en cherchant à devenir plus libre, il se pourroit que la France finît par le devenir moins.

Il n'est pas douteux que, pour se rapprocher des constitutions angloise et américaine, les libéraux demanderont pour le moins que les chambres aient le pouvoir de proposer des lois, et de changer celles que le roi leur propose. Au reste, on n'a pas encore eu le temps de voir ce qu'ils feront. A proprement parler, la monarchie ne date que du second retour du roi, en 1815 ; et la liberté, que du moment où les troupes ont évacué le territoire françois. A en juger par les changemens qui se sont déjà opérés, nous espérons qu'il se fera encore des améliorations importantes. Se réunir franchement pour amender la charte, voilà le seul moyen de prévenir de grands malheurs ; c'est une opération bien délicate sans doute, mais elle est indispensable. Il faut que la charte soit rendue praticable, et que les lois soient mises en harmonie avec la charte. Il faut aussi remonter à la source des abus, et prendre les mesures nécessaires pour les faire cesser.

N'est-ce pas, par exemple, un tourment insupportable que de voir les fonctionnaires publics s'entremettre dans les moindres affaires, et de ne pouvoir régler la moindre chose sans l'intervention des autorités.

M. Fiévée, dans sa correspondance politique, première et quatrième lettre, passe en revue les abus qui se sont introduits dans l'administration, la marche lente et compliquée qu'elle suit ; il parle surtout des pertes qui peuvent en résulter dans les arrondissemens. Parmi les nombreux exemples qu'il cite à l'appui de ces remarques, il en est un qui nous a paru assez curieux, et qui peut servir à donner une idée de tous les autres, et à faire connoître la manière dont les affaires se traitent en France.

Un paysan désire qu'on lui concède un petit terrain vague et inculte, afin de pouvoir y bâtir une petite cahutte; pour arriver à ce résultat, il faut : 1° que le paysan forme sa demande par écrit au maire ; 2° que le maire écrive au sous-préfet, pour qu'il obtienne du préfet la permission qu'on assemble le conseil municipal ; 3° que le préfet réponde pour accorder cette permission ; 4° que le conseil municipal s'assemble et nomme des experts pour faire l'estimation ; 5° que l'expertise ait lieu, et qu'un procès-verbal en soit dressé ; 6° que rapport en soit fait au conseil municipal, et qu'il prenne une délibération qui soit envoyée au sous-préfet, et par celui-ci au préfet ; 7° que le préfet envoie la demande, les pièces à l'appui et un rapport de lui au ministre de l'intérieur ; 8° que le ministre de l'intérieur présente le tout au chef du gouvernement, en donnant son avis motivé ; 9° que le chef du gouvernement signe : *renvoyé au conseil d'état, section de l'intérieur* ; 10° que le président de la section de l'intérieur nomme un rapporteur ; 11° que ce rapporteur explique l'affaire à la section, et qu'elle l'approuve ; 12° que cette affaire soit mise sur le tableau de l'ordre du jour ; qu'elle soit appelée, rapportée et décrétée, puis renvoyée à la secrétairerie d'état, qui la renvoie au ministre de l'intérieur, qui la renvoie au préfet, qui la renvoie au sous-préfet, lequel la renvoie au maire, qui termine enfin avec le demandeur ; et s'il manque une pièce, ou si une des pièces envoyées n'est pas sur papier timbré, il faut recommencer tous les renvois. De quoi s'agissoit-il ? d'obtenir une concession moyennant une rétribution annuelle fixée à *trente-cinq centimes*.

M. de la Borde cite un exemple encore plus révoltant de l'entremise de l'administration dans les affaires locales de peu d'importance.

« Je fus nommé, dit-il, maire de Méréville, bourg de plus de quinze cents habitans. Un de mes premiers soins fut d'aviser au moyen de reconstruire l'église, qui s'étoit écroulée pendant la révolution, faute d'une dépense de 200 francs qu'il auroit fallu faire pour empêcher un coin de charpente de pousser en dehors. Les matériaux de tous genres étoient encore sur place, entassés, sans qu'on eût pensé à en tirer parti. Je demandai l'autorisation de les employer. Il fallut deux ans pour obtenir cette permission, et, quand elle arriva, les bois étoient pourris. Je sollicitai alors, d'accord avec la commune, l'autorisation de nous imposer tous extraordinairement pour la reconstruction de l'édifice, qui devoit coûter 40,000 francs. Ce devis, approuvé par les principaux habitans, mit un an à parvenir au ministère. Arrivé dans les bureaux, il y resta encore un an, et fut renvoyé deux fois à la commune pour des raisons frivoles, telles que de prétendues erreurs dans le prix des matériaux, dans la quantité des frais de journées.

Enfin, il fut approuvé ; mais on refusa l'autorisation *illégale*, disoit-on, de s'imposer extraordinairement; innovation dangereuse, qui pouvoit nuire à la perception des revenus de l'état.

» Le gouvernement ordonna alors qu'il lui fût rendu compte des ressources que la commune pouvoit aliéner pour diminuer cette dépense. Les revenus couvroient à peine l'entretien des bâtimens, de la halle, d'une route de communication pavée, etc. Enfin, à force de s'ingénier, une idée vint à quelqu'un, idée pénible, et à laquelle nous eûmes beaucoup de peine à accéder. Le bourg possédoit un mail, ombragé de fort beaux peupliers; c'étoit la seule promenade des habitans les jours de fête et le soir après leurs travaux. Enfin, on se décida, quoiqu'à regret, à en faire le sacrifice. Mais il se passa encore un an pour que cette demande fût prise en considération, pour qu'elle parvînt à l'administration forestière, qui envoya ses agens visiter les arbres, et pour que, de bureaux en bureaux, elle revînt jusqu'au ministère de l'intérieur, qui enfin ordonna la vente. Mais, comme le produit de cette vente ne s'élevoit qu'au quart environ de la dépense totale, et qu'il n'y avoit pas encore de décision de la part de l'autorité, sur le mode à adopter pour le surplus, on fut obligé de verser le montant à la caisse d'amortissement. Qu'arriva-t-il alors ? cet argent fut dissipé en 1813, avec d'autres dépôts semblables, et aujourd'hui même (1817) il n'est pas possible de retrouver, ni d'espérer de retrouver un sou de cette somme. Ainsi la seule chose qu'a pu obtenir une des plus grandes communes de France, à la porte de Paris, après dix-huit ans de sollicitations et de démarches, a été de joindre la perte de sa promenade à celle de l'édifice de son culte.

» Que faudra-t-il faire, ajoute M. de la Borde, pour remédier à d'aussi terribles abus ? simplement consentir à ce que des gens tranquilles et fidèles, après avoir acquitté leurs charges sociales, emploient leurs économies ou leurs profits à l'amélioration de leur existence privée; enfin, donner au conseil municipal une action positive. »

M. de Villèle, dans un discours prononcé à la chambre des députés le 13 décembre 1815, fait les réflexions suivantes sur ce sujet important auquel le bonheur individuel se rattache si intimement :

« Nos administrations municipales et départementales ont été dépouillées de toute influence et de toute attribution.

» Mais quels sont les résultats de cette centralisation de fonds et de pouvoirs ? les affaires absorbent tellement tout le temps des ministres, qu'ils n'ont pas celui de concevoir et combiner aucune amélioration. Le torrent les emporte, leurs bureaux sont plus puissans qu'eux-mêmes, et cette autorité, si malheureusement enlevée à nos conseils de ville, de commune, d'arrondissement, de département, nous avons la douleur de la voir exercée par des commis subalternes.

» Et certes, Messieurs, ce n'est pas le ministre qu'il faut accuser de tous ces abus, c'est le système que je combats, qui porte avec lui ces funestes et inévitables conséquences.....

» Nos plus petites dépenses ne peuvent être acquittées que sur une ordonnance du ministre, laquelle est plus ou moins attendue, selon la situation du trésor qui doit y satisfaire.

» Pour les réparations les plus urgentes de nos bâtimens publics, il faut d'abord un état et un devis dressé sur les lieux, puis corrigé à Paris, puis l'approbation du ministre, puis l'adjudication, puis enfin l'ordonnance pour avoir les fonds. L'édifice est souvent dégradé avant que toutes ces formalités soient remplies, et qu'il nous soit permis d'employer notre argent à entretenir ce qui nous appartient.... En rompant ainsi les liens qui nous unissent à notre commune, à notre ville, à notre département, en tuant l'intérêt que nous prenons à nos administrations secondaires, à nos édifices, à nos chemins, à nos promenades, à nos monumens, on achève d'anéantir parmi nous l'amour si fortement ébranlé de la patrie, on détruit l'esprit public, on achève de désunir et de démoraliser la nation, on isole les François les uns des autres, etc., etc. »

Si ces détails n'étoient pas donnés par les hommes les plus recommandables, nous ne nous serions pas hasardé à les transcrire; car s'ils n'étoient pas appuyés par des autorités aussi respectables, ils ne seroient crus de personne. Il est étonnant que de pareils abus existent et se propagent dans un pays rempli de personnes éclairées qui se vantent d'avoir renouvelé, d'avoir amélioré presque tout, et dont le zèle innovateur n'est sûrement pas comprimé par ce sentiment que méprisent les réformateurs modernes, et qui empêche quelquefois dans d'autres pays la suppression des abus par une sorte de pieux respect pour tout ce qui est ancien, pour tout ce qui fut établi par nos pères.

Il seroit impossible de peindre avec plus de force les vices du gouvernement administratif en France; cependant ce portrait n'a rien de chargé, et les hommes qui l'ont tracé en déplorent les conséquences et cherchent à les prévenir en provoquant un changement de système.

Certes, jamais le nom de liberté ne fut appliqué plus mal à propos qu'il ne l'est aujourd'hui à la situation de la France.

L'intervention du gouvernement dans toutes les affaires est la source du mal, et c'est un mal que la révolution a encore augmenté; car, auparavant, les intendans des provinces régloient toutes les affaires locales, et les ministres ne cherchoient pas avec tant d'empressement a être surchargés d'ouvrage de manière à ne pouvoir rien faire de bien.

Tout ce qui est contraire à la justice ou au sens commun doit être changé. Cherchons, s'il le faut, des exemples jusques dans le Nouveau-Monde, et voyons l'Amérique septentrionale affranchie des entraves qui gênent ou retardent nos opérations.

Dans les Etats d'Amérique on divise la terre en carrés dont les côtés regardent les quatre points cardinaux; de sorte que, lorsqu'il ne se trouve ni montagnes, ni lacs, ni rivières, on peut partager et subdiviser un million d'acres à l'infini avec beaucoup plus de promptitude que nous ne mesurerions en Europe les dépendances d'une seule paroisse. C'est un grand avantage, mais aussi l'on a fait observer que cette uniformité prive l'Amérique de ces beautés pittoresques qui, dans d'autres pays, charment les étrangers et attachent les habitans au lieu qui les a vus naître. Dans ce que nous aimons, il n'est pas jusqu'aux défauts, jusqu'aux singularités qui ne servent à augmenter la force de notre attachement. La nature doit elle-même une grande partie de ses charmes à la variété infinie de ses productions; mais les Américains n'estiment, dit-on, que ce qui est strictement utile.

Nous n'avons fait cette courte disgression que pour montrer le contraste que présentent les deux pays, puisqu'il seroit beaucoup plus facile en Amérique de mesurer une province tout entière qu'il ne l'est à un paysan en France d'obtenir la petite portion de terrain dont parle M. Fiévée.

Ce n'étoit pas l'une des mortifications les moins pénibles pour ceux dont les biens furent saisis pendant la révolution, de voir l'exactitude scrupuleuse avec laquelle on enregistroit tous les actes de vol. Les officiers municipaux, leurs commis et autres subordonnés, ne prenoient jamais un sou sans dresser ce qu'ils appellent un procès-verbal. Le préambule d'un projet de loi présenté au parlement n'est pas plus pompeux que le procès-verbal d'un maire de village sur le sujet le plus insignifiant.

On proposa à M. Decazes de composer un ouvrage sur le plan du juge de Burn, pour apprendre à tous les employés leur devoir et leur tracer les limites qu'ils ne devoient pas franchir. Ce ministre n'en comprit pas les avantages; et cependant, si l'ouvrage étoit bien exécuté, ils seroient inappréciables. Il y a bien une sorte de *Guide des Maires*, mais il n'y est question que de vaines formalités, et c'est un guide qui ne peut conduire personne.

La liberté est depuis long-temps pour les François un mot qui renferme tout ce qu'on peut désirer en fait de gouvernement; mais les François ne paroissent pas savoir encore qu'il faut avant tout que l'impartialité règne dans l'administration, et surtout que l'arbitraire en soit banni. Voilà ce qui doit fixer l'attention du gouvernement actuel; qu'il s'attache à faire cesser les abus, à établir la liberté sur des bases solides, et la France sera ce qu'elle doit être, une grande et puissante nation.

CHAPITRE XI.

Considérations sur la traite des nègres. — Conduite intéressée de l'Angleterre. — Ses subterfuges et sa mauvaise foi. — Evasion de Buonaparte de l'île d'Elbe. — Attribuée à l'Angleterre. — Par quels motifs. — Parallèle entre l'Angleterre telle qu'elle est aujourd'hui, et la France telle qu'elle étoit immédiatement avant la révolution. — Efforts de l'Amérique méridionale pour recouvrer son indépendance. — Il est de l'intérêt de l'Angleterre de la seconder. — Désintéressement des fonctionnaires publics en France. — M. Dufresne de Saint-Léon. — Insuffisance de la dotation du clergé. — Trop grand nombre d'employés.

Après avoir parlé avec la plus grande liberté de la nation françoise, après avoir démontré qu'une ambition déplacée est encore le mobile qui semble lui donner l'impulsion, et que tout, jusqu'à ses défaites, sert à entretenir sa vanité, nous allons montrer dans quelles circonstances les Anglois agissent d'une manière tout aussi absurde.

Le gouvernement anglois refuse constamment l'abolition de la traite des nègres, que quelques membres du parlement, recommandables par leur humanité, s'efforçoient d'obtenir; il soutient pendant vingt ans que ce trafic n'a rien d'inhumain. Le hasard veut que ses ennemis triomphent, qu'ils s'emparent du pouvoir pendant un an, qu'ils s'empressent aussitôt d'abolir cette traite infâme, et le gouvernement composé de nouveau de ces mêmes hommes qui au contraire avoient tout fait pour la maintenir, et qui avoient disputé le terrain pied à pied, devient une espèce de chevalier errant armé pour la défense des nègres, il veut que les autres nations suivent son exemple, et il les en presse au nom de l'humanité. Quelle nouvelle lumière est donc venue le frapper depuis l'administration de M. Fox en 1806? Et de quel droit l'Angleterre, après s'être arrogé le privilége de continuer un trafic aussi abominable, aussi contraire à toutes les lois de l'humanité et du christianisme, tant qu'il lui a convenu de le faire, de quel droit, disons-nous, exige-t-elle, parce qu'il lui plaît de l'abolir aujourd'hui, que tous les autres peuples en fassent autant ?

Le peuple anglois seroit-il assez aveugle pour supposer que les nations étrangères ne voient pas l'absurdité d'une pareille conduite? Croit-il qu'on se laisse abuser par ses belles protestations, et par ses appels continuels à l'humanité? S'il le pense, qu'il se détrompe ; et c'est nous qui lui apprendrons ce qu'on dit généralement : « Le gouvernement anglois a, contre son gré, renoncé à la traite des nègres, et par conséquent il est de son intérêt que les autres peuples y renoncent également; mais au lieu d'en convenir franchement, il fait de belles phrases, et nous débite les préceptes les plus sublimes, c'est un hypocrite qui feint de s'être converti.

Lord Castlereagh eût fait très-sagement de ne point parler de l'abolition de la traite, lorsque Louis XVIII remonta sur le trône en 1814 ; car quelle que fût son opinion personnelle, il devoit se sentir assez embarrassé pour faire une stipulation semblable.

Nous croyons, par cette philanthropie mal entendue, exciter l'admiration générale; combien nous sommes dans l'erreur ! Le peuple anglois s'est montré maintes fois le protecteur du foible, et l'ami de l'opprimé, et c'est son plus beau titre de gloire; mais qu'après avoir fait la traite des nègres pendant plusieurs siècles, il se déclare tout à coup l'ennemi de ce commerce, et qu'il ne rougisse pas de prétendre que c'est par humanité; voilà ce qui est révoltant, voilà ce qui ne tend à rien moins qu'à nous faire passer pour un peuple d'hypocrites insensibles. Un pareil aveu est mortifiant, nous le savons; mais il faut dire les choses telles qu'elles sont, et au lieu d'admirer notre générosité, on déplorera notre stupidité et notre folie.

Si l'Angleterre se fût toujours montrée l'ennemie de la traite des nègres, elle eût pu agir comme elle l'a fait; ou du moins si ce trafic eût été aboli d'un consentement unanime, dès qu'elle le demanda, elle eût pu se faire quelque honneur en devenant en quelque sorte le Don Quichotte d'un peuple cruellement opprimé. Mais lorsqu'on vient à peine de renoncer à ce commerce, qu'on n'y a renoncé que de très-mauvaise grâce et avec la plus grande répugnance, c'est le comble de l'impudence et de l'effronterie que d'aller vanter auprès des autres nations l'humanité qu'on a déployée dans cette circonstance.

Dans toutes les affaires importantes, il n'y a, selon nous, que deux partis à prendre, le premier est de dire ce que nous pensons ; le second, de nous taire ; mais jamais il n'est permis de tromper, ni de déguiser la vérité. Dans le même esprit, dans les mêmes intentions que nous avons dit quelques vérités un peu dures à la nation françoise, nous allons maintenant nous adresser à l'Angleterre, et lui faire les reproches qu'elle nous paroît mériter.

Louis XVIII auroit pu très-bien répondre à lord Castlereagh, que si le gouvernement anglois, qui avoit fait si long-temps la traite des nègres, demandoit à la France d'y renoncer, c'étoit pour ôter aux colonies françoises l'avantage qu'elles auroient eu autrement sur les nôtres, et il auroit été en droit de se plaindre qu'au lieu de lui donner franchement cette raison, qui étoit la véritable, on vînt lui parler avec autant d'hypocrisie que d'impertinence au nom de l'humanité. Qu'un curé méthodiste, qu'un fanatique, qui se prétend inspiré, tienne un pareil langage, on peut l'excuser ; mais que le gouvernement anglois ait recours à de pareils subterfuges, c'est ce que rien ne sauroit justifier.

Une sorte de hasard occasionna l'abolition de la traite des nègres par le gouvernement britannique. Si la mort de M. Pitt, et le découragement qu'elle jeta parmi ses partisans, n'avoient pas préparé le triomphe de l'opposition, qui gouverna pendant un an, la traite subsisteroit encore aujourd'hui. Les ministres actuels perdirent courage à la mort de leur chef, et ils ne rentrèrent au ministère qu'après une année de réflexions et d'intrigues. Mais, une fois rentrés, ils ne ménagèrent plus rien, et crurent que tout devoit leur céder. Vouloir cependant que tout le monde change son code de morale à leur commandement, c'est aller un peu trop loin.

Le trafic des nègres doit être un sujet de honte pour tous ceux qui l'autorisent. Il est contraire à la loi de Dieu et aux lois de l'homme. C'est une atteinte portée par le plus fort aux droits du plus foible ; mais il en étoit de même avant 1806 ; et si les ministres qui demandoient à Louis XVIII l'abolition de la traite, n'avoient pas fait une retraite momentanée par suite d'une terreur panique, ils ne l'auroient jamais abolie eux-mêmes.

S'ils vouloient que la France y renonçât sérieusement, ils devoient lui imposer cette condition, lorsqu'ils lui rendirent ses îles des Indes-Occidentales ; mais ayant oublié de le faire, oubli qui n'est pas très-étonnant de la part de ministres qui n'avoient jamais désiré bien sincèrement cette abolition, ils auroient dû convenir que c'étoit la voix publique qui les obligeoit à faire cette démarche, et dire qu'ils en appeloient à la magnanimité ou à la reconnoissance du monarque françois.

C'eût été montrer du moins une noble franchise; mais ils s'y prirent tout autrement, et Louis leur fit une réponse très-convenable, en imitant leur langage. — « Je ne saurois faire un pareil sacrifice; ce seroit faire tort et déplaire à la nation. »

Les choses en restèrent là jusqu'au retour de Buonaparte, qui, pendant les cent jours, mit fin, d'un coup de plume, à ce trafic abominable.

Que l'Angleterre fasse ce qu'elle pourra pour abolir la traite des nègres, ne fût-ce que par expiation pour l'avoir continuée aussi long-temps; mais qu'elle le fasse avec franchise, et non pas sous de faux prétextes; autrement, elle passeroit pour une nation hypocrite qui, tout en ayant la bassesse de feindre des sentimens qu'elle n'approuve pas, a l'arrogance de vouloir que les autres peuples la prennent pour modèle.

En Angleterre, nous croyons que les autres nations admirent notre générosité; mais il n'en est rien. Toutes les dépenses que nous avons faites, les sommes d'argent que nous avons avancées, ne sont regardées que comme des spéculations d'où nous comptions retirer un bénéfice considérable. Et en effet, la plupart des nations étrangères pensent que, dans les dernières guerres, nous avons recueilli des richesses immenses, et que notre pays regorge d'or (1).

L'absurdité de notre conduite contribue à propager une erreur qui, un jour ou l'autre, pourra nous être très-nuisible. Tous les princes qui viennent du continent sont défrayés, pendant leur séjour à Londres, avec une générosité sans exemple. On diroit que ce n'est rien pour nous que de payer treize mille livres sterling (272,000 fr.) pour un prince allemand qui vient visiter nos manufactures, afin de

---

(1) On ne connoît pas en France, ou l'on y représente sous un faux jour, depuis la révolution, le caractère des Anglois et la conduite de l'Angleterre. La guerre que nous entreprîmes d'abord pour préserver de l'anarchie les nations du continent, et que nous continuâmes ensuite pour résister aux progrès du despotisme militaire, est attribuée par tous les François à des motifs mercenaires. Ils disent que nous n'avions d'autre but que d'accaparer le commerce de l'univers. Notre conduite, après la paix, eut un effet tout différent, et dut suffire pour convaincre tout observateur impartial que la soif du gain ne nous avoit pas dirigés. Nous renonçâmes à nos répétitions sur l'Autriche ; nous payâmes pour la Russie et pour le nouveau royaume des Pays-Bas, sans faire entrer en compte ce que la France nous devoit. Tout cela se fit lorsque nous ne pouvions plus chercher à accaparer le commerce de l'univers. Mais au lieu de nous faire honneur de ce désintéressement les François en conclurent que nous avions amassé tant de richesses en exerçant le monopole du commerce ; que les millions que nous abandonnions ainsi avec une précipitation si in-

nous dérober toutes les inventions qui lui paroissent utiles. Lorsque nous réglâmes les comptes de la dernière guerre, nous ne fîmes aucune stipulation pour être remboursés des puissances qui se trouvoient nous être redevables de sommes plus ou moins fortes. En voici quelques-unes, par exemple.

Emprunts faits par l'Autriche, il y a vingt
    ans, capital et intérêts. 20,000,000
Sommes dues pour les prisonniers françois. 3,500,000
—— pour secours accordés aux émigrés. 4,000,000
—— par la famille royale. 500,000

L'Angleterre dépensa environ soixante millions en 1815, pour replacer Louis XVIII sur le trône. Elle obtint en indemnité trois ou quatre millions;

---

concevable et si imprudente, n'étoient rien pour nous qui en avions tant dont nous ne savions que faire.

De là, et du système d'exclusion adopté par Buonaparte contre les marchandises angloises, naquit cette détermination générale de toutes les nations du continent de ruiner le commerce et les manufactures de l'Angleterre; et l'Angleterre, comme si elle méprisoit cette conjuration contre elle, comme si l'on ne pouvoit faire pour lui nuire que des efforts impuissans, ne se donne pas la peine d'entrer en explication sur ce sujet.

C'est une chose singulière, mais elle est vraie. Il seroit facile de convaincre les autres nations qu'elles se nuisent à elles-mêmes aussi bien qu'à l'Angleterre. Des propositions ont été faites à cet effet aux négocians de Londres, mais ils les ont reçues avec dédain, et ils sont moins disposés que jamais à placer cette affaire sous son véritable jour.

encore cette somme doit-elle être employée à faire construire des forteresses pour la défense du royaume des Pays-Bas.

Nous avons été encore plus loin. La Russie fit un emprunt en Hollande, il y a environ trente ans, pour combattre l'Angleterre; eh bien! l'Angleterre va le rembourser aujourd'hui, et payer les intérêts! Pour le coup, ces sont là des procédés, ou nous nous trompons fort, et ce n'est pas sans raison que les autres nations se font une très-grande idée de notre opulence. Elles en sont même venues au point de persuader que la dette publique enrichit l'Angleterre, et voici leur raisonnement. La dette nationale est un revenu pour les particuliers; donc plus elle augmente, plus la masse de la nation doit nécessairement s'enrichir.

Le docteur Colquhoun, si fameux pour ses calculs sur les mendians et sur les prostituées, est, dit-on, le père de ce paradoxe. Quoi qu'il en soit, il l'a adopté, il l'a publié, et ce qui est plus incroyable, c'est qu'il s'est attiré des admirateurs; car, par le fait, il n'est pas d'écrivain anglois sur les finances qui ait aujourd'hui autant de réputation sur le continent, que le docteur.

Je ne sais si c'est pour cela que les étrangers ignorent si complètement la véritable situation de l'Angleterre. Ils savent, il est vrai, quelles sommes immenses elle a dépensées, mais ils voyent son crédit, loin de diminuer, augmenter de jour en jour, et ils en concluent qu'elle a en effet retiré de grands avantages des projets que son ambition avoit conçus et qu'accomplit sa valeur, tandis qu'au contraire, le fait est qu'elle a épuisé toutes ses ressources, qu'elle a paralysé l'industrie, et qu'elle se trouve réduite à une brillante misère.

On est généralement persuadé en Angleterre qu'il faut que les choses changent, et qu'elles changeront bientôt, soit du gré des ministres, soit malgré eux. Pour la première fois, la paix ne nous a pas ramené l'abondance, et l'événement semble justifier ce que les nations du continent répètent sans cesse, que nous préférons la guerre. Nous éprouvons sans doute que nous étions moins malheureux lorsque nous combattions, que nous ne le sommes aujourd'hui ; et elles pensent que nous regardons la guerre comme une espèce de commerce. Elles se trompent, c'est la guerre au contraire qui nous a presque ruinés ; et si elle eût duré quelques années de plus, notre ruine eût été complète et sans ressource. D'ailleurs, ce n'étoit pas notre inclination, c'étoit la nécessité qui nous avoit mis les armes à la main.

Pourquoi nous être chargés de garder Buonaparte ? Voilà encore une absurdité dont aucune autre nation ne se seroit rendue coupable. En voyant les frais énormes que nous occasionne sa détention, on croit que nous avons eu des motifs pour consentir à le garder, afin de pouvoir le relâcher lorsque nous le voudrons, et c'est ce que tous les étrangers croient que nous avons fait, lorsqu'il étoit prisonnier à l'île d'Elbe. Les ministres anglois méprisent ces bruits, qu'ils ne peuvent ignorer, et pour mieux montrer ce mépris, ils ont accordé un titre et de l'avancement dans l'armée à l'officier anglois qui avoit été envoyé à l'île d'Elbe avec Buonaparte, quoiqu'il ne se trouvât pas à son poste lorsque Buonaparte s'échappa.

On a dit que, dans sa petite île, Buonaparte étoit un souverain indépendant ; mais c'est ce que nous n'avons su qu'après son évasion de l'île d'Elbe. S'il en étoit ainsi, dans quel dessein et à quel titre le colonel Campbell résidoit-il à sa cour ? Pourquoi a-t-on répandu le bruit, après l'évasion, que le colonel Campbell alloit publier un mémoire pour se justifier, ou pourquoi cette justification n'a-t-elle jamais paru, si elle étoit possible ?

L'histoire du règne des cent jours, de ses causes et de ses conséquences, qui doit paroître bientôt, nous dévoilera ce mystère, ainsi que plusieurs autres (1).

Puisque nous avons entrepris de relever tout ce qui pouvoit nous paroître blâmable dans la conduite

---

(1) L'auteur ne veut point parler de l'infâme ouvrage de M. Hobhouse qui a paru il y a plusieurs années. On conçoit à peine qu'un Anglois même ait pu écrire un pareil livre. Comment donc a-t-il pu se trouver un François pour le traduire !   (*Note du Traducteur.*)

de l'Angleterre, que dirons-nous de celle qu'elle tient à l'égard des habitans de l'Amérique méridionale, après les avoir excités à devenir libres, lorsque le roi d'Espagne étoit en prison? Il est possible que, par quelque miracle inconnu, nous ayons des obligations au roi d'Espagne; mais n'en avons-nous donc aucune aux habitans de l'Amérique? D'ailleurs, ne sommes-nous pas liés par une sorte de pacte solennel, et pouvons-nous le rompre à notre gré? N'y a-t-il que les rois légitimes pour qui nous devions être esclaves de notre parole? Oublions-nous que l'Angleterre dut sa grandeur à cette conduite noble, à ce haut sentiment d'honneur qui la distingua depuis le règne d'Elisabeth jusqu'en 1814? Que deviendra l'édifice, si nous sapons les fondemens?

Nous avons établi un parallèle entre l'Angleterre, après le retour de Charles II, et la France, après le retour de Louis XVIII, et nous avons trouvé plusieurs points de ressemblance. Comparons maintenant la position de la France en 1786, 87 et 88, c'est-à-dire pendant les années qui précédèrent la révolution, à celle où l'Angleterre se trouve aujourd'hui, et nous gémirons des rapprochemens qui se présenteront encore.

A l'époque dont nous parlons, les intérêts de la dette publique absorboient la plus grande partie des revenus de la France. A cette époque, les dépenses de l'année étoient couvertes en partie par de nouveaux emprunts, quoique ce fût en temps de paix. A cette époque, la voix publique prêchoit l'économie, et les ministres persistoient à montrer la prodigalité la plus extravagante. A cette époque, il n'y avoit qu'un cri pour que le gouvernement réformât quelques abus partiels qui s'étoient glissés dans l'administration, mais on ne répondoit que par le plus profond mépris à ceux qui les signaloient et qui en demandoient la suppression.

A cette époque, quantité d'ouvriers manquoient d'ouvrage et par conséquent de pain, et d'avides accapareurs tenoient toutes les denrées à un prix qui ajoutoit à tous les autres maux, et dont le monopole seul avoit pu être cause, puisque les récoltes n'avoient pas été moins abondantes, et que la consommation étoit toujours la même.

A cette époque tout le monde s'accordoit à dire qu'il y auroit bientôt quelque grand changement ; on ne savoit pas en quoi il consisteroit, mais on sentoit qu'un pareil ordre de choses ne pouvoit durer long-temps : les ministres furent avertis du danger, ils méprisèrent ces avis, et s'abandonnèrent à une funeste sécurité.

Quelque ressemblance que le lecteur puisse trouver entre la France à cette époque, et l'Angleterre aujourd'hui, il reste heureusement à l'Angleterre des ressources qui manquoient à la France.

L'Angleterre n'a jamais eu, pour ses manufactures, une aussi brillante perspective que celle qui s'ouvre à présent devant elle, si le gouvernement sait mettre à profit les circonstances. Sans écouter les autres nations qui la haïssent et lui portent envie, elle ne doit se laisser guider que par ce qui lui paroît juste et convenable. L'honneur, l'intérêt même lui font un devoir de soutenir les habitans de l'Amérique méridionale, plutôt que le gouvernement d'Espagne. L'Espagne, dans la dernière guerre, ne s'est-elle pas alliée à la France contre nous, et ne l'a-t-elle pas soutenue de tout son pouvoir, jusqu'à ce que l'immortel Nelson détruisit les restes de sa marine à Trafalgar? L'Espagne n'a-t-elle pas mis des droits énormes sur les marchandises angloises, depuis que la valeur de nos armées a rétabli Ferdinand sur le trône? quelle reconnoissance devons-nous à l'Espagne ou au monarque qui la gouverne? sa conduite, celle d'une autre branche de sa famille que nous avons replacée sur le trône de Naples, suffisent pour nous apprendre ce que nous devons attendre d'eux.

L'Amérique méridionale contribua plus que toutes les nations du continent réunies, à la prospérité de nos manufactures. Nos importations dans ce pays augmenteront tous les ans, et ce sera pour nous une source féconde de richesses (1).

---

(1) Lorsque l'Amérique méridionale étoit entièrement sous la domination de l'Espagne, les exportations des produits des manufactures d'Europe dans ce pays montoient annuellement à dix millions sterling, et l'on a calculé que les habitans en payoient près du double. Si donc ce pays

La population de l'Amérique septentrionale s'accroîtra rapidement, et il s'écoulera bien des années avant qu'il s'y établisse des manufactures qui puissent rivaliser avec les nôtres, de sorte que nous y trouverons aussi des débouchés faciles pour les produits de notre industrie. L'Angleterre, au milieu de sa détresse actuelle et des troubles qui l'agitent, pourroit donc espérer de voir luire un avenir plus heureux, s'il étoit possible de réduire la dette et de diminuer les impôts.

Quant aux revenus, l'Angleterre a des mines fécondes qu'elle n'a pas encore exploitées. Ses possessions dans les Indes ne lui rapportent absolument rien; et cependant les princes du pays, qu'elle a remplacés, en tiroient des revenus considérables. Les employés de la compagnie des Indes, ou administrent mal, ou s'occupent de leurs intérêts particuliers avant de songer à ceux de leur patrie. Quiconque fait le voyage de l'Inde, s'il a le bonheur d'en revenir, en rapporte presque toujours d'immenses richesses, et ceux mêmes qui ont l'esprit le plus borné trouvent moyen de s'y enrichir. C'est donc encore une ressource pour l'Angleterre, lorsqu'elle voudra s'en servir. Les nations européennes pensent qu'elle tire maintenant des Indes des revenus considérables; il n'en est rien, et en voici la

---

étoit libre, les exportations d'Europe seroient immenses, et l'Angleterre en feroit la plus grande partie.

preuve. Les dettes de la compagnie augmentent toutes les fois qu'elle veut faire de nouvelles conquêtes, et elle n'a jamais le temps ni les moyens de les rembourser. Après avoir réparti l'intérêt légal sur son capital, au prix actuel des actions, il ne lui reste pas un bénéfice de 10,000 livres sterling par an. Tout l'avantage se réduit donc à peu près pour le gouvernement à la perception des droits établis sur les importations et les exportations.

L'Angleterre a donc encore des ressources que la France n'avoit pas en 1788; mais aussi, saura-t-elle en tirer parti? Voilà la question.

Déterminés à louer les François lorsque nous croyons qu'ils le méritent, nous devons surtout citer les exemples qu'il seroit glorieux pour nous de chercher à imiter. En Angleterre, tous les fonctionnaires publics qui ont occupé des postes éminens, soit dans les finances, soit dans les cours de justice, vivent dans l'opulence et se retirent après avoir amassé de grandes richesses. En France, on a vu souvent des hommes qui avoient rempli les places les plus importantes vivre avec la plus grande économie et mourir pauvres.

Nous avons évité jusqu'ici de nommer personne; mais l'exemple de M. Dufresne de Saint-Léon est si honorable que nous ne pouvons nous refuser au plaisir de le citer.

M. Dufresne de Saint-Léon étoit secrétaire de la trésorerie lors de la création des assignats. Jamais aucun homme ne vit passer autant de millions entre ses mains, encore étoit ce dans des temps de troubles et de confusion où il auroit pu s'enrichir sans courir aucun danger, sans exciter le moindre soupçon. Il ne cessa d'exercer ces fonctions importantes que l'année dernière, et il se retira avec une pension qu'en Angleterre on eût à peine offerte à un premier commis. On remercia M. Dufresne de ses services et de sa fidélité, et on lui donna 6000 francs de retraite.

Cet exemple n'est pas le seul que nous pourrions citer. Il est beaucoup de magistrats en France qui, après avoir rempli leurs fonctions avec une intégrité remarquable, vivent dans la retraite au sein d'une honorable pauvreté; et nous sommes forcés de convenir qu'il n'en est pas de même en Angleterre.

Nous ajouterons qu'en France on ne court pas après l'argent avec la même avidité que chez nous. On ne paroît pas avoir pour unique but d'amasser des richesses; on cherche à vivre dans une honnête aisance, et à jouir avec modération du fruit de son travail.

L'Anglois ne pense qu'à une seule chose, à ses affaires. Depuis le lundi matin jusqu'au samedi soir, il est esclave de ses occupations. Le François, au contraire, sait concilier tout à la fois ses affaires et ses plaisirs : et pour qu'il soit véritablement heureux, il ne faut que deux choses; d'abord, que cet esprit militaire qui règne dans toutes les classes s'éteigne insensiblement, et ensuite que le gouvernement suive une marche ferme et régulière.

Depuis que cet ouvrage est commencé la France

présente un aspect beaucoup plus satisfaisant; mais il faut que tous les François se réunissent pour seconder les efforts du roi, car il reste encore beaucoup à faire. Il faut, et nous ne nous lasserons pas de le répéter, que la charte et les lois soient modifiées, qu'on pourvoie aux besoins du clergé (1), et surtout qu'on instruise de leur devoir les maires et les juges de paix qui ne sont ni moins nombreux ni parfois moins insupportables que les sauterelles d'Egypte, et qu'on les punisse sévèrement lorsqu'ils se permettent des actes arbitraires et tyranniques. Il seroit aussi à désirer qu'on diminuât le nombre des fonctionnaires publics, et que, dans les affaires en général, on fît moins d'attention aux formes et plus au fond (2).

---

(1) L'insuffisance de la dotation du clergé devient tous les jours plus évidente. Il n'existe peut-être pas dans l'histoire des nations civilisées, un seul exemple d'un pays dans lequel on n'ait pas assigné aux ministres de la religion des fonds suffisans pour les mettre en état de remplir leurs devoirs d'une manière régulière et respectable. S'il n'y avoit pas d'autre cause pour troubler la paix intérieure en France, celle-là suffiroit seule pour faire naître de l'inquiétude. Car, si la religion catholique romaine regagne son influence, le clergé sera en état d'exciter des convulsions dans le pays; si elle ne la regagne point, il deviendra impossible de gouverner le peuple, car, sans religion, nulle contrée ne peut espérer de maintenir la tranquillité dans son sein, et nul gouvernement ne peut subsister long-temps.

(2) Dans toutes les affaires publiques en France, les

Un pays si passionné pour la gloire militaire, et où les fonctionnaires publics sont en si grand nombre, ne peut jamais jouir d'une très-grande liberté. En Angleterre, il est bien rare que le simple particulier ait quelque chose à démêler avec les employés du gouvernement, si l'on en excepte les percepteurs d'impôts : il n'aperçoit peut-être pas un seul soldat en un mois, il n'entend pas même le son d'un tambour. En France, le tambour bat sans cesse, les soldats sont partout ; le gouvernement intervient dans toutes les affaires ; tout cela est-il compatible avec la liberté?

---

formes exigent beaucoup plus de temps et d'attention que le fond. La cour donne l'exemple, et chaque département de l'état le suit rigoureusement. Cette erreur cause un grande partie des dépenses du gouvernement. C'est le motif qui fait qu'il a besoin d'un si grand nombre d'employés, et que ceux qui le servent sont dans la pauvreté.

CHAPITRE XII.

Etat des manufactures. — Leur peu d'activité. — Système anti-commercial suivi par le gouvernement. — Mines à charbon. — Conséquences de la perte de Saint-Domingue. — Influence de Paris sur la France. — Quelle en est la cause. — Population des villes. — Leur décadence. — Frais de perception des revenus par un nombre immense d'employés. — Quantité de petites fortunes. — Accroissement de population. — Résultat de la révolution en gain et en perte.

L'ÉTAT des manufactures en France est loin d'être aussi florissant que l'on est généralement porté à le croire. Les lois sur l'importation et sur l'exportation sont, il est vrai, de nature à forcer les François de fabriquer eux-mêmes la plupart des objets qui leur sont nécessaires ; mais la force n'est pas le moyen le plus sûr pour parvenir à la perfection, ou pour obtenir du moins la supériorité dans une branche quelconque de commerce.

Le gouvernement a tellement peur qu'on ne vienne à manquer de matières premières, qu'il en défend l'exportation, ou s'il la permet dans quelques parties, elle est soumise à des droits si considérables que c'est à peu près la même chose qu'une prohibition entière. Il ne redoute pas moins l'importation, et dans la crainte que les fabriques étrangères ne fassent tort à celles du pays, il en soumet également les produits à des droits exorbitans (1).

Ce système anti-commercial n'offre aucun avantage. La Hollande et l'Angleterre suivirent toujours une marche bien différente, et leur succès prouve la bonté de leur système. Si les lois prohibitives font tort aux manufactures françoises, il faut convenir aussi que les machines n'y ont pas encore atteint un haut degré de perfection, ou plutôt, ce ne sont pas les machines qui leur manquent, mais ils ne savent pas les employer. Il en existe une collection admirable,

---

(1) Les richesses immenses que l'Angleterre retire de ses manufactures, n'excitent pas seulement l'envie des autres nations; mais ce qui est le comble de l'absurdité, c'est que celles-ci s'imaginent pouvoir s'enrichir par les mêmes moyens, et pour y parvenir, elles n'ont rien de plus à cœur que de chercher à se passer des manufactures angloises.

Ces efforts peuvent nuire à l'Angleterre dans son commerce avec le continent; mais les nations du continent en souffriront également, au lieu de s'enrichir. Car, supposons que tout réussisse au gré de leurs désirs, et que chaque pays parvienne à se suffire à lui-même; qu'en résultera-t-il?

formée depuis long-temps, et qu'on enrichit à mesure de toutes les nouvelles inventions. Le public y est admis, le moindre ouvrier peut les examiner dans le plus grand détail, et cependant presque personne n'en profite.

Nous pouvons invoquer un témoignage irrécusable, celui de M. Vandermond, auquel la direction de ce bel établissement étoit confiée, avant qu'il fût transféré du faubourg Saint-Antoine à la rue Saint-Martin, où il est à présent. Il disoit, en 1788, qu'il y avoit, depuis plus de trente ans, au Conservatoire, un modèle de métier à tisser, dans lequel un mécanisme ingénieux faisoit tourner la navette, et régloit tous les autres mouvemens, sans qu'il fût nécessaire qu'un homme fît usage de ses pieds et de ses mains pour y travailler.

Les François possédoient par conséquent cette in-

---

qu'il sera nécessairement pauvre et peu florissant. Chaque peuple a une branche de commerce vers laquelle son industrie paroît le porter plus particulièrement; qu'il la cultive avec ardeur, c'est le meilleur moyen pour assurer sa prospérité.

Il paroîtroit, d'après un tableau que nous avons donné dans notre premier chapitre, que, sans les denrées coloniales, la balance du commerce de l'Angleterre avec le continent seroit défavorable à l'Angleterre. C'est donc sans la moindre raison que les nations du continent sont jalouses des manufactures angloises.

vention admirable dès 1760; mais ils n'en profitèrent jamais. Il fallut qu'un Anglois (M. Wilkinson, à ce que nous croyons), visitant un jour le Conservatoire, accompagné de M. Vandermond, recounût l'utilité de cette nouvelle machine, et promît de la faire adopter dans les manufactures, à son retour en Angleterre, et il tint parole.

Si l'on éprouve un véritable plaisir à voir ces superbes modèles de toutes sortes d'outils, de métiers, d'instrumens d'agriculture, etc., combien ne doit-on pas s'affliger à la vue de ceux dont se servent les ouvriers, les artisans, les laboureurs, et qui sont aussi informes que les autres sont parfaits !

Sous ce rapport, la France offre un contraste frappant avec l'Angleterre. Nous n'avons pas, il est vrai, une collection aussi belle, aussi précieuse de modèles rassemblés pour l'utilité publique ; mais, en revanche, vous ne verrez presque jamais, ni dans les fermes, ni dans les manufactures, aucun outil, instrument ou métier, qui ne soit parfait dans son genre. La main-d'œuvre est tellement diminuée que la proportion entre le nombre des habitans et le produit de leur travail, offre un résultat tout différent de celui qu'elle présente dans tous les autres pays. Cette augmentation immense des produits est moins l'effet d'une industrie supérieure et d'un travail opiniâtre, que de la diminution de la main-d'œuvre, et de la perfection des arts et métiers.

La source de toutes les autres richesses pour le

commerce, c'est l'exploitation du fer, avec le moins de frais possible. Pour cela il faut exploiter les mines de charbon, et c'est ce que malheureusement la France néglige.

M. de la Borde, dans l'ouvrage que nous avons déjà eu tant occasion de citer, prouve, par des calculs qu'il seroit trop long de rapporter, que, si l'on employoit en France, autant que possible, du charbon de terre au lieu de bois, et qu'on utilisât les quatre-vingt-deux millions de quintaux qui, avant la séparation de la Belgique, étoient le produit annuel des mines, il en résulteroit, pour la consommation de la France, une économie de 72 millions; si, par la suite, on doubloit cette exploitation, la France auroit un bénéfice annuel de 144 millions; mais ce revenu seroit bien autrement augmenté, lorsque les bois, devenus par là inutiles, seroient mis en culture.

« Les six cents fourneaux et quinze cents forges environ, que possède la France, emploient annuellement pour 48 millions de bois, ajoute M. de la Borde; et n'est-ce pas un spectacle hideux de voir des forêts immenses, des départemens tout entiers affectés à l'emploi de quelques usines, qui seroient mises en mouvement par le produit souterrain de quelques arpens (1) ? »

---

(1) Le combustible coûte en France six fois plus qu'en Angleterre, et entre pour un quart dans toute fabrication.

C'est en grande partie à l'usage général du charbon de terre que l'Angleterre doit sa richesse et la prospérité de ses manufactures ; et, comme dit très-bien M. de la Borde : « L'une des améliorations les plus importantes que la France puisse adopter, c'est l'introduction de cet admirable combustible dans la plupart des travaux où l'on emploie aujourd'hui le bois. »

Nous avons déjà démontré que la France ne pouvoit jamais espérer de trouver de grandes ressources dans ses manufactures. Pour les objets de luxe, elle l'emporte, il est vrai, sur les autres nations (1) ; mais pour tout ce qui a un rapport plus direct aux besoins de la vie, pour tous les instrumens d'agriculture, tous les objets de quincaillerie, de menuiserie, etc., elle est fort en arrière de l'Angleterre.

---

(1) Il n'y eut pendant long-temps qu'en France des manufactures de belles glaces, de papiers fins, de montres, et d'un grand nombre d'objets de luxe. Colbert, voyant cette supériorité de la France sur les autres nations, crut qu'elles seroient toujours obligées d'avoir recours à leur rivale, et mit sur l'exportation des droits considérables que les Anglois et les Hollandois se voyoient forcés de payer quoique à regret ; et ils cherchoient à séduire quelques ouvriers françois et à les attirer dans leurs pays, pour y introduire, ou plutôt pour y perfectionner ces arts qui y étoient encore dans leur berceau ; lorsque la révocation de l'édit de Nantes prévint leurs désirs, en faisant refluer sur la Hollande et sur l'Angleterre des milliers d'artistes habiles.

Mais aussi la France ne dépend pas aussi exclusivement que l'Angleterre de ses manufactures: elle a des eaux-de-vie, des vins, et d'autres productions d'une qualité supérieure à celles des autres pays. Tout ce qui est à désirer, c'est qu'elle fabrique mieux, et à meilleur marché, les objets nécessaires à la classe ouvrière. Exploiter les mines de charbon, et creuser des canaux, voilà de grands moyens pour y parvenir.

Quant au commerce de la France, il n'a certainement pas gagné à la révolution. La perte seule de Saint-Domingue est immense. Cette île valoit, à elle seule, plus que toutes les îles britanniques des Indes orientales. Elle rapportoit en 1797 plus de huit millions sterling, tandis que les îles britanniques ne rapportoient pas deux millions sterling.

La France, et surtout Bordeaux, Nantes, le Hâvre, et toute la population des provinces occidentales du royaume, se ressentent cruellement de la perte de Saint-Domingue; mais comme ils la perdirent volontairement, les François n'en parlent guères; et en effet, puisque cette perte est irréparable, que leur serviroit-il d'en parler? Lady Morgan n'en dit rien non plus; c'est bien naturel; cette perte ne fut-elle pas occasionnée par ces *chers* révolutionnaires qui bouleversèrent le royaume; par ces philosophes libéraux, par ces *sans-culottes*, qui mirent un jour en doute si les nègres n'étoient pas une race d'hommes supérieure; cette discussion fut interrompue à cause du ridicule qui y étoit attaché, autrement il est très-probable que la question eût été décidée en faveur des noirs.

Ce qui contribue à le faire présumer, c'est qu'à cette époque, des galériens de Marseille, au nombre de quarante, firent une entrée triomphale à Paris, sur un char antique, traîné par douze superbes chevaux, le même qui avoit servi à transporter les restes de Voltaire au Panthéon. Dans le même temps un capitaine de la garde nationale donna sa démission en faveur d'un simple soldat dont le frère avoit été pendu, afin de déraciner les préjugés qu'on ne peut s'empêcher d'éprouver contre les parens d'un criminel.

Ces actes de démence n'étoient que le prélude d'atrocités véritables; et que ceux qui seroient tentés de se joindre à lady Morgan pour critiquer l'ancien ordre des choses, se rappellent, une fois pour toutes, que pendant dix-huit mois il se commit plus de forfaits en France, qu'il ne s'en étoit commis pendant treize siècles, sous l'exercice de la monarchie légitime.

Pauvres, les François sont très-industrieux; riches, leur industrie les abandonne, et ils n'ont plus la même activité. De là ces jouets, ces boîtes, ces petits ouvrages en bois ou en osier, que de pauvres gens font dans des greniers, avec une adresse incroyable. Mais dans les grandes entreprises, lorsqu'il faut des capitaux considérables, lorsque des ouvriers travaillent pour un maître, on ne trouve plus la même énergie ni les mêmes talens.

Aucun pays civilisé dans toute l'Europe ne dépend peut-être autant de sa capitale que la France. Paris dicte des lois à tout le royaume, et ceux qui entreprennent la description de la France, mettent en général leur principal soin à faire celle de Paris.

Il est vrai que, hors de Paris, on trouve autant de monotonie et d'uniformité qu'on remarque de variété dans cette ville.

D'après le dernier recensement fait en France en 1816, le nombre des habitans de ce royaume, sans y comprendre les militaires, montoit à 29,152,743.

Environ le quatorzième seulement de cette population habite les villes, c'est-à-dire les chefs-lieux de départemens, car les autres ne sont que des villages ou ne valent guères mieux.

D'après un terme moyen, la population des grandes villes a diminué d'un tiers, depuis le commencement de la révolution.

Cet effet a été produit à Bordeaux, à Nantes, au Hâvre-de-Grâce, et dans toutes les villes de cette ligne de côtes, par la chute du commerce et la perte des îles des Indes occidentales.

Lyon, la plus grande ville manufacturière du monde entier, a souffert par une double cause. D'abord elle fut le but contre lequel les jacobins dirigèrent leurs traits ensanglantés. Les maisons des principaux habitans et les plus belles places furent abattues à coups de canon, tandis que leurs propriétaires périssoient sous la guillotine ou par la mitraille.

Lorsque le carnage eut cessé, le commerce de cette ville consistant en soieries, en velours, en broderies et en autres ouvrages de goût et de luxe, on ne pouvoit guères se flatter qu'une nation de sans-culottes qui se faisoient gloire de porter des habits rapetassés, encourageroit de semblables manufactures; et pour rendre sa situation encore plus fâcheuse, tout commerce avec les pays étrangers fut interdit. Il faut donc s'étonner que la population de Lyon ne soit pas diminuée de plus de moitié, et que ce soit encore une grande ville manufacturière.

Toutes les villes de France ont ressenti plus ou moins les funestes effets d'une révolution qui se plaisoit à détruire tout lieu qui produisoit autre chose que les simples besoins de la nature; et comme nous avons démontré qu'on encourage le système agricultural, et qu'on en suit un anti-commercial, il n'est nullement probable que la population et la richesse des villes puissent augmenter.

Beaucoup d'écrivains politiques soutiendront qu'une grande population dans les campagnes fait le bonheur d'un pays. Nous n'entrerons pas dans cette discussion, et nous nous bornerons à faire observer que, depuis le commencement de la révolution, la population a augmenté dans les campagnes, et diminué dans les villes.

La révolution n'a presque produit aucun changement moral dans les villes de l'intérieur de la France. Au moins celui qu'elle occasionna ne fut que temporaire, et quand le gouvernement devint doux et pacifique, les habitans reprirent leurs anciennes mœurs, beaucoup plus aisément qu'on n'auroit pu le croire. La seule différence qu'on y remarque, c'est qu'ils accordent moins d'attention à la religion, et plus à la politique. Du reste, ils se promènent, s'habillent, prennent leur café et font leur petite partie, exactement comme il y a trente ans.

Quoique la manière de voyager soit perfectionnée sur quelques-unes des routes de France, et qu'on y voie même des diligences à peu près dans le genre anglois, cependant on continue à se servir, dans l'intérieur de la France, de l'ancienne et lourde messagerie, plus lente et moins agréable que le pesant chariot anglois. Nous osons même prédire que ces voitures existeront encore long-temps, car les François les préfèrent aux nôtres ; ils s'y croient plus en sûreté, et s'y trouvent plus à leur aise.

On dit que les habitans des provinces méprisent les Parisiens ; mais comme toute la France a été dans l'habitude de se soumettre à Paris, sans murmures, nous ne pouvons croire à cette assertion. Au surplus, quand elle seroit vraie, cela seroit de peu d'importance, car Paris est le centre de tout, et c'est là que tout vient aboutir. Cette ville est à la France ce que le cœur est au corps humain. C'est de là que part la circulation, et c'est là qu'elle tend à se rendre. Le manque de bonnes routes de traverse et de chemins de communication d'une place à l'autre, rend l'intérieur de la France bien différent de celui de l'Angleterre, et cette circonstance, en cas de troubles politiques, donne à Paris un avantage dont on ne peut se faire une idée dans notre pays.

On ne voit pas en France, dans les villes de l'intérieur, cette activité qu'on remarque dans les nôtres, et l'on n'y trouve pas non plus la même aisance, la même propreté : mais le peuple y est probablement plus heureux, à sa manière, quoiqu'il le soit certainement moins qu'avant la révolution. On peut dire qu'il y végète fort tranquillement, sans avoir besoin de faire de grands efforts, et sans éprouver les tourmens de l'ambition.

Cet état de contentement dont jouissent les François, et qui mérite d'être envié, les empêche de perfectionner l'agriculture et la manière de conduire leurs affaires. Ils n'éprouvent ni le besoin ni le désir du changement, et ils ne changeront jamais, ou ce ne sera que très-lentement.

En Angleterre, il existe une émulation et une sorte de jalousie qui font que chacun veut faire mieux que son voisin, et c'est à cette disposition plus qu'à la sagesse et même à la cupidité qu'il faut attribuer les améliorations rapides qui ont lieu dans ce pays. C'est à un caractère diamétralement opposé qu'il faut imputer l'état de stagnation de la France. Cette contrée est une véritable énigme. Le peuple le plus vif de l'univers est celui qui déploie le moins d'activité pour améliorer sa situation; il se contente des choses telles qu'elles sont. Il n'en est pas de même en Angleterre, et c'est de cette tournure d'esprit différente que naît la différence de l'état de la France où les instrumens d'agriculture paroissent être les mêmes qu'il y a cinq cents ans, et où le système de culture n'a pas changé davantage.

On s'est plaint amèrement depuis peu des dépenses qu'occasionne la perception des revenus publics en Angleterre, et ce n'est pas sans raison, car il est souverainement injuste que les gens qui sont au service du public soient mieux payés et aient des devoirs plus faciles à remplir que les autres personnes du même rang qui remplissent des fonctions analogues dans le royaume. C'est pourtant ce qui arrive, à très-peu d'exceptions près.

En France, les employés au service public sont tous mal payés, même ceux qui occupent des places importantes, et quant aux commis et employés subalternes, à peine ont-ils les moyens d'exister. Cependant tel est le mode d'administration dans ce pays que la perception des revenus publics y coûte proportionnellement cinq fois autant qu'en Angleterre, et par conséquent beaucoup plus en réalité.

Tableau comparatif des frais de perception des revenus publics en France et en Angleterre.

	En France.	En Angleterre.
Douanes	33 p. 100	7 p. 100.
Excise (impôts indirects)	20	4
Timbre	9	7
Poste aux lettres	45	11
Impôt foncier	15	2

Cette dépense énorme a probablement pour cause en France le nombre immense des employés, la perception des revenus publics par petites sommes, et la manière coûteuse et ridicule dont les sommes perçues se transportent de place en place.

Les frais de perception des contributions montent annuellement en France à environ 168,000,000 de fr., ce qui est une somme énorme; et il est probable qu'on n'y emploie pas moins de 120,000 personnes.

Il est difficile de se faire une idée du grand nombre de gens qui vivent en France avec un revenu très-modique, qui résulte, soit d'une pension, soit de l'intérêt d'une somme placée dans les fonds publics, soit d'un emploi du gouvernement.

Avant la révolution, le taux moyen des revenus tirés des fonds publics, en y comprenant les rentes viagères, ne montoit pas à 168 fr. par tête, car il y avoit un million de rentiers, et comme une partie de ces rentiers avoient un revenu considérable, il est probable que le taux moyen des petites rentes n'excédoit pas 96 francs.

Il y a maintenant cent quatre-vingt-dix-huit mille pensionnaires, et le taux moyen des pensions ne s'élève pas au-dessus de 268 francs ; mais comme il s'en faut de beaucoup que toutes soient égales, il doit en rester un grand nombre au-dessous.

Le revenu total du clergé aujourd'hui ne monte qu'à 22,000,000 de francs, et comme la proportion du clergé aux autres citoyens est en général comme un est à mille, il doit y avoir vingt-neuf mille ecclésiastiques en France. Si donc leurs revenus étoient égaux, ils auroient chacun environ 760 francs. Mais comme cette égalité n'existe pas, il est probable que le bas clergé ne reçoit pas plus des deux tiers de cette somme.

A toutes les personnes dont le revenu est si modique, si l'on ajoute plusieurs millions de familles vivant du produit d'un demi-acre, d'un acre, même de dix acres de terre, on trouvera difficile de se figurer un pays où les revenus soient plus divisés.

L'inoculation de la vaccine ouvre la porte à une augmentation rapide de population. Ses effets ne se font pas sentir depuis bien long-temps encore, et ils ont pourtant plus que contre-balancé les ravages de la guerre. En Angleterre comme en France, la population a considérablement augmenté depuis vingt ans. Cet accroissement rapide et progressif semble annoncer quelque grand changement dans la situation du genre humain ; mais bien certainement la subdivision des terres en France procurera des moyens d'existence pour une population toujours croissante pendant bien des années, tandis qu'en Angleterre nous n'avons pas la même ressource. Il est vrai que lorsque la population de la France, avec son territoire ainsi morcelé, aura atteint le plus haut degré qu'elle puisse supporter, sa situation sera plus fâcheuse que si cette division, poussée presque à l'infini, n'avoit pas eu lieu : mais cela n'arrivera que dans un temps éloigné. La population de la France peut être plus que doublée, en suivant le système de petite culture par un ou deux acres : mais s'en trouvera-t-on mieux ? C'est une question à laquelle nous n'avons pas les moyens de répondre. La Chine est le seul pays où le moindre morceau de terre soit cultivé, et où la population soit portée à l'extrême, mais nous connoissons peu ce pays, et le peu que nous en connoissons n'est nullement authentique : les relations que nous en avons sont au contraire vagues et contradictoires.

Il n'existe aucune contrée où les désastres de la guerre se réparent aussi promptement qu'en France, et d'ici à quelques années, les blessures faites par la révolution seront probablement fermées et oubliées, tandis que le bien qu'elle a produit sera durable, au moins en ce qui concerne l'état et la propriété des individus, et la richesse du pays : mais quant aux nouvelles vues et aux nouvelles institutions qui ont remplacé les anciennes, il est impossible de prévoir comment elles peuvent opérer sur le bonheur et la prospérité du pays, d'autant plus que le gouvernement devient tous les jours moins monarchique, et si les projets du parti le plus fort n'ont pas la modération pour base, de nouvelles convulsions se feront sentir à une époque qui n'est pas très-éloignée.

On doit reconnoître évidemment, d'après ce que nous avons dit, que la révolution n'a pas beaucoup amélioré la situation de la France, et que si elle mérite d'être enviée, c'est surtout par la gaieté et la sobriété de ses habitans, par son sol, par son climat; et elle jouissoit de tous ces avantages avant le grand bouleversement de l'ancien ordre de choses.

Notre but, en entreprenant cet ouvrage sur la France, fut de voir si, d'après les connoissances préalables que nous avions sur ce pays, d'après les nouvelles observations, et les recherches les plus soigneuses, nous ne pourrions pas renverser d'une manière évidente et complète le système faux, mais captieux, que lady Morgan a cherché à établir. C'est à nos lecteurs à juger si nous y avons réussi. Ce qui nous reste à faire, c'est de récapituler le gain et la perte résultant de la révolution, et de voir si la France se trouve dans une situation qui doive faire envie à l'Angleterre. En un mot le point à décider est de savoir s'il y a sagesse ou folie à désirer ce qu'on appelle dans notre pays une réforme radicale, en imitant les révolutionnaires françois, qui étoient des réformateurs radicaux.

Les François vivoient sous une pure monarchie ; le roi et ses ministres jouissoient d'une autorité sans contrôle. Il n'existoit pas de représentation nationale, et l'on renversa le gouvernement existant pour obtenir un gouvernement représentatif, une diminution des contributions, et le droit de restreindre les dépenses publiques.

On sait quels en furent les résultats. Huit millions d'hommes périrent de mort violente ; les contributions arrivèrent à être doublées ; le prix de toutes les denrées augmenta ; l'état fit trois fois banqueroute, et la dette publique est plus forte qu'elle ne l'a jamais été ; enfin, l'on a échangé une vie exempte de soucis et de troubles, pour une vie comparativement chargée d'inquiétudes et de soins. Voilà le tableau des pertes.

Qu'ont gagné les François en échange ? — Une charte qui assureroit leurs droits, si elle étoit complète ; mais elle ne l'est pas. — Un code de lois rédigé par un despote, et incompatible avec la charte, même telle qu'elle est. — Une chambre de pairs dont les membres sont payés par le gouvernement. —Enfin, une chambre de députés dont le nombre est insuffisant ; qui n'ont pas assez de fortune pour mettre un contre-poids dans la balance du gouvernement, et qui sont assujétis à des réglemens qui les empêchent d'être utiles comme ils pourroient l'être.

Le seul avantage de grande importance qu'ils aient obtenu, c'est le jugement par jury, et s'ils savent convenablement apprécier ce droit inestimable, ils verront qu'ils doivent y trouver les moyens d'acquérir les priviléges qui leur manquent ; mais ils n'en connoissent ni le prix ni l'usage.

Si la France, avec tant à gagner, reste dans une situation où son gain est au moins douteux, à quoi doit-on s'attendre en Angleterre ? à une perte certaine.

Les réformateurs anglois devroient prendre leçon des François, non pour suivre leurs traces, mais pour adopter une marche toute différente. Le gouvernement anglois, de son côté, devroit profiter de l'exemple de l'ancien gouvernement françois, pour agir aussi tout différemment. On a prétendu que l'ancienne cour de France méprisoit le peuple. Si cela étoit vrai, ce que nous n'affirmerons point, on doit blâmer ceux qui auroient pu soulager les besoins du peuple en France, et alléger le fardeau dont il étoit chargé. Mais combien ne seroit pas plus blâmable notre gouvernement, avec un tel exemple sous les yeux ! La cour de France étoit incrédule ; elle avoit à ses ordres deux cent cinquante mille baïonnettes, et nul exemple ne l'avertissoit. Nous en avons un terrible, et nous ne pouvons disposer que d'environ vingt-cinq mille baïonnettes.

En force physique, le gouvernement anglois est de beaucoup inférieur à ce qu'étoit celui de la France lorsqu'il succomba. Ce n'est donc pas sur cette ressource qu'il faut compter.

Il faudroit que tout l'univers fût instruit que le droit de suffrage universel fût essayé en France, et que l'horrible, la meurtrière convention nationale fut élue de cette manière. Avant et après cette époque, les députés des autres assemblées ne furent pas nommés d'après le même mode d'élection, aussi ne furent-elles pas, à beaucoup près, si mal composées. Il étoit véritablement facile de suivre les gradations du bien et du mal. Plus le mode d'élection se rapprochoit du droit de suffrage universel, plus les choix étoient mauvais ; moins le droit de suffrage au contraire étoit prodigué, moins les choix étoient à blâmer. C'est une vérité dont il seroit aisé de donner des preuves sans réplique, mais les souverains ne veulent pas prendre la peine de prouver même les vérités qui leur sont favorables.

On a dit, et peut-être avec quelque raison, que les femmes parlent plus que les hommes, parce qu'étant les plus foibles, elle doivent recourir à la persuasion plutôt qu'à la force. Il en est de même des gouvernemens : ceux qui ont le plus de puissance emploient le moins les raisonnemens.

Lorsque les licteurs romains s'opposèrent à ce que Jules César entrât dans le trésor public, le conquérant des Gaules et de sa patrie leur dit : « Allez, retirez-vous de ma présence ; sachez qu'il m'en coûteroit moins de peine pour faire tomber vos têtes que pour vous dire de vous éloigner. »

En parlant de LA FRANCE TELLE QU'ELLE EST, nous avons toujours eu devant les yeux le désir de l'impartialité. Ce n'est pas, ce n'a jamais été le moyen de plaire, et ce l'est encore moins en ce moment qu'à aucune autre époque : mais c'est le moyen d'être utile, même à ceux à qui l'on n'est pas agréable.

Si la révolution est finie en France, les avantages qui en peuvent résulter dépendent de la conduite de ceux qui sont à la tête des affaires. Les germes de la liberté sont semés, mais il reste à les amener à maturité ; il reste à procurer à ceux qui ont tant souffert, le bonheur après lequel ils aspirent : ils seront dignes d'envie s'ils peuvent unir la liberté à l'aisance et à la tranquillité dont ils jouissoient sous leur ancien gouvernement.

FIN.

www.ingramcontent.com/pod-product-compliance
Lightning Source LLC
Chambersburg PA
CBHW072108220426
43664CB00013B/2034